Michel Foucault:
Desdobramentos

Marcos Nalli
Sonia Regina Vargas Mansano
(Organizadores)

Michel Foucault:
Desdobramentos

⟨⟨ ESTUDOS FOUCAULTIANOS   **autêntica**

Copyright © 2016 Marcos Nalli e Sonia Regina Vargas Mansano
Copyright © 2016 Autêntica Editora

Todos os direitos reservados pela Autêntica Editora. Nenhuma parte desta publicação poderá ser reproduzida, seja por meios mecânicos, eletrônicos ou em cópia reprográfica, sem a autorização prévia da Editora.

COORDENADOR DA COLEÇÃO ESTUDOS FOUCAULTIANOS
Alfredo Veiga-Neto

CONSELHO EDITORIAL DA COLEÇÃO ESTUDOS FOUCAULTIANOS
Alfredo Veiga-Neto (UFRGS); Walter Omar Kohan (UERJ); Durval Albuquerque Jr. (UFRN); Guilherme Castelo Branco (UFRJ); Sílvio Gadelha (UFC); Jorge Larrosa (Univ. Barcelona); Margareth Rago (Unicamp); Vera Portocarrero (UERJ)

EDITORA RESPONSÁVEL
Rejane Dias

EDITORA ASSISTENTE
Cecília Martins

REVISÃO
Lúcia Assumpção

CAPA
Alberto Bittencourt (Sobre foto de Stefan, Freelmages)

DIAGRAMAÇÃO
Larissa Carvalho Mazzoni

Dados Internacionais de Catalogação na Publicação (CIP)
(Câmara Brasileira do Livro, SP, Brasil)

Michel Foucault : desdobramentos / Marcos Nalli ; Sonia Regina Vargas Mansano, (organizadores). -- 1. ed. -- Belo Horizonte : Autêntica Editora, 2016.

Vários autores.
Bibliografia.
ISBN 978-85-513-0078-7

1. Filosofia francesa 2. Foucault, Michel, 1926-1984 I. Nalli, Marcos. II. Mansano, Sonia Regina Vargas.

16-07648   CDD-194

Índices para catálogo sistemático:
1. Filosofia francesa   194

Belo Horizonte
Rua Carlos Turner, 420
Silveira . 31140-520
Belo Horizonte . MG
Tel.: (55 31) 3465 4500

Rio de Janeiro
Rua Debret, 23, sala 401
Centro . 20030-080
Rio de Janeiro . RJ
Tel.: (55 21) 3179 1975

São Paulo
Av. Paulista, 2.073,
Conjunto Nacional, Horsa I
23º andar . Conj. 2301 .
Cerqueira César . 01311-940
São Paulo . SP
Tel.: (55 11) 3034 4468

www.grupoautentica.com.br

Sumário

07 Apresentação

PARTE I: DESDOBRAMENTOS HISTÓRICOS

11 Pensar como cães: Foucault e os Cínicos
Diogo Sardinha

29 Sujeito, agonística e seus desdobramentos políticos no pensamento
de Michel Foucault
Cesar Candiotto

41 A encarnação da verdade e a política da comunidade: Foucault e os Cínicos
Vanessa Lemm

59 Os homens empoeirados
Alain Brossat

77 Pensar a violência com e sem Foucault
Hélène L'Heuillet

PARTE II: DESDOBRAMENTOS CONCEITUAIS E METODOLÓGICOS

91 Michel Foucault: a verdade do homem
Edgardo Castro

101 Sobre a interlocução entre Pierre Hadot e Michel Foucault:
horizontes comuns, projetos intelectuais distintos
Pedro Angelo Pagni

123 Michel Foucault: ontologia e liberdade
Tiaraju Dal Pozzo Pez

PARTE III: DESDOBRAMENTOS POLÍTICOS

147 Foucault e Hayek: lei republicana e sociedade civil liberal
Miguel Vatter

173 Da biopolítica após Foucault: sustentabilidade dos
sistemas e vidas insustentáveis
António Fernando Cascais

199 A biopolítica como biotécnica
Marcos Nalli

215 Corpos dóceis: novos contornos
*Joan Pujol Tarrés, Marisela Montenegro Martínez,
Sonia Regina Vargas Mansano*

229 Viver e deixar morrer: biopolítica, risco e gestão das desigualdades
Sandra Caponi

247   Sobre os autores

Apresentação

Um dos efeitos mais significativos da obra de Michel Foucault é sua capacidade para promover diálogos, conexões, debates, embates e encontros. Estudada no mundo inteiro, a obra desse filósofo evoca as mais diversas produções acadêmicas e artísticas, dando consistência à compreensão da vida como uma produção em aberto que se desdobra em múltiplos matizes, traços e formas.

A presente coletânea pode ser considerada um fruto desse efeito. Ela ganhou contornos contando com a participação de pesquisadores de vários países, realidades sociais e filiações institucionais que, em seus artigos, deram ênfase a aspectos diferentes da obra de Foucault. Portanto, o que marca a singularidade desta coletânea é a diferença de perspectivas a partir das quais os estudos desse autor podem ser compreendidos e, principalmente, desdobrados para dar consistência a análises sobre as relações sociais e políticas contemporâneas.

Tomando essa diversidade de participantes e perspectivas em consideração, a coletânea foi dividida em três partes. Na primeira, denominada "Desdobramentos históricos", contamos com a contribuição de Diogo Sardinha, Cesar Candiotto, Vanessa Lemm, Alain Brossat e Hélène L'Heuillet, que destacam em seus textos algumas interlocuções de Foucault com autores e questões históricas.

Na segunda parte, chamada "Desdobramentos conceituais e metodológicos", Edgardo Castro, Pedro Angelo Pagni e Tiaraju Dal Pozzo Pez acolhem a incansável e necessária tarefa de resgatar as implicações conceituais e metodológicas presentes na obra de Foucault, em especial quando esta é articulada com outras áreas de conhecimento.

Por fim, os "Desdobramentos políticos" dão contornos à terceira parte da coletânea, na qual Miguel Vatter, António F. Cascais, Marcos Nalli, Joan Pujol Tarrés, Maristela Montenegro Martínez, Sonia Regina

Vargas Mansano e Sandra Caponi, dedicam-se a realizar alguns desdobramentos políticos tanto da obra de Foucault quanto da interface que esta mantém com as questões que afetam a contemporaneidade.

Analisar esses três desdobramentos, e tantos outros menores que estão espalhados pelos artigos, foi nosso intuito. Afinal, na companhia de Michel Foucault, acolhemos o desafio de estar à altura de seus escritos, travando novos debates sobre questões emergentes que nos são colocadas pela existência contemporânea em suas múltiplas configurações. Esperamos, com os escritos que compõem esta coletânea, multiplicar os efeitos de ruptura, debate e troca tão preciosos na obra desse pensador, desdobrando-os para análise dos acontecimentos que assolam nossa existência atual.

Marcos Nalli
Sonia Regina Vargas Mansano

PARTE I

DESDOBRAMENTOS HISTÓRICOS

Pensar como cães: Foucault e os Cínicos[1]

Diogo Sardinha

Da palavra "cinismo", aprendemos frequentemente duas coisas: primeiramente, ela significa uma atitude, muitas vezes censurada, que consiste em exprimir brutalmente seus sentimentos sem se preocupar com outros e com a intenção mais ou menos deliberada de chocar. Esta primeira acepção pertence ao domínio da moral comum, na qual o cinismo é uma categoria. A mesma palavra tem, contudo, um segundo sentido, o qual não é, como dito, moral, mas filosófico. Este se relaciona a uma escola antiga e está associado a nomes de pensadores, dos quais o mais célebre permanece, possivelmente, Diógenes. Nos dois casos, afirmamos ainda, cinismo deriva de cão, em grego *kuôn* ou *kunos*. Supomos, por isso, que deve ter ligações com os cães, e que o comportamento do cínico deve, de alguma maneira, ser colocado em paralelo com o comportamento destes últimos. É verdade que o salto que assistimos aqui, da moral vulgar ao domínio da filosofia, não é original. A história conserva ao menos um outro exemplo também célebre, aquele do maquiavelismo. Contudo, a passagem da moral à filosofia, no caso do cinismo é mais intrigante, visto que só a filiação etimológica revela questões, tanto envolventes quanto intrigantes. Os Cínicos, de fato, seriam eles cães no interior da filosofia? Seriam os cães da filosofia? Seriam, mais abstratamente, os cães do pensamento e no pensamento? Por quais vias, exatamente, os pensadores e os cães estão em acordo, se é que estão?

Na realidade, isto é o que me esforçarei para lembrar neste texto, o que é muito difícil. Sua compatibilidade, quando se estabelece, é sempre delicada, é tão perigosa quanto frágil, de uma fragilidade que contrasta

---

[1] "Penser comme des chiens: Foucault et les cyniques". *Revue Lignes*, n. 35, 2011, dossier "Le Rebut humain", p. 73-94. A tradução foi gentilmente cedida pelo autor do artigo e pelo editor da revista. Tradução de Marcos Nalli e Tiaraju Dal Pozzo Pez.

com a rudeza buscada pelos Cínicos em suas atitudes e discursos. Minha hipótese será então a seguinte: visto que os Cínicos são, num sentido que teremos ainda que explorar e esclarecer, os cães da filosofia; eles se encontram em alguma medida em oposição à própria filosofia. Esta não é em nada prejudicada nisso, exceto no reconhecimento do que, tradicionalmente, ela supôs exprimir de mais elevado no homem, a saber, sua racionalidade. Enquanto essa determinação é aceita, a introdução da animalidade pelos Cínicos no coração do pensamento os coloca imediatamente em desacordo com os filósofos. Contudo, é também pela mesma razão que sua história cativa o espírito. Uma vez que lhes reprovamos por sua animalidade, talvez eles possam nos informar o que assumiram ser a presença do animal no interior do homem, e da irracionalidade no interior da racionalidade.

Para analisar tais problemas, eu me inspirarei nos últimos cursos de Michel Foucault no Collège de France, intitulado *A coragem da verdade: o governo de si e dos outros II*. Todo leitor desse volume reconhece que ele trata de um único tema principal – a *parrhesía* ou o dizer-verdadeiro. Ele é feito em duas partes que, embora de igual tamanho, são muito (notadamente) distintas. A primeira vai do início ao meio do livro (p. 150 aproximadamente) e ela explora o dizer-verdadeiro, sobretudo a partir da figura de Sócrates. A segunda, que ocupa a quase integralidade do restante das páginas, é consagrada ao antigo cinismo. Meu propósito não é de modo algum reconstituir o conjunto do curso ou a coerência entre as partes. Eu pretendo somente, ainda que não sem uma certa segurança, sublinhar o valor que pode ter para nós este discurso sobre os Cínicos. Pois, na medida em que eles foram, outrora, rejeitados *no pensamento*, sua experiência faz eco hoje às interrogações sobre o que, supostamente, constituiria a escória do nosso mundo.

O Cínico, filósofo-cão intolerável

Eu começo, imediatamente, pela primeira razão que dá Foucault para se interessar pelos Cínicos. Eis o que ele diz:

> Parece-me que no cinismo, na prática cínica, a exigência de uma forma de vida extremamente típica – com regras, condições ou modos muito caracterizados, muito bem definidos – é muito fortemente articulada sobre o princípio do dizer-verdadeiro, do dizer-verdadeiro sem vergonha ou medo, do dizer-verdadeiro ilimitado e corajoso, do dizer-verdadeiro que extrema sua coragem e ousadia até transformar-se [em] intolerável insolência. (FOUCAULT, 2009, p. 152-153).

Certamente, os Cínicos são aqui somente um exemplo do resgate do dizer-verdadeiro (Sócrates, ele mesmo, não foi condenado à morte por tornar-se insuportável para as instituições? Foucault, o dissemos, lhe consagrou a primeira parte do seu curso) e, consequentemente, para Foucault o elo essencial se estabelece entre o dizer-verdadeiro, a intolerável insolência e o Cinismo, pois a maneira cínica de exprimir a verdade é inadmissível, diz ele. No momento, não sabemos ainda que é a própria verdade em sua crueza, e não somente a *forma* em que é proclamada, que é inaceitável. Estas palavras não nos dizem nada sobre aqueles para quem a verdade é intolerável: que público, de fato, não pode nem ouvir, nem ver esta verdade que os Cínicos dizem e mostram? Para quem são os cínicos insolentes, que não admitem qualquer tolerância? Se a *parrhesía* é incômoda em geral, aqui ela é ao extremo. É por esta desmesura que os Cínicos chamam a atenção.

O caráter intolerável do excesso é importante. Ele implica uma dupla referência ao fora, visto, por um lado, como o transbordamento que comporta a mensagem excessiva, e por outro lado, a intenção (pode ser mesmo a necessidade) de banir, de expulsar o que é desmedido, o que não pode ser contido nos limites toleráveis. Se um comportamento ou um indivíduo é considerado intoleravelmente insolente, isso significa que um apelo é feito a um limite da tolerância. Examinemos a passagem: há uma relação entre este limite e aquele que o invoca? É este quem determina o limite ou, então, é o limite que o determina como tolerante ou intolerante? Esse jogo entre os limites dos valores e as determinações dos sujeitos merecerá ainda nossa atenção quando tratarmos de integrar a visão que a sociedade tem do Cínico, especialmente, porque parece ser o Cínico quem busca o limite, tornando mais extrema sua posição e endurecendo seu discurso. Neste caso, é em última instância de sua responsabilidade se ele se encontrar em um ponto além dos limites? Além disso, ele se move de sua própria vontade e antecipadamente além dos limites? Ele declara seu próprio banimento? Na afirmativa, no lugar de ser banido por outro, seria ele quem se exila? De qualquer forma, uma linha de demarcação está claramente presente como uma fronteira em relação aos espaços que ela separa: um dentro e um fora do que é tolerável e do que não é, socialmente admissível ou inadmissível.

Nessa passagem, a espacialidade a partir da qual é pensada a tolerância concerne a alguma coisa da ordem dos valores: dizer a verdade em excesso, e dizê-la sem suavidade, é inaceitável na prática. No entanto, a força do julgamento pronunciado pelos outros deixa intacta a relação interior que se estabelece no espírito do Cínico e orienta sua conduta: a relação do Cínico consigo mesmo e na qual a verdade que ele comunica para o exterior depende (somente o seria na maneira que ele a comunica) de regras que ele dá a sua vida. Como o título do curso diz bem, é questão de estudar as articulações entre o governo de si e dos outros, adotando a perspectiva da coragem necessária para dizer a verdade. O primeiro domínio de desqualificação do Cínico é, então, aquele da relação conveniente ao dizer-verdadeiro. Um segundo domínio é aquele de seu aspecto físico e de seu estilo de vida:

> O Cínico é o homem do cajado, é o homem do saco, é o homem da capa, é o homem de sandálias ou com os pés descalços, é o homem da barba grande, é o homem sujo. É o homem que erra, é o homem para quem falta qualquer inserção, ele não tem nem casa, nem família, nem abrigo, nem pátria [...] é, também, o homem da mendicância (FOUCAULT, 2009, p. 157).

Não obedecendo às conveniências de vestuário e de higiene, pelo menos não para aqueles que o censuram, a presença do Cínico é, por sua aparência, dificilmente aceitável. Além disso, ele não tem integração na estrutura doméstica; politicamente, ele não tem ligação com a cidade; economicamente, ele abandona os princípios da produção. Sobre ele, não podemos dizer com rigor que é um estrangeiro em seu país, pois justamente, ele não tem país. Sua figura porta um vazio que perturba, na medida em que ela revela quanto podemos nos isentar de toda a estrutura social, com seus valores e convenções. Pelo menos lança a dúvida sobre a necessidade de os seres humanos viverem guiados pelos grilhões sociais que eles mesmos inventaram. Mas a desativação pela moralidade, que ele passa pela brutalidade de sua relação com o dizer-verdadeiro ou por sua aparência e seu abandono das instituições familiares, políticas e econômicas, não é suficiente. Para o Cínico, na medida em que alega ser filósofo, é preciso remover toda autoridade que lhe vem de uma atividade reflexiva do pensamento. Também o aproxima do povo laborioso e ignorante:

> [...] eis um exemplo, no fim do século II [o retrato que] Lucien – grande adversário evidentemente da filosofia em geral e do cinismo em particular – faz do cinismo. É num diálogo que se chama *Les Fugitifs*, no qual é a Filosofia que fala. [...] no parágrafo 12 dos *Fugitifs*, ela diz isto: "é uma espécie de homens desprezíveis, em sua maioria servos e mercenários, que, entregues desde a infância aos trabalhos grosseiros, não puderam formar comigo nenhuma ligação; eles são vítimas da escravidão, ocupados em ganhar seu salário, e exercendo ocupações apropriadas a sua condição, sapateiros, carpinteiros, pisoeiros, cardadores de lã [...]." Este texto é interessante para toda a paisagem/contexto social [...] na qual percebemos o cinismo (FOUCAULT, 2009, p. 182).

A paisagem social aludida é aquela do trabalho, atividade desvalorizada. O Cínico é apresentado como descendente desse mundo de quase escravidão, ao menos de uma dependência econômica de trabalhos indignos, para um cidadão de pleno direito e, pela mais forte razão, de um filósofo. Temos, assim, rapidamente descrito o retrato do Cínico como indivíduo insolente, sem relação efetiva e sem ligação com instituições da vida comum, enfim, um indivíduo ignorante e dependente de vis ocupações. Se a história terminasse aqui, o assunto seria resolvido rapidamente e os Cínicos se encontrariam de uma vez por todas expulsos da filosofia, e mesmo da cultura erudita. Se não é o caso e, se ao contrário, esta escola, enfim, teve uma considerável destinação, é porque aqueles que se encontravam degradados, no lugar de aceitar as qualificações infames que lhes foram feitas como alguém que confessa seus pecados; no lugar, também, de recusá-las no jogo, vão, na realidade, e em parte ao menos, agregá-las para em seguida radicalizá-las e melhor retorná-las contra aqueles que lhes as endereçaram. Este procedimento, totalmente clássico, se é verdadeiro que ele não desarma inteiramente os adversários, ao menos fortalece a posição e a postura daqueles que são visados, concedendo às suas atitudes e suas escolhas um valor reflexivo e não imediato, que permaneceria sob a dependência exclusiva de restrições externas (a miséria, o trabalho, a ignorância), como pretendiam os detratores do cinismo. Mas vejamos mais de perto por quais meios os Cínicos subvertem a desqualificação da qual são o alvo.

Assumir a injúria para melhor afastá-la

Duas figuras contrastantes desta escola são, lembra Foucault, Demétrio e Peregrino. Eles revelam a coexistência na antiguidade de descrições elogiosas e críticas do Cínico. Assim, o primeiro é um personagem "muito importante na história do cinismo, nas relações, entre o pensamento, a vida cínica e o pensamento estoico – muito importante para Sêneca em particular" (FOUCAULT, 2009, p. 179). Demétrio "é um homem ligado à aristocracia romana, de quem foi conselheiro" de grandes dignatários do império (FOUCAULT, 2009, p. 180). Ele levaria, contudo, "uma vida certamente despojada, pobre", deduzimos de uma carta de Sêneca (cf. FOUCAULT, 2009, p. 179). Este último conta que Demétrio:

> [...] teria recusado notadamente, violentamente uma grande quantidade de dinheiro que o imperador [...] teria lhe ofertado. Demétrio teria acompanhado esta recusa de um comentário. Teria dito [...]: Se ele queria me tentar, teria que colocar todo o império. Ele queria dizer com isso que não teria certeza que se

> o imperador tivesse lhe oferecido todo o império, ele teria acei-
> tado ou cedido à tentação, mas que a tentação seria um teste de
> resistência pelo qual se fortalece a si-mesmo e se garante, frente
> ao mundo, a própria soberania; se ele teria desejado uma prova
> verdadeiramente séria e que poderia permiti-lo de se desenvol-
> ver, de se fortalecer, de aumentar sua resistência, esta não seria,
> evidentemente, uma quantidade de dinheiro que poderiam lhe
> dar; seria, ao menos, todo o império. É diante desta oferta que
> ele teria que resistir, e é diante dela que sua vitória teria valor e
> sentido (FOUCAULT, 2009, p. 179-180).

Esta leitura nos dá uma justificação da pobreza cínica, de seu estilo de vida modesto. Ele resulta de uma escolha do controle de si mesmo e deve ser considerado como resultante do exercício que esse controle implica. Também, não há lugar para censurar o despojamento desta exis-tência como se fosse um fim em si ou, então, o efeito de uma negligência ou, ainda, como uma miséria sofrida. Em outros termos, a crítica que recai imediatamente sobre o gênero de vida ignora a escolha de que ele depende e perde, por conseguinte, a razão que explica esse resultado. Ela se apoia sobre uma imagem superficial, a qual ela ignora ou despreza a razão profunda. Compreendemos, dessa forma, como o Cínico descon-certa o imperador, desejando poder recusar, além da soma de dinheiro que este lhe propõe, o próprio império.

À luz desse exemplo, a história de Peregrino adquire, talvez, enorme vivacidade. Foucault dá a descrição frequente:

> Na outra extremidade, o cinismo pode ser simbolizado por um
> personagem como Peregrino [...]. Ele é, ao contrário [de Demé-
> trio], um vagabundo ostentoso que foi sem dúvida ligado aos
> movimentos populares e antirromanos de Alexandria, dirigindo,
> em Roma, seu ensinamento aos *idiotai* (aqueles que não têm nem
> cultura, nem status social ou político). Ele se encontra deportado
> de Roma (FOUCAULT, 2009, p. 180-181).

Como na passagem sobre o homem sem laços com a família, com a sociedade e com a cidade, essas linhas colocam em evidência a ins-tabilidade do lugar que ocupa o Cínico. Como prova, sua expulsão de Roma, decisão que o coloca do outro lado da fronteira em torno da vila. Mas o essencial aqui é a distância que separa Peregrino de Demétrio: tanto quanto o último acompanhava os Aristocratas, igualmente o pri-meiro se encontrava no meio do povo, enfatizando nessa palavra não o conjunto dos cidadãos educados, mas a plebe ignorante. De uma parte, tornando-se vagabundo, ele se aproxima daqueles que são, num sentido que fica para elucidar, seus iguais. De outra parte, o filósofo perambula, certamente, no meio da arraia-miúda, entre aqueles que se revoltam, que se sublevam, pessoas dos "movimentos populares e antirromanos". Esse Cínico é o filósofo da multidão em movimento. Portanto, não temos que nos surpreender que Roma o proíba.

A relação que está em questão no caso de Peregrino, aquilo do qual testemunha seu caso, é sem dúvida intemporal. É a relação de atrevimento que se instaura entre aquele que se furta das instituições e suas normas e a respostas que estas mesmas instituições não hesitam em dar-lhe, servindo-se dos seus poderes de advertência pela ordem, e utilizando seus poderes de expulsão àqueles que as desafiam. O banimento decretado não é, simplesmente, uma desqualificação moral, mas também jurídica, que priva a pessoa dos direitos civis, nomeadamente o direito de permanecer na vila. Assim, é conveniente observar que esta segunda desqualificação, mais radical, se superpõe à primeira, num reforço que, paradoxalmente, é, de uma vez, recíproco e inverso. De fato, o Cínico escolhe de início uma vida pela qual ele rompe com os costumes e as instituições; em seguida, ele é censurado pela moral comum daqueles cujas convenções se encontram desrespeitadas. Depois, reforça sua escolha afrontando, além da moral, também as regras da cidade; enfim, a autoridade política intervém e o exclui. A intolerabilidade vem a ser, desde então, jurídica e não mais, somente, moral, e o Cínico sendo reenviado não mais além de um limite simbólico, mas de uma fronteira física. Sua transgressão voluntária do limite é convertida em banimento sofrido para além da fronteira. Entendamos, essa escalada de ações e reações é incompreensível sem sua participação ativa, que leva (e diremos mesmo, que força) o poder estabelecido a se exercer e a controlar.

No entanto, sabemos que os descolamentos moral e jurídico não satisfazem: é necessário acima de tudo (no nível ideológico, podemos dizer) rebaixar o pensamento cínico. Ou, após ter subvertido os dois primeiros procedimentos, o Cínico dá um passo a mais, aquele que na realidade garantirá da maneira a mais durável sua presença na história. Esse passo suplementar toca a sua animalidade, uma vez que age como um cão *porque* ele pensa como um cão. Chegado a esse estado, não podemos mais deixar na sombra a filiação etimológica introduzida acima: ela deve aparecer em plena luz do dia. No seu exame, Foucault percebe, não sem uma variação curiosa, como constatamos na leitura destas linhas:

> A propósito das razões pelas quais Diógenes foi chamado "o cão", há diferentes interpretações. Algumas são de ordem local: estas seriam por causa do lugar onde Diógenes [na realidade, Antisteno, o primeiro Cínico] teria estabelecido domicílio [o ginásio de Cinosarga]. Segundo outras interpretações, é porque, efetivamente, ele teria levado uma vida de cão. Taxado pelos

outros de cão tomou por sua própria conta este epíteto e ter-se-ia proclamado cão (FOUCAULT, 2009, p. 224, p. 230).

Notamos, diante de tudo, que se a lacuna entre as duas explicações possíveis pela origem do nome merece ser retida, é que ela coloca em paralelo duas características do cinismo. Primeiramente, ela é um fenômeno da escola e, também, um fenômeno urbano. Em outras palavras, de uma parte ela refere-se a um saber, à transmissão deste para um público e, de outra parte, ela existe no espaço da vila. Essa primeira dimensão associada a uma das derivações etimológicas não é, certamente, nem uma exclusividade, nem mesmo uma originalidade do cinismo. Entretanto, ela se escora duplamente no saber (então, não na ignorância que a acusamos) e no espaço urbano. Dois detalhes significativos da cena social no interior da qual ela encontra seu lugar são, em uma palavra, os seguintes: o Cínico é *na cidade*, de certa maneira, *filósofo*.

A segunda origem possível, a qual a tradição parece ter dado o primado, é aquela do nome grego que designa cão. Ela é sustentada pelas mais ricas consequências. Sem dúvida, devido à inversão de seu uso que opera Diógenes. Esse procedimento consiste em aceitar o nome ofensivo, não para se tornar culpado de uma incorreção, ou de uma falta do dever, mas para denunciar os deveres supostos e, o fazendo, indicar o caráter convencional das bases sobre as quais eles se fundamentam. De fato mesmo, o erro cometido por aqueles que dispõem os Cínicos sob o rótulo de cães, é ele também exposto. A amplidão e a eficácia da objeção cínica são reconhecidas rapidamente. Assim, comentadores do I século de nossa era desdobram as múltiplas significações dessa existência filosófica:

> [...] primeiramente, a vida *kunikus* é uma vida de cão por ser sem pudor, sem vergonha, sem respeito humano. É uma vida que faz em público e aos olhos de todos o que somente os cães e os animais ousam fazer, enquanto os homens normalmente o escondem. [...] segundo, a vida Cínica é uma vida de cão porque, como a dos cães, ela é indiferente. Indiferente a tudo o que pode acontecer, ela não é ligada a nada, ela se contenta com o que tem, ela é sem outras necessidades que aquelas que pode satisfazer imediatamente. Terceiro, a vida dos cínicos é uma vida de cão [...] porque é de qualquer forma uma vida que ladra [...] uma vida capaz de combater-se, de injúrias insistentes contra os inimigos, que sabe distinguir os bons dos malvados, os verdadeiros dos falsos [...] Enfim, quarto, a vida cínica é [...] uma vida de cão de guarda, uma vida que sabe se dedicar para salvar os outros e proteger a vida dos mestres (FOUCAULT, 2009, p. 224).

Com a designação "cão", aparece em cena a animalidade. Esta, como o trabalho manual quase equiparado da escravidão, serve para depreciar o cinismo. Aquele que não pode ser tolerado, quando não é *de fato* banido da cidade, é pelo menos expulso do gênero humano. Entretanto, a animalidade que tem um valor negativo para a moralidade comum é convertida, pela filosofia cínica, em valor positivo e apresentada como um exercício moral e, mesmo como, um dever. Foucault lembra brevemente a representação vulgar da animalidade:

> [...] este para o que culmina o princípio de uma vida reta que deve ser indexada pela natureza, e pela natureza somente, é a valorização positiva da animalidade. E isto é alguma coisa que existe de singular e escandaloso no pensamento antigo. Podemos dizer, de uma maneira geral, e resumindo muito, a animalidade desempenharia, no pensamento antigo, o papel de ponto de diferenciação absoluta para o ser humano. Era distinguindo-se da animalidade que o ser humano afirmava e manifestava sua humanidade. A animalidade era sempre, mais ou menos, um ponto de repulsão para esta constituição do homem como ser razoável e humano (FOUCAULT, 2009, p. 244).

Na história da desclassificação, o argumento da animalidade tem, talvez sempre, desempenhado um papel maior. Assim, Aristóteles traça a dupla fronteira separando de um lado o homem e a besta, de outro lado o homem e deus: a vida na cidade convém somente ao primeiro. Como ele escreve na *Política*, "o homem que é incapaz de ser membro de uma comunidade, ou que não experimenta de jeito nenhum a necessidade, porque se satisfaz por si próprio, não faz parte de uma cidade, e por consequência, é um bruto ou um deus" (ARISTÓTELES, 1995, 1253a, 27).

Poderíamos dizer que este é, mais precisamente, o caso de Peregrino, desqualificado por alguns como cão e ninguém tomando-o por um deus (FOUCAULT, 2009, p. 181). É outro o [exemplo] que ilustra a educação dada por Diógenes às crianças de Xéniade, seu mestre, e que consiste por lhes ensinar a independência: "ele desejava que as crianças fossem capazes de elas próprias se servir, isto é, sem servir-se [de] criados e [de] escravos. [...] ele lhes ensinou, também, a caça [...] que permite, justamente, às pessoas se defenderem sozinhas, serem independentes, e praticarem a autarquia" (FOUCAULT, 2009, p. 190).

Percebemos com qual intensidade a vida liberta das dependências em relação aos outros é uma escolha e um exercício por parte do Cínico. No entanto, o preço a pagar por essa escolha é elevado, a tal ponto que ele trai toda a ironia do destino do Cínico: como se ele não fosse capaz de se ver degradado ao *status* de cão, ele, que prefere não depender dos outros e se exercita para viver em autarquia, é finalmente confrontado com o fato de que são os outros que se abstêm dele e o expulsam como um bruto. Que tudo isso possa ser a última consequência de uma atitude desejada é o que torna o comportamento do Cínico ainda mais embaraçoso. Até aqui, a narrativa de Foucault permitiu compreender como é possível, considerando um conjunto de críticas, insultos feitos aos cínicos, subverter o discurso de seus adversários. Menos que se opor de frente a seus ataques, ele trata de precaver-se, afastando-os. Este princípio é válido tanto para a acusação sobre a insolência como a ignorância e a animalidade. Entretanto, uma última faceta da reação provocada por esta escola merece ainda ser assinalada. Ela traçou a oposição entre o que seria o bom e o mal cinismo. Vimos quanto os Cínicos são o alvo de duras repreensões. No entanto, acrescenta Foucault, essas repreensões são mais frequentemente feitas em nome do que seus inimigos tomam por um outro Cinismo, que seria o verdadeiro, o original, aquele de Diógenes, e um outro ainda mais antigo, como se essa forma de vida fosse um elemento primeiro da existência humana. Como ele o diz no seu curso: "ao mesmo tempo e em face deste cinismo ostentatório, barulhento, agressivo, que nega as leis, a tradição e as regras, mesmo seus adversários os mais hostis fazem sempre valer o valor e os méritos de um outro cinismo, um outro cinismo que é ou seria comedido, reflexivo, educado, discreto, honesto e realmente austero" (FOUCAULT, 2009, p. 183).

Daí, o que podemos chamar, seguindo Foucault, o paradoxo do cinismo:

> Mas, vós vedes que temos aí um paradoxo muito curioso, porque, de um lado, vimos o cinismo descrito como uma forma de existência muito particular, a margem das instituições, das leis, dos grupos sociais mais reconhecidos: o cínico é alguém que está verdadeiramente à margem da sociedade e circula à margem da sociedade, sem que se possa aceitar recebê-lo. O cínico é expulso, o cínico é errante. E, ao mesmo tempo, o cinismo aparece como o núcleo universal da filosofia. O cinismo é o coração da filosofia e o cínico gira em torno da sociedade sem nela ser admitido. Paradoxo interessante (FOUCAULT, 2009, p. 186-187).

Esse paradoxo é suscetível de duas leituras. Primeiramente, podemos crer que ele toca uma verdade do mundo, que é anunciada no Cinismo, e que o mundo certamente entende, mas não aceita até suas últimas consequências. Neste caso, resta saber qual é esta verdade inadmissível, esta que torna intolerável a insolência do Cínico. Ou então, segunda possibilidade, o paradoxo somente é uma forma derivada de advertência pela ordem endereçada ao Cínico. Então, a oposição de um bom e de um mal Cinismo seria ainda um procedimento de degradação, que passa pelo reconhecimento (falsidade, resumindo, tão falso) de certos méritos de um Cinismo ideal, projetado num tempo passado (por consequência, de um Cinismo inexistente), com o único propósito de retirar os direitos (incluindo a cidade) do Cinismo efetivo. No primeiro caso, trata-se de recusar uma verdade que somente poderia ser admitida sob uma forma idealizada, na qual toda característica perigosa foi removida. No segundo, não se trata de afastar uma verdade qualquer que esta filosofia conteria, mas de recusar de outro modo a verdade do Cinismo (a saber, a única que existe), evidenciando o que ela perdeu: a medida, a educação e a discrição. E entretanto, é possível que estas duas vias hermenêuticas estejam relacionadas. O que se passaria, de fato, se o Cinismo se constituísse em uma verdade experimentada como inaceitável e, simultaneamente, que somente pudesse ser dita pela desmesura e pelo escândalo, justamente, porque ela é inaceitável? Esta questão relança o problema dos limites da tolerância, pois vemos bem que a atitude do Cínico não é aceitável *para alguns*, e não para todos. O que ele diz é na realidade aceitável, e mesmo admitido, *para alguns outros*, aqueles ao lado de quem ele reside: Sêneca e os dignatários do império em relação a Demétrio, a arraia-miúda e as revoltas no caso de Peregrino. Mas, qual pode ser, então, essa verdade escandalosa que, por essa razão mesmo, somente pode ser proclamada como escândalo?

A verdade que manifesta o outro interior ao sujeito mesmo que a produz

Nós não estamos interessados no Cinismo por pura curiosidade histórica. No entanto, precisamos fazer referência direta às fontes historiográficas e filosóficas que o próprio Foucault estudou, o lugar de formação discursiva do qual ele parte e que é para nós um conhecimento de segunda mão. É plausível que suas análises sejam contestadas, em mais de um aspecto, pelos filósofos e os historiadores especialistas em antiguidade e suas escolas. Para nosso propósito, inversamente, isto é uma boa partida secundária. Pois o propósito de nossa análise, mesmo que breve, é colocar em evidência uma maneira possível de determinar a visão que podemos ter de um suposto resto do pensamento. Em outros termos, eu aceito o retrato que esboça Foucault das reações que suscitaram os Cínicos, especialmente, quando ele se apoia em citações e em textos concretos, mais do que o discurso (acima de tudo bastante conciso) que ele mantém sobre os próprios Cínicos. Para dizê-lo de outro modo, visto que as poucas horas de curso consagradas ao cinismo representam o início de uma pesquisa e não seu resultado, é a grade de inteligibilidade, que se encontra na obra, que retém minha atenção, por uma razão que no fim das contas é simples: ela joga sobre o fenômeno uma luz inesperada e potente, útil para interpretar outras discriminações e deslocamentos que o pensamento reflexivo tanto quanto o senso comum não param jamais de elaborar. Com todo o rigor, não é questão de se prender a sua interpretação, mas sim, ao revelá-los, fornecer os meios de submetê-los à crítica e desmontá-los.

Muito concretamente, o esquema hermenêutico foucaultiano leva a dois resultados: inicialmente, para uma inteligibilidade do olhar que a sociedade tem dos Cínicos, e depois para a compreensão das vias pelas quais ela constrói o olhar e ainda o integra. Podemos distinguir aqui diferentes operações. Primeiramente, a construção da representação do Cínico, até o ponto em que se tornou um clichê: ele é insolente, sujo, mendigo, ignorante... Segundo, a relação estabelecida com essa representação: consideração de uma natureza cínica (por exemplo, como animal) conforme a representação antecipadamente elaborada, consideração a qual se opôs à reação de apropriação e de inversão, por radicalização, operada pelos próprios Cínicos. Terceiro, relação com a pessoa, desse modo, representada, por exemplo: na expulsão ou então, mais simplesmente, na desclassificação e no afastamento das margens de tolerância. Quarto, enfim, a definição de si-mesmo por oposição à imagem que foi forjada do Cínico e que funciona agora como representação invertida do que é: tanto quanto "eles" são insolentes, desonestos e ignorantes, tanto quanto "nós" somos educados, honestos e cultivados. Simultaneamente, as operações constitutivas de uma verdadeira arte de raciocinar compõem a figura de um *outro interior*, nome pelo qual eu me refiro ao paradoxo da presença cínica, a qual se dá, ao mesmo tempo, na vila e fora de suas estruturas costumeiras. É isso a verdade crua que manifesta o Cínico. Ele, constituído como *outro* por aqueles que o criticam, diz-lhes uma verdade sobre eles-*mesmos*, razão pela qual sua experiência conta para nós. Para além da maneira como ele tem de dizer suas verdades, ele reflete ou manifesta a verdade de uma outra ordem: sua imagem fornece informações consideráveis, a saber, das verdades sobre o que é a sociedade, como ela se constrói, se conserva no espaço e no tempo, define seus inimigos (seus adversários pelo menos) e se define por relação a eles; como ela localiza os perigos ou investe em algumas de suas partes, considerando-as perigosas.

Essa experiência é comparável ao "canalha do povo". Ao longo dos tempos, este "nome injurioso", como o escreveria Kant no fim do século XVIII (KANT, 1798, p. 311: "*der Schimpfname*" – o canalha do povo"), serviu para depreciar de um ponto de vista moral. Na mesma época, Robespierre denunciaria o "jargão estranho" do despotismo e "o orgulho feudal" que degrada "a maior parte do gênero humano, pelas palavras canalha e gentalha" (ROBESPIERRE, 1971, p. 166). Ora, o primeiro elemento, e o mais flagrante, que tem em comum o Cínico e o Canalha, é precisamente o que chamarei de *canidade*, o fato de serem humanos rebaixados ao estatuto de cães. *Cínico* e *Canalha* têm de fato a mesma origem epistemológica; o primeiro, do grego (retenho aqui a segunda derivação lembrada por Foucault, aquela que é a mais rica em efeitos), a segunda do latim, *canis*. Este sendo o paradigma animalesco que atravessa a história da filosofia, cujos cães são, então, os Cínicos. Simultaneamente, ele é também uma referência na concepção de organização social, cuja parte animalesca é (em todo caso, foi) encarnada pelo canalha.

Encontramos assim a resposta da questão colocada acima, de saber em qual sentido, tornando-se vagabundo, o Cínico se aproxima de seus iguais. O menor preço que eles têm a pagar por uma animalidade que assumem, a fim de melhor denunciar as convenções que cercam e constituem aqueles que os culpam, quando eles não são expulsos da vila, é se verem confinados no espaço de uma "canalha do pensamento". E, sem dúvida, esta conclusão continua válida, até mesmo quando o Cínico frequenta a aristocracia, como no caso de Demétrio. Por isso, os Cínicos se assemelham à multidão que eles frequentemente buscam. Afinidade que se efetua certamente no plano do pensamento, porque eles permanecem filósofos e ministram um ensinamento; não mais, sem dúvida, sob o plano dos laços, pois as pessoas do povo podem estar ligadas às estruturas familiares e econômicas (como trabalhadores e produtores); mas sob aquele da distinção social fundada sob a ignorância, a estupidez, incluída a animalidade. Nessa maneira habitual de proceder, o Cínico radicaliza sua posição até se juntar ao canalha, à gentalha, a que acaba por assemelhar-se.

Atualmente, pois pensamos filosoficamente, uma interrogação resta para formular: qual papel e posição o pensador escolhe ocupar quando se preocupa com a experiência dos Cínicos? É, então, o papel e a posição dos discursos, como aqueles de Foucault, que ele trata de examinar. Devemos poder nos absolver dessa tarefa escrevendo que o trabalho do pensador desempenha um papel importante, inicialmente para a compreensão do que a organização social carrega, sem dúvida, de chocante com ela, porque ela se estrutura por hierarquias assentadas sob dominações; depois, para mostrar quanto essa estruturação social é intimamente ligada a esquemas de pensamento que se esforçam, por sua vez, por legitimá-la sob o plano teórico e consolidá-la sob o plano prático. Há, deste ponto de vista, todo um estudo a efetuar sobre as relações entre o pensamento das divisões e as divisões efetivas, isto é, entre as categorizações teóricas e o vivido, que estas se esforçam não somente para descrever, mas sobretudo para controlar, pelo modo que o descrevem. Em outras palavras, é importante estar sempre atento para essas divisões, para essa organização das coisas e das pessoas, desde que examinemos o pensamento em ato (o pensamento enquanto ele estabelece diferenças e, acompanhando estas, a predominância de certas "diferenças" em relação a outras). Eis em que medida nos colocamos em condição de relançar a missão crítica indispensável a toda a filosofia.

O discurso de Foucault sobre os Cínicos é exemplar dessa maneira de proceder. É necessário destacar o que existe de problemático, de precário e também de moral, um tanto quanto moralista, no olhar lançado sobre os partidários desta escola por seus contemporâneos. Procedendo deste modo e nos entregando às chaves para uma compreensão do que há de infundado neste olhar (pois a base sobre a qual ele repousa é antes de tudo esta das categorias de uma moralidade vulgar), tanto quanto o que existe de esmagador nos seus efeitos reais (pois de difamação, esse olhar leva para o banimento), Foucault desperta-nos à necessidade de combater mais ativa e eficazmente (seria somente sob o plano do pensamento, que é um terreno de afrontamento) as forças da separação, da exclusão, ou mesmo o banimento. De fato, os Cínicos só podem ser descritos tais como são, neste curso, porque são, antes de tudo, o alvo de uma diferenciação elaborada em termos negativos, de uma discriminação concebida sob a forma da reprovação. É, aliás, porque são censurados que eles entram no discurso foucaultiano. Bem mais, eles são o alvo de uma marginalização no seio da cidade e, como se o espaço desta fosse muito estreito para poder receber sua presença, são banidos, na medida em que seu ser-aí é insuportável para as instituições e os bons cidadãos. O papel do filósofo que se interessa pelos Cínicos, quando ele se coloca nas fronteiras como fez Foucault (que "não é" nem filólogo, nem historiador, nem filósofo e que *é* tudo isso de uma vez), é de fazer aparecer em plena claridade a resistência a essas divisões, e simultaneamente, sua fragilidade de direito; de mostrar quanto essas linhas merecem sempre ser deslocadas.

Podemos, então, resumir os resultados do percurso. Ele permitiu obter uma imagem contrastada da posição que ocupa o Cínico e do papel que ele desempenha em uma comunidade estruturada por linhas que excluem. Começamos a percebê-lo por sua relação com o dizer-verdadeiro. Entretanto, muito rapidamente, outros dois caminhos são abertos. O primeiro é aquele da via direita, tal como a tradição a concebeu, antes de tudo, nos primeiros dois séculos de nossa era, contudo guardando referências constantes para seus fundadores. O segundo é aquele das reações que o comportamento e o estilo de vida dos Cínicos, indo além da *parrhesía* propriamente dita, despertam nos outros. Resumiremos em quatro pontos as ideias produzidas. De uma parte, o Cínico é intolerável para os bons cidadãos, ao mesmo tempo, seu aspecto sujo e miserável suscita repugnância, a sua descortesia o faz menosprezado, e seu discurso agressivo nega as leis e os costumes. De outra parte, ele não é, somente, tolerável pela plebe, mas é próximo dela, quando lhe diz verdades e comunica ensinamentos, quando a acompanha na revolta, talvez incitando a insurreição. Mais ainda, ele traz consigo um paradoxo, quando é um fora-da-lei e um fora-dos-vínculos-sociais-e-políticos, se encontram sob este ângulo à margem da sociedade; ao mesmo tempo ele pertence ao espaço da vila, no qual se faz notar pelo escândalo e barulho, a tal ponto que a vila pode expulsá-lo através da lei. Enfim, quando a vila não o expulsa, ela (isto é, os bons cidadãos e as instituições) o desqualifica, chamando-o de cão e tratando-o como tal, vendo nele a animalidade que ela deseja banir em proveito da humanidade. Em suma, a partir da figura do filósofo-cão, vemos os aspectos subversivos que a análise pode colocar em evidência, com as reações diferentes que eles provocam, conforme a parte da vila que os observa, tanto "os bons cidadãos", quanto "a gentalha".

★

Acreditávamos poder dizer no início que o segundo sentido da palavra cinismo, sua significação filosófica, não era moral. É, doravante, incontestável que a separação entre moral e filosofia não é exata como a pensamos, pois há julgamentos morais aos quais o cinismo filosófico responde e é nesta resposta que ele se estabelece como atitude. Em o fazendo, ele se distancia da moral, de suas categorias e dos códigos, aos quais ele prefere uma relação a si e um governo de si. Para clarificar este aspecto, por exemplos mencionados mais acima, lembramos os conselhos espirituais dados por Demétrio para alguns aristocratas, o ensinamento dispensado por Peregrino aos *idiotai*, enfim, a educação das crianças de Xeniade pelos cuidados de Diógenes. De mais, é necessário somar, também, como uma influência sobre a vida dos outros, o fato de os agredir em seus hábitos e conveniências. Todos esses aspectos da vida cínica revelam que esta é inconcebível sem a moral que a circunda, da qual ela é uma réplica e sobre a qual, por sua vez, ela reage. Contudo, ela toma estas posições e distâncias na medida em que é uma vida projetada e orientada por um governo de si por si mesmo. Numa palavra, sua relação à moral é filosófica porque é (também) ética.

Outra conclusão importante concerne a suposta animalidade: é sem razão que a filosofia procura geralmente excluí-la de seus domínios. Não é que a animalidade seja "boa", que ela deve ser estimada ou valorizada. Mas é a divisão binária entre o humano e o animal que é, sem dúvida, falsa, ou pelo menos empobrecida. De fato, é só, na maior parte das vezes, invocada por alguns para desclassificar outros. O uso moral da distinção espalha imediatamente a dúvida sobre sua boa fundação. É ela, de fato, uma diferença descritiva e, o caso encontrado, qual critério permite estabelecê-la? Ou então, é ela um instrumento normativo de desqualificação de alguns e de valoração de outros? De qualquer maneira, a reivindicação cínica da canidade (no horizonte do qual somente uma outra humanidade poderá, posteriormente, ser reclamada – uma humanidade que não dependerá mais da divisão binária entre humano e animal) não pode mais deixar intocada a própria filosofia, tanto quanto ela pretenderia se assentar sobre essa dicotomia sem descanso.

Uma relação semelhante se estabelece, talvez, entre a medida e a desmedida. Sugerimos, mais acima, que os Cínicos atraem a atenção de seus contemporâneos, e a nossa, pelo excesso de seus gestos e discursos. Ou não seria esse excesso que levou a tradição frequentemente a esquecer sua escola (cf. FOUCAULT, 2009, p. 164-165)? Certamente, eles procuram voluntariamente constituir uma reserva limitada de teoria, como um elemento de sua maneira de interpretar o mundo e de aprender a viver (cf. FOUCAULT, 2009, p. 190). É verdade que a filosofia deveria não somente ser a mesma para acomodar plenamente essa escolha concernente à teoria, mas ainda pensar a prática que a acompanha, pois esta depende da teoria, por mínima que seja. Os Cínicos não concedem a primazia a uma teoria à qual conviria depois somar uma prática; ao contrário, eles ligam a teoria e a prática de maneira singular. A única razão capaz de justificar então o esquecimento do Cinismo, tanto quanto nossa surpresa diante do interesse que lhe coloca Foucault, é a enorme atenção que por sua vez a filosofia veio conferir à teoria, somente deixando livre à prática um espaço muito circunscrito, um domínio relacionado aos limites previamente estabelecidos. Nesse sentido, todo ultrapassar dos limites, como todo ruído e todo escândalo, vêm a ser intoleráveis.

No entanto, o que se passaria se o que não pode ser dito somente pudesse ser mostrado? Além de um discurso honesto, medido e adequado, a *parrhesía* cínica mostra verdades. Que estas sejam somente mais dificilmente aceitáveis pela cultura erudita mantém-se, talvez, devido a esta distinção entre dizer e mostrar, como, também, aos limites da estrutura de uma linguagem que não esgota todas as formas de expressão: uma vez terminado o discurso tolerável, alguma verdade resta ainda a manifestar, para a qual a desmedida cínica abre um caminho possível. O pensamento frequentemente desconfiou dessas vias excessivas, que sinalizaram para uma verdade transcendente à linguagem, ainda que imanente ao mundo. Desse ponto de vista, a desmedida cínica pode ser aproximada da parte maldita de Bataille, como uma parte do mundo, fervilhante e rude, que garante que este último continuará em movimento. O Cínico, aliás, não é também o filósofo da plebe em movimento? Pode ser que ganhássemos, colocando em paralelo, para melhor distinguir, a escolha de ser no movimento, e o fluxo, e aquele que aspira a tranquilidade da alma. A via cínica não seria esta que passa pelo movimento e a desordem, ao contrário de visar à ordem? Via que se desenvolve a partir da luta, ao contrário, de buscar a harmonia? E que, no mesmo golpe, propaga o movimento contra a ordem e a agitação contra a estabilidade, incluindo a quietude? Estas questões permanecem, para o instante, sem resposta. Mas elas sugerem uma divisão possível, que não é sem consequências, entre a pesquisa da ordem como um fim em si e a aceitação da desordem (que não conhece o "em si", porque ele somente existe por relação à coerência à qual ele se oculta) como expressão de uma necessidade ontológica de transformação.

Entendamos então, sob uma luz mais nítida, o que já se percebia: o cinismo prova, por outros ângulos, que "a sociedade" não existe, mas há aqueles que aceitam e acolhem o cinismo, outros que não o toleram e o expulsam, e que entre os diferentes atores desse jogo não há um limite, mas tensões e lutas para estabelecer e remover fronteiras. Esse paradigma nos abre uma perspectiva insólita sobre a filosofia. A velha tradição do filósofo-cão torna-se aqui inseparável de uma história da conduta ética concebida em termos de escândalo e de subversão, que não separa a excelência humana nem do desprezo pelas convenções nem do desafio lançado à opinião do mundo. Com o canalha do povo, o Cínico partilha o desprezo pela civilidade. Deveríamos nos interrogar: existe então um canalha da filosofia e, por inversão da palavra, uma filosofia do canalha? Haveria um canalha incluído na filosofia eticamente mais rigorosa, na medida em que é a mais austera? As respostas a estas questões ajudarão aqueles que procuram atualmente reagir à descrição de alguns fenômenos sociais em termos de uma pretensa "selvageria do canalha"? Em todos os casos, uma coisa é certa: há cães do pensamento — eles são os Cínicos. Nós os acusamos de pensar como cães e o dizemos como uma injúria. Todavia, tomando a injúria à sua conta, eles desarmam aqueles que os censuram; nela, eles denunciam a verdade crua da cultura mais ou menos erudita, mais ou menos vulgar, como sendo completa de prejuízos — mais ainda, assentada sobre eles. Todo o mérito dos Cínicos reside talvez nisto: eles foram bem-sucedidos ao responder às reflexões sobre os cães e à animalidade por uma astúcia que é, ela mesma, canina.

Referências

ARISTOTE. *La Politique*. Tradução de J. Tricot. Paris: Vrin, 1995.

FOUCAULT, M. *Le courage de la vérité: le gouvernement de soi et des autres II. Cours au Collège de France (1983-1984)*. Éd. par F. Gros *et al*. Paris: Seuil/Gallimard, 2009.

KANT, E. *Anthropologie in pragmatischer Hinsicht*. Berlin: Akademie Ausgabe, 1798. v. VII.

ROBESPIERRE, M. Discours. In: *Œuvres*. Paris: PUF, 1950-1958 [1791]. t. VII.

Sujeito, agonística e seus desdobramentos políticos no pensamento de Michel Foucault

Cesar Candiotto

Introdução

Um dos eixos centrais da investigação de Michel Foucault é o da constituição do sujeito. "Constituição" remete a produção, fabricação, processo, relação. Estes conceitos, inseridos nas arqueologias das ciências humanas de Michel Foucault, têm a ver com territorialidades, espaços de saber e de poder. Foucault sublinha que cada época constitui seus próprios objetos a partir de suas camadas específicas de saberes e suas articulações com estratégias de poder. Para conhecer essas camadas é necessário elaborar estudos que procuram demarcar a coerência das percepções, dos olhares, dos discursos e dos saberes de um período determinado a fim de apresentar suas escansões, suas descontinuidades, suas reconfigurações; e também suas continuidades, ou seja, as marcas que subvertem a fixidez de uma época e que adquirem funções diferentes em outra *épistémè* ou em outra ordem do discurso.

"Constituição" também está relacionada à emergência, ao desenvolvimento e desaparecimento de objetos conceituais em práticas científicas, práticas sociais e práticas de si. Quando algo se torna problemático na cultura, em seguida adentra o conflito das interpretações e é tornado objeto conceitual. A partir daí prevalece como verdadeira a interpretação mais disciplinada na ordem do discurso de um domínio científico. Portanto, Foucault analisa os processos de constituição dos objetos conceituais a partir de estratégias bem conhecidas pelos estudiosos: a arqueologia e a genealogia. Esta última, parte do diagnóstico do presente. Este diagnóstico não se refere necessariamente à época atual; ele tem sido feito a partir das chamadas racionalidades modernas, principalmente os saberes que incluíram o próprio sujeito e seu estatuto como algo problemático para o pensamento e, em seguida, elevado à condição de "objeto" a ser investigado, perscrutado, examinado. Portanto, o objeto privilegiado da arqueologia do saber e da genealogia do poder é o sujeito moderno e seus processos de constituição. "Sujeito", por sua vez, não se refere à pessoa, a um ser concreto, e sim a uma atribuição, a uma função ou, na linguagem de Foucault, a uma objetivação vinculada à cientificidade de um saber nascido de práticas concretas.

Neste ensaio pretendo examinar três possibilidades de constituição do sujeito em Michel Foucault: como efeito das relações entre saber e poder, como efeito do jogo estratégico entre querer e liberdade, como efeito da relação entre conhecimento de si e cuidado de si. Diante da primeira possibilidade, amplamente tratada em sua microfísica do poder, pretendo mostrar que há um deslocamento significativo a partir de 1978, quando o poder passa a ser pensado como governamentalidade. Se até 1978 Foucault privilegia a constituição de um sujeito sujeitado, no sentido de alguém controlado pela norma e regulado pelo biopoder, desde então é possível identificar uma constituição agonística do sujeito. Nesse sentido é que é sublinhada a perspectiva de liberdade como *potência*, assim como do cuidado de si como um princípio de *inquietação*. Essas designações de liberdade e de cuidado de si indicam, diante do sujeito sujeitado, não um sujeito enfim libertado ou acabado. A hipótese é que no pensamento tardio de Michel Foucault o sujeito é sempre problematizado a partir de uma agonística, de uma relação inacabada e, por isso mesmo, inassimilável às suas tentativas de captura pelas disciplinas e pelo biopoder. Além de apresentar essa hipótese, este texto pretende ainda estabelecer análises que partem de Foucault, mas que se estendem para além de suas investigações, no intuito de oferecer ao leitor nosso próprio diagnóstico do presente.

O sujeito como efeito das relações entre saber e poder

A constituição do sujeito é o eixo nuclear das pesquisas de Foucault porque em suas arqueologias e genealogias inexiste um sujeito pronto, a-histórico, sempre constituinte da história e do mundo. Pelo contrário, o sujeito é sempre constituído a partir das práticas sociais de otimização do corpo e normalização da vontade e sua legitimação por parte de saberes tidos como verdadeiros. O sujeito não passa de um efeito das relações entre poder e saber. Pelo menos essa é a conclusão central a que se pode chegar pela leitura de obras importantes como *Surveiller et punir* (1975) e *La volonté de savoir,* volume I de sua *Histoire de la sexualité* (1976).

Essa conclusão, segundo seus críticos, tornaria impensável a constituição de um sujeito livre, autônomo e emancipado nas sociedades modernas. E a modernidade se caracteriza justamente por esse processo de autonomia e emancipação do sujeito. Um sujeito liberto da tutela da consciência por parte do poder religioso, da tutela da liberdade pelo poder político, da tutela do conhecimento alimentada pela educação autoritária e, agregaríamos, da tutela da vida por parte do poder médico.

Em nossa sociedade nos entendemos como autônomos porque já deixamos de nos perceber como dependentes de outrem, seja no sentido da tutela por parte de outro indivíduo ou instituição, seja na detecção de condicionamentos internos que obstaculizam o pleno exercício de nossa vontade racional. Foucault, por sua vez, mostrou que a normalização que se depreende da maioria das práticas institucionais modernas coloniza nossa vida interior mediante processos de objetivação; mas que esses processos também são acompanhados do reconhecimento, da aceitação, enfim, de processos de subjetivação.

Os processos de objetivação atuam em várias esferas operando cisões. Nas práticas jurídicas, são constituídas as figuras do infrator, do delinquente e do criminoso para aqueles situados fora dos limites, sempre questionáveis, da lei. Na expertise psiquiátrica e psicológica, determinam-se as fronteiras cada vez mais específicas entre o capaz e o incapaz, entre o doente e o indivíduo saudável. Nas práticas religiosas, objetivamente se classifica quem é de Deus e quem é do demônio, quem está salvo e quem está condenado. Nas práticas familiares, os filhos objetivados como rebeldes são os parâmetros para designar os filhos obedientes e seguidores da vontade dos pais (até mesmo quanto às opções vocacionais e profissionais). Nas práticas políticas, o indivíduo é objetivado como cidadão quando honra seu direito ao voto; mas em caso da renúncia ao seu exercício, ele é considerado um quase-cidadão, já que não terá garantido outros direitos.

Esses processos de objetivação, que constituem o indivíduo como alguém juridicamente correto, psicologicamente capaz e saudável, religiosamente fiel seguidor de proibições de caráter meramente prático (como não fumar, ou não ingerir álcool), parentalmente obediente em tudo, politicamente um cidadão eleitor, socialmente concorde com padrões de aceitação e rejeição, criam uma identidade legitimada e posta em discurso.

Os processos de objetivação são acompanhados de processos de subjetivação a partir dos quais o indivíduo dá seu assentimento e reconhece ser objetivado como consumidor inveterado, conformista à sua cidadania de papel, incapaz de pensar por si mesmo sem a obediência a outrem. Portanto, o amor mesquinho ao poder ou a quem o detém, o desejo e as aspirações colonizados pelo mimetismo social, a corrosão do eu pelo inatismo político, a confiança irracional no conhecimento científico e no poder médico sobre nossa vida nos docilizam e nos infantilizam quase ao modo de uma "menoridade culpável", para utilizar uma expressão de Kant.

Foucault enfatizou que o Iluminismo privilegiou as leis, as doutrinas econômicas, os discursos institucionais e organizacionais, a racionalidade filosófica a partir dos quais passamos a ser considerados livres, autônomos, imputáveis e sujeitos emancipados. Entretanto, do ponto de vista das relações de poder esqueceu-se que a emancipação moderna é indissociável de processos divisórios, do subsolo das disciplinas e da regulação biopolítica. Os discursos em torno da emancipação e da autonomia são inseparáveis das práticas de objetivação e sujeição, que fabricam almas obedientes e corpos úteis e produtivos.

Em meados dos anos 1970, Foucault postulou que o sujeito moderno é um efeito do poder disciplinar, fabricado entre as práticas sociais, forma resultante de um conjunto de comportamentos e atitudes gestados pela distribuição dos corpos em um espaço determinado, e controlado em seus movimentos pela mensuração cronológica de procedimentos adequados a resultados esperados. Com seu controle sutil, as disciplinas põem em prática relações de força dificilmente perceptíveis na tessitura do campo social, sendo que uma de suas formas tem sido o indivíduo moderno, objetivado e subjetivado pela norma. Nesse nível, em que o poder é pensado como relações entre forças, dificilmente há a possibilidade da proposição de resistências efetivas, já que o poder e as resistências são pensados em uma mútua relação de imanência, sem qualquer exterioridade entre si.

Sujeito, governamentalidade e liberdade

Algo mudou no pensamento de Foucault entre 1976 e 1978. Neste ínterim, o poder deixou de ser tratado somente como relação microfísica entre forças e sua sedimentação em formas, como a do sujeito moderno. No curso *Securité, territoire, population* (FOUCAULT, 2004a), ele problematiza o poder como governo, como relação entre ações livres, envolvendo ao mesmo tempo a tentativa de conduzir a ação de outrem e a resistência deste último em não se deixar ser conduzido. Permanece a tese de que inexistem relações de poder sem possibilidade de resistências, porém, doravante o poder é pensado como uma relação em outro nível. Trata-se de sua determinação como relação de governo, definida em outro momento como "um modo de ação que não age direta e imediatamente sobre os outros, mas que age sobre sua própria ação. Uma ação sobre ações eventuais, ou atuais, futuras ou presentes" (FOUCAULT, 1994a, p. 237). Não estamos mais no âmbito da autoafetação germinal entre forças, mas diante de um conjunto de ações sobre ações possíveis, um "modo de agir sobre um ou sobre sujeitos agentes quando agem ou são suscetíveis de agir" (FOUCAULT, 1994a, p. 237).

Nesse campo político estamos sempre diante de "jogos estratégicos entre liberdades – jogos estratégicos que fazem que uns tentem determinar a conduta dos outros, aos quais os outros respondem tentando não deixar determinar sua conduta ou tentando determinar, em retorno, a conduta dos outros" (FOUCAULT, 1994b, p. 728). Podemos visualizar esse jogo estratégico entre liberdades nas relações interindividuais em geral, mas também especificamente nas relações de gênero, no mundo do trabalho, nas resistências à dominação política e aos imperativos econômicos.

Pode ser incluída nessa constituição agonística do sujeito o conceito foucaultiano de *contracondutas*, entendido como o enfrentamento estratégico a ser exercido livremente diante da tentativa da normalização disciplinar e da regulação do biopoder. Trata-se da constituição do sujeito a partir de sua determinação política, quer dizer, da recusa em ser governado de certa maneira, por determinados agentes, em razão de justificações escusas e assim por diante (cf. FOUCAULT, 1990).

As lutas contra o governo da individualização, o qual permanentemente busca fixar os indivíduos a uma identidade, tornam-se prioritárias em relação a quaisquer outras lutas, ainda que não as exclua. Diante das identidades naturalizadas pelos processos de objetivação e subjetivação presentes nas práticas sociais e saberes científicos, Foucault opõe os processos de subjetivação nas práticas de si pelas quais o indivíduo se constitui a partir de uma ascética, de uma prática refletida de liberdade.

Significa que a modulação da recusa política ao governo da individualização não pode ser condensada pela atitude meramente reativa, que somente diz *não*, mas principalmente pela postura criativa, sustentada pelo exercício permanente de ações livres. É fundamental empreender ações livres para que nossas resistências à normalização da conduta e à regulação da vida sejam operantes. Trata-se de inspirar-se na velha premissa aristotélica – e por extensão, grega – de que jamais deixaremos de ser escravos dos outros se permanecermos escravos de nossos desejos e prazeres. De outro modo, somente não nos deixaremos governar por quaisquer agentes e de qualquer modo, se antes formos senhores de nossos desejos, prazeres e emoções. De onde a advertência: se quisermos governar os outros ou se, ainda, não quisermos nos deixar governar por eles a partir de contracondutas efetivas, primeiro devemos aprender a governar a nós mesmos.

Entretanto, o "eu" objeto do governo propriamente ético não caracteriza a determinação de um sujeito desde sempre livre, mas em contínuo processo de subjetivação pelo qual alguém age livremente para enfrentar uma vicissitude da vida. Com todas as ressalvas imagináveis, podemos dizer que o governo de si está relacionado à constituição de um sujeito de ações livres, sempre que as circunstâncias o exigem. Ser livre, portanto, não é algo dedutível de uma pressuposição essencialista, mas um exercício inconcluso, uma livre atividade. Somente é possível falar de sujeitos livres quando eles agem livremente e no momento em que agem.

A partir dessa premissa é que podemos condicionar mutuamente relações de poder e liberdade. Há relações de poder quando ações de governo são exercidas sobre sujeitos que dispõem de um campo razoável de possibilidades que se estende desde a aceitação da condução de outrem por considerá-la adequada, até a resistência em ser conduzido desse ou daquele modo, por não concordar com seus métodos, seus agentes e seu conteúdo. Neste aspecto, as relações de governo não abrangem as práticas de domesticação, escravidão e submissão; estas são parte dos estados de dominação entre os quais a possibilidade do jogo estratégico entre liberdades é mínima, e, em muitos casos, inexistente.

A tensão entre o governo dos outros e o governo de si mesmo torna possível pensar em uma constituição estratégica e agonística do sujeito, no sentido de que a maestria sobre sua maneira de ser e de viver é indissociável da recusa em ser moralmente menor, politicamente conformista, socialmente arrebatado pelo mimetismo.

Minha hipótese, inspirada nos trabalhos de Foucault, é que o mestre ou senhor de si não é somente aquele que deixou de ser parentalmente tutelado; ou que passou a ser imputável juridicamente pelos seus atos e suas consequências. Trata-se, antes, de alguém que está em luta permanente para empreender ações livres diante das recorrentes formas de tutela que procuram determinar suas escolhas e decisões. Está-se diante de um embate inacabado travado do indivíduo consigo mesmo e em sua relação com os outros a perdurar no decorrer de sua existência.

Essa agonística poderia ser desdobrada, portanto, em pelo menos dois aspectos na investigação de Foucault: o primeiro, pela constituição do sujeito pensada a partir da relação de si para consigo; o segundo, pela constituição de um sujeito empreendida em sua relação com o mundo. No primeiro, a ênfase no cuidado de si amplamente presente em *L'herméneutique du sujet* (2001) e nos dois últimos volumes de *Histoire de la sexualité* (1984a; 1984b); no segundo, a centralidade da coragem da verdade, trabalhada no curso *Le courage de la vérité* (2009). Nesse ensaio irei deter-me somente no primeiro aspecto dessa agonística identificável no pensamento tardio de Michel Foucault.

34   Coleção Estudos Foucaultianos

A agonística como constituição do sujeito ético

Antes mesmo da proposta do cuidado de si para tratar da relação entre sujeito e verdade no curso de 1982, Foucault já havia problematizado a constituição ética do sujeito a fim de propor formas criativas de resistência ao governo da individualização.

Assim é como no artigo *O sujeito e o poder* (1994a) a constituição ética do sujeito é proposta a partir do embate e a provocação recíproca entre as forças do desejo e as práticas de liberdade.

De um lado, tem-se a renitência dos desejos e das ambições que levam o indivíduo a tornar-se dependente de si mesmo; de outro, encontram-se as resistências observáveis nas práticas de liberdade que limitam aqueles desejos e ambições, tornando alguém senhor de si. Quando as práticas de liberdade limitam o espaço de atuação das ambições e desejos, o sujeito torna-se governante de si mesmo. Trata-se da determinação a empreender uma luta incessante entre aquilo que provoca uma colonização de si mesmo por parte das impressões equivocadas advindas de um suposto autoconhecimento, e aquilo que pode torná-lo agente livre, no sentido autocrático, como o cultivo permanente de um cuidado de si.

A partir da Modernidade o autoconhecimento tem muito a ver com a produção e a objetivação de identidades que as chamadas ciências do homem têm nos levado a aceitar e a tornar quase algo natural. As verdades associadas a essas identidades geralmente trazem embutidos efeitos de poder em função dos quais somos classificados como inócuos ou perigosos; estranhos ou sociáveis; psicologicamente saudáveis ou portadores de algum transtorno; aptos ou inaptos; e assim por diante.

Entre os diversos saberes possíveis, o conhecimento de si tem sido mediado em boa parte pela psicologia organizacional, cujos critérios de verdade operam como tribunais de última instância para classificar os indivíduos entre os capazes e os incapazes, os adaptados e os inadaptados. Enquanto tal, ele está ainda associado a processos de objetivação e subjetivação do indivíduo como capital humano, como empreendedor de si mesmo.

No curso *Nascimento da biopolítica* (2004b) Foucault mostra como esse modo de constituição do sujeito foi difundido na segunda metade do século passado por T. Schultz e por Gary Becker. Para eles, o sujeito não é o átomo jurídico que obedece a regras em vista da persecução do bem coletivo, mas um ser calculista e racional cuja responsabilidade maior é velar pelo cuidado de sua vida, vida essa portadora de uma qualidade pensada em seu sentido socioeconômico como objeto da gestão de custos e benefícios. E, portanto, uma vida cuja qualidade é pensada muito mais próxima pelas satisfações no âmbito da *zoé*, do que das qualificações compreendidas no âmbito do *bios*. A vida não administrada é considerada como fracasso moral do indivíduo; quando isso ocorre, ele é objetivado como alguém irresponsável por suas escolhas. Ao ser constituído como um empreendedor e único responsável por suas decisões, também está em jogo, nesta constituição do sujeito, a lógica da competitividade.

Sempre é uma tarefa urgente conhecer a si mesmo, no sentido de saber publicizar com sucesso um perfil competitivo. A competitividade deixa de ser somente um mecanismo comum entre as empresas, para estender-se de maneira avassaladora entre os próprios seres humanos e o conjunto de suas relações sociais. Na lógica concorrencial, impõe-se subjetivar como alguém competitivo em vista de uma teleologia que não extrapola o empreendedorismo de si mesmo. A competição deve ser promovida, incentivada, estimulada, proporcionando desdobramentos reflexivos importantes no modo pelo qual ele é constituído.

Ser objetivado como indivíduo competitivo demanda, paradoxalmente, que ele seja adaptável e manipulável às modificações nas variáveis do meio. Sua conduta somente é considerada racional quando sensível a essas modificações nas variáveis na lógica do mercado. Nessa lógica é necessário produzir um indivíduo cuja resposta seja sempre sistemática, jamais aleatória. Neste sentido, para além da psicologia organizacional, atua uma nova compreensão do saber da economia. Os teóricos neoliberais a designam como a ciência encarregada do comportamento humano, da produção de respostas sistemáticas às variáveis da sociedade de mercado concorrencial (FOUCAULT, 2004b, p. 273). Essa sistemática destacada por Foucault leva-nos a colocar em tela de juízo a caracterização do autogoverno neoliberal como exercício da liberdade.

Em nossa época, as práticas institucionais aliadas ao conhecimento dos indivíduos, aqui delimitados pelas mediações da psicologia organizacional e da economia, não somente procuram normalizá-los ou regular seus processos vitais como parte de uma população específica, mas buscam sobremaneira modular condições, possibilidades e efeitos de suas ações pela intervenção e delimitação recorrente no seu campo de possibilidades.

Sem que o indivíduo moderno tenha deixado de ser fabricado pelas técnicas de poder disciplinares e seus mecanismos de normalização que atuam sobre o corpo; sem que a população tenha deixado de ser constituída pelo biopoder e as técnicas reguladoras da vida em seu sentido biológico, adentramos a era das técnicas de segurança que atuam sobre as motivações, desejos e aspirações que impelem as ações. Por certo, as técnicas de segurança são menos restritivas e corporais ao não se preocuparem em confinar e fixar os corpos de maneira segmentada para o

36 Coleção Estudos Foucaultianos

sistema produtivo; elas também não são essencialmente mecanismos de regulação e intervenção que atuam diretamente sobre a vida biológica; mas, em contrapartida, elas são intensas e saturam indutivamente o campo de possibilidade das ações livres.

Quando se percebe a saturação induzida das escolhas em todas as esferas da vida individual e da convivência social, não se está propriamente diante de um embate ético, mas, antes, em face de uma agonística modulada e orientada a partir de mecanismos que agenciam ao máximo a insegurança vital, individual e coletiva, para que os dispositivos de segurança possam ser legitimados. A liberdade do dispositivo biopolítico contemporâneo está situada entre a eterna busca de segurança e a constante produção espetacular dos riscos vitais.

A agonística do dispositivo biopolítico da segurança é, de fato, a alimentação e a reprodução de uma agonia, não tanto entre a vida e a morte em seu sentido meramente biológico, mas entre a busca intermitente de uma qualidade de vida regida pelo imperativo da segurança econômica e a possibilidade sempre presente de uma gestão vital mal calculada e sujeita ao risco da autoculpabilização moral. Dessa agonística resulta a ansiedade, a depressão, ou o medo patológico da derrota socioeconômica e, como efeito, a necessidade de uma nova tutela médica para corrigir os distúrbios psiquiátricos ou de uma tutela psicológica para adequar o indivíduo aos rigores impostos pela vida laboral e pela luta penosa e sempre insuficiente da maximização de seu capital humano.

Diante desse cenário, pode-se perguntar em que aspecto esse cuidado da qualidade de vida dos indivíduos não é o correlato de uma modelação intensa das possibilidades reais e virtuais de suas qualificações vitais? A desqualificação do ócio, a secundarização dos laços familiares e amistosos, a redutibilidade dos valores culturais à rentabilidade econômica, a associação da arte ao entretenimento, a percepção monetarizada do tempo e do espaço são tantos efeitos da correlação aventada.

A mercantilização intermitente da vida por parte das práticas organizacionais e governamentais, aliada às ciências que as legitimam e as reproduzem tornaram-na destituída de outras qualificações. O cuidado da vida redutível à sua compreensão maior como fluxo de produção de capital desqualificou o cuidado que se deve ter consigo mesmo.

De que se trataria esse cuidado de si, problematizado principalmente a partir da aula de 6 de janeiro de 1982? Nesta aula, Foucault o entende a partir de várias perspectivas. Entretanto, aquela que tem uma importância política inquestionável para a constituição do sujeito está relacionada a um princípio de inquietação permanente, ao modo de um "aguilhão a ser implantado na carne dos homens" (FOUCAULT, 2001, p. 9). Pode-se identificar sua forma contemporânea à série de lutas estratégicas que os indivíduos criam para que não sejam governados de uma determinada maneira por certos agentes, tal como a da população que resiste a uma medicação ou, ainda, a criação de estilos de viver que se contraponham a uma vida totalmente administrada. Essas lutas constituem posturas críticas a formas contemporâneas de governo, especialmente às técnicas administrativas que intervêm constantemente em um meio a fim de, indiretamente, modular as escolhas e decisões individuais. Essas técnicas que operam na individualização/administração da vida ao modo de uma empresa múltipla, no sentido de levar o indivíduo a se reconhecer como responsável, competitivo, produtivo e empreendedor de si mesmo encontram-se nas antípodas do cuidado de si como o senhorio e o domínio de si para consigo.

Equívoca é a suposição de que Foucault teria visto na individualização liberal da lógica do mercado uma das possibilidades contemporâneas da constituição do indivíduo pelo cuidado de si. A modulação da vida de alguém como empresa para si mesmo não pode ser considerada uma "versão" contemporânea do cuidado de si. No mínimo, trata-se da incitação a um tipo de cuidado da vida do qual é necessário permanentemente descuidar-se.

O cuidado de si, em seu sentido político, pode paradoxalmente ser entendido como o descuido de uma vida pensada somente nos limites da lógica biopolítica. Ele se afasta de qualquer apelo individualista ou identitário; antes, esse cuidado impõe o desprendimento contínuo de nosso eu normalmente administrado e competitivo que atua somente a partir de escolhas indiretamente já realizadas por outros agentes.

Cuidar de si é desprender-se do conhecimento de nós mesmos atrelado às identidades que a sociedade do empreendedorismo leva-nos a aceitar e a torná-las quase algo natural. As verdades associadas a estas identidades geralmente trazem embutidos efeitos de poder em função dos quais somos classificados e objetivados de responsáveis ou irresponsáveis, empreendedores ou fracassados, competitivos ou inadaptados. Quando Foucault afirma que é preciso desprender-se do eu, ele se refere a esse eu mimético que individualizamos de maneira modulada. Paradoxalmente, o cuidado de si, como princípio de inquietude, envolve descuidar-se do eu livre, porém, administrado.

A ética agonística de Foucault pressupõe um saber crítico a respeito do conhecimento verdadeiro sobre o sujeito, por parte das ciências humanas e sociais aplicadas. Se não, leiamos Foucault: "De que valeria a obstinação do saber se ele assegurasse apenas a aquisição dos conhecimentos e não, de certa maneira, e tanto quanto possível, o descaminho daquele que conhece?" (FOUCAULT, 1984a, p. 15). Constituir-se como sujeito ético envolve deixar de sermos nós mesmos, no sentido de tomarmos distância de nossa identidade verdadeira objetivada pelo conhecimento científico.

Referências

FOUCAULT, M. *Histoire de la sexualité, I: La volonté de savoir*. Paris: Gallimard, 1976. (Collection Tel).

FOUCAULT, M. *Histoire de la sexualité, III: le souci de soi*. Paris: Gallimard, 1984b. (Collection Tel).

FOUCAULT, M. *Histoire de la sexualité, II: l'usage des plaisirs*. Paris: Gallimard, 1984a.

FOUCAULT, M. L'éthique du souci de soi comme pratique de la liberté. In: *Dits et Écrits, IV*. Paris: Gallimard, 1994b. p. 708-729.

FOUCAULT, M. *L'Herméneutique du sujet. Cours au Collège de France, 1981-1982*. Édition établie par François Ewald et Alessandro Fontana, par Frédéric Gros, Paris: Seuil/Gallimard, 2001. (Collection Hautes Études).

FOUCAULT, M. *Le courage de la vérité. Cours au Collège de France, 1983-1984*. Édition établie par François Ewald et Alessandro Fontana, par Frédéric Gros. Paris: Gallimard/Seuil: 2009. (Collection Hautes Études).

FOUCAULT, M. Le sujet et le pouvoir. In: *Dits et Écrits, IV*. Édition établie sous la direction de Daniel Defert e François Ewald, avec la collaboration de Jacques Lagrange. Paris: Gallimard, 1994a. p. 222-243.

FOUCAULT, M. *Naissance de la biopolitique. Cours au Collège de France, 1978-1979*. Édition établie par François Ewald et Alessandro Fontana, par Michel Senellart. Paris, Gallimard/Seuil, 2004b. (Collection Hautes Études).

FOUCAULT, M. Qu'est-ce que la Critique? *Bulletin de la Société Française de Philosophie*, Paris, t. LXXXIV, année 84, n. 2, p. 35-63, avr./juin 1990.

FOUCAULT, M. *Sécurité, territoire, population. Cours au Collège de France, 1977-1978*. Édition établie par François Ewald et Alessandro Fontana, par Michel Senellart. Paris: Gallimard/Seuil, 2004a. (Collection Hautes Études).

FOUCAULT, M. *Surveiller et punir*. Paris: Gallimard, 1975.

A encarnação da verdade e a política da comunidade: Foucault e os Cínicos[1]

Vanessa Lemm

Este artigo investiga a análise de Foucault sobre a vida filosófica dos cínicos em *A coragem da verdade* a partir da seguinte questão nietzschiana: como pode a verdade ser incorporada ou encarnada (*einverleibt*)? Para considerar a filosofia uma forma de vida (*bios theoretikos*) e não apenas uma doutrina ou ciência, a pergunta sobre como a vida pode ser vivida ou materializada no corpo do indivíduo é obviamente de máxima importância. Enquanto uma forma de vida verdadeira (*la vraie vie*), a filosofia compete com a vida política (*bios politikós*), cujo fundamento é a opinião. Nos últimos dois volumes dos cursos de Foucault, *O governo de si e dos outros* (*GSO*) e *A coragem da verdade* (*CV*), é o embate ou *agon* entre a vida filosófica e a vida política que serve como pano de fundo para a análise da *parrhesía*, isto é, o dizer-a-verdade ou a fala franca. Ainda que, devido a seus efeitos éticos e políticos, seja possível interpretar tanto Foucault quando Arendt como defensores de uma vida filosófica, Arendt argumenta que a vida filosófica socrática é uma vida que permite o distanciamento do corpo e, ao fazê-lo, impõe uma resistência contra aquilo que caracteriza a política "totalitária" e que Esposito chama de o encerramento do corpo político sobre si mesmo (cf. ARENDT, 1978; ESPOSITO, 2008). Ao contrário, a análise de Foucault sobre os cínicos aponta para a ideia de uma vida filosófica em que a verdade é revelada ou manifestada no corpo material da vida (*CV*, 172). Além disso, Foucault configura a noção de vida filosófica a partir da oposição entre a vida verdadeira dos cínicos e o ideal socrático-platônico de uma vida filosófica. Este artigo se apropria da lógica imunitária da biopolítica em Esposito para

---

[1] Este artigo se baseia numa apresentação homônima apresentada em 21 de março de 2013 na University of Western Sydney, Austrália. Eu agradeço à audiência pelas perguntas e pelos comentários. Originalmente publicado em: Lemm; Vatter (2014). Texto gentilmente cedido pela autora para tradução e publicação neste livro. Tradução de Gabriel Pinezi.

mostrar que, enquanto a vida filosófica socrática-platônica exemplifica um ideal ascético que em si mesmo reflete uma noção imunitária de política, a vida filosófica dos cínicos se utiliza dos recursos comunitários da encarnação da verdade para unir filosofia e vida (*zoé*) numa única forma cosmopolita de vida (*bios*). Por abrir horizontes para uma nova política da comunidade, Foucault viu, neste ideal de vida filosófica, um recurso de resistência ao governo da vida liberal na modernidade.

A encarnação da verdade

Em Nietzsche, não é possível separar os problemas da verdade e da vida. De fato, o valor da verdade em si mesma só pode ser determinado em contraste com o padrão da vida biológica. Nietzsche se opõe à noção tradicional de filosofia quando afirma que a verdade não possui um valor por si só, mas, antes, um valor que está atrelado à capacidade de potencializar ou despotencializar a vida. Tal ideia possui implicações importantes para o que Nietzsche entende a respeito da filosofia e da figura do filósofo. A vida (*bios*) do filósofo e seu discurso sobre a verdade não são mais concebidos como coisas separadas: a verdade não é mais o objeto de uma doutrina ou ciência, e sim o de uma forma de vida em que pensamento e vida (*zoé*) devem ser considerados em sua unidade.[2] Em sua descrição das características gerais dos cínicos, Foucault defende uma posição similar ao ressaltar que foram eles os primeiros a levantar o problema da materialidade ou vitalidade da vida filosófica (*CV*, 168). Nos cínicos, a prática da filosofia está ligada à tarefa de manifestar a verdade dentro e através do corpo, bem como da visibilidade da existência material (*CV*, 172). Aqui, o desafio da vida filosófica é trazer a cultura de volta à natureza, retornar (*re-ducere*) a *bios* à *zoé*; é esta verdade da *zoé* que se reflete no modo de vida filosófico encarnado pelos cínicos. Para os cínicos, a "redução" da *bios* à *zoé* é uma parte essencial de sua concepção do dizer-a-verdade (*CV*, 171).[3] No entanto, esta redução não deve ser entendida simplesmente como um retorno à natureza; mais que isso, trata-se de um retorno que revela a *zoé* enquanto *bios*, entendendo-se *zoé* como a força que dá forma e estilo à vida (*CV*, 172). Além disso, esta forma de vida (esta *bios* da *zoé*) reflete o modo com que a verdade é visível nos gestos e no corpo dos cínicos. Os cínicos transformam a vida no

---

[2] Esta questão foi avançada brilhantemente por Derrida (1978).

[3] Para Foucault, a redução da vida em si mesma é uma das principais características do modo de vida dos cínicos. Em sua interpretação dos cínicos, no entanto, Foucault não distingue explicitamente *bios* de *zoé*.

veículo da verdade e a verdade no veículo da vida, criando uma perfeita comunhão entre vida e verdade em que o corpo dá forma à verdade e a verdade dá forma ao corpo. Foucault se refere a esta relação entre vida, verdade e corpo enquanto a manifestação da verdade pelo corpo, uma aleturgia da verdade (*aléthurgie*) (*CV*, 172).[4]

Nietzsche tematiza a redução da *bios* à *zoé* através do *homo natura*: o retraduzir do ser humano à natureza que se encontra no aforismo 230 de *Além do Bem e do Mal*.[5] De acordo com Nietzsche, os seres humanos não suportam a ideia de que suas conquistas culturais não sejam o produto de uma civilização humana, ou seja, o resultado de uma emancipação da natureza, sendo, em vez disso, criações da natureza que refletem as necessidades da vida. Para os humanos, a ideia de ser sujeitado às necessidades da vida enfraquece seu senso de liberdade e sua necessidade de dominar e subordinar a natureza. É por isso que desejam ser enganados e enganar a si mesmos a respeito do "terrível texto básico *homo natura* [*schreckliche Grundtext homo natura*]" (*BGE*, 230). Nietzsche enxerga o filósofo de espírito livre enquanto alguém cuja paixão pela verdade e pelo saber busca "traduzir o homem de volta à natureza" (*BGE*, 230). O que caracteriza esse espírito livre é uma "honestidade excessiva [*ausschweifende Redlichkeit*]", que nos remete aos cínicos de Foucault e seu empenho de manter a comunhão entre natureza (vida) e verdade. Tanto para os cínicos de Foucault quanto

---

[4] Para Foucault, a recepção dos cínicos de seu tempo desconsiderava, na maioria das vezes, a questão da aleturgia cínica. Tal recepção normalmente representa a filosofia dos cínicos como um exemplo de individualismo radical. Em particular, Foucault se refere aos trabalhos de Heinrich (1966); Tillich (1952); e Gehlen (1969). Para Heinrich, os cínicos encarnam a "autodeterminação [*Selbstbehauptung*] do indivíduo" em sua luta pela autopreservação (p. 142); Tillich vê nos cínicos principalmente um exemplo de "não conformismo radical" (p. 113); e Gehlen afirma que até mesmo o cosmopolitismo cínico não passa do "outro lado [*Kehrseite*] do seu individualismo" (p. 23). De acordo com Foucault, esta recepção falha em reconhecer o que ele considera a contribuição dos cínicos mais importante para a história do pensamento, qual seja, um exemplo de dizer-a-verdade (*parrhesía*) em que a materialidade da vida manifesta verdade, em que a vida é a expressão direta da verdade (*CV*, 166). Vale a pena notar que Peter Sloterdijk, que Foucault cita mas admite não ter lido na época do curso, aponta para uma interpretação similar ao dizer que "o *kynismos* dá uma nova configuração ao problema de como *dizer* a verdade" (1987, p. 104). Além disso, "o aparecimento de Diógenes marca o mais dramático momento no processo da verdade da filosofia europeia em seus primórdios" (p. 102).

[5] No que segue, eu me apoio nas seguintes abreviações padronizadas da obra de Nietzsche: *KSA = Sämtliche Werke: Kritische Studienausgabe in 15 Bänden* (referências mostram o número do volume seguido pelo número do fragmento e qualquer aforismo em questão). Todas as traduções de KSA são minhas. As próximas abreviações são seguidas pelo número do aforismo: *BGE = Beyond Good and Evil*; *GS = The Gay Science*; *GM = On the Genealogy of Morals*; *AOM = Assorted Opinions and Maxims*; *HL = The Advantages and Disadvantages of History for Life*; *HH = Human, All Too Human*. [Para esta tradução, para o português, consultamos as traduções brasileiras para fins de cotejo e comparação. (N.T.)]

para os espíritos livres de Nietzsche, a afirmação das necessidades da vida é um meio de liberar-se e cultivar-se que supera a vontade humana de uma liberdade dominadora. Assim como nos cínicos, Nietzsche acredita que esta nova verdade sobre o *homo natura* vai gerar uma "transformação [*Umwandlung*] do ser humano" (*KSA*, 9:11 [141]), pois revela que a afirmação das necessidades da vida libera o homem para criar e recriar suas próprias condições de existência em direção a uma vida justa e comum, para além do esforço de autopreservação (por dominação).

A encarnação da verdade nos cínicos reverte o entendimento tradicional da vida filosófica como uma vida verdadeira. Esta reversão é tematizada também por Nietzsche no aforismo 11 da *Gaia Ciência*, onde surge uma primeira formulação do problema de como a verdade pode ser encarnada.[6] Nesse aforismo, Nietzsche desenvolve as noções de que "a tarefa de *encarnar* o saber e torná-lo instintivo é ainda inteiramente nova" e de que esta tarefa "foi reconhecida apenas por aqueles que entenderam que até hoje somente os nossos *erros* foram encarnados, que toda a nossa consciência diz respeito a erros!" (*GS*, 11). Em Nietzsche, o filósofo tem de reverter o entendimento corrente e convencional da verdade ao mostrar que tudo o que até o presente foi chamado por verdade não passa de erro e ilusão. Assim, tanto para os cínicos quanto para Nietzsche, o filósofo é o sujeito e o objeto de uma crítica radical à civilização que revela como todos seus cânones e valores, sejam morais ou epistemológicos, são baseados em falsos pressupostos. Se a vida até agora foi possível porque erros foram encarnados, então o desafio do filósofo cínico é mostrar que a vida também é capaz de potencializar-se, literalmente, por meio da encarnação de verdades ou de saberes. Apenas quando a verdade puder ser vivida e manifestada fisicamente dentro e através de um corpo, só então haverá verdadeiro saber em vez de mera ilusão. Aqui encontra-se a imagem foucaultiana do cínico enquanto uma figura do esclarecimento: a vida filosófica dos cínicos e sua verdade situam-se à frente e além da humanidade, guiando-a até a iluminação (*CV*, 172).

Segundo Foucault, a tarefa do filósofo de reverter todos os valores é uma tarefa política. Foucault ressalta que é preciso entender os cínicos a partir do contexto mais geral de uma crítica da *parrhesía* política, que se encontra não apenas nos cínicos, mas também em Platão. Enquanto a *parrhesía* política, exemplificada pelo homem democrático, reflete apenas erros e opiniões alheias, a vida filosófica precisa provar-se a única vida verdadeira, a única forma de vida capaz de acessar a verdade. Com os

---

[6] Para uma discussão mais extensa sobre este problema, conferir Lemm (2013).

cínicos, este desafio político é complicado pela noção de que a *parrhesía* política só pode ser realmente superada por uma vida filosófica em que a verdade é encarnada, e não por uma vida filosófica onde o corpo e a verdade estão separados, excluídos um do outro, como no ideal socrático-platônico de vida filosófica (*CV*, 159). Na minha opinião, o que tanto a *parrhesía* política quanto a *parrhesía* socrático-platônica têm em comum é que, em suas construções políticas, a verdade figura enquanto um dispositivo imunitário.[7] A *parrhesía* socrático-platônica é um modo de separar vida e verdade, natureza e cultura, animal e homem. A *parrhesía* democrática funciona de forma parecida ao separar diferença e igualdade, individualidade e unidade, alteridade e identidade, *pólis* e "bárbaros". Meu argumento é que, ao contrário disso, o dizer-a-verdade cínico (e em Nietzsche) é uma função comunitária, na qual vida e verdade, diferença e igualdade, outridade e identidade são entendidas como parte de uma continuidade de vida compartilhada, como elementos de uma política comunitária.[8]

Em Nietzsche, a tarefa de encarnar a verdade se complica quando se leva em conta o fato de que erros (*Irrthümer*) são benéficos, preservadores da espécie (*arterhaltend*): "Parecia que não éramos capazes de viver com ela [a verdade], que nosso organismo estava ajustado para o oposto dela; todas as suas funções mais elevadas, as percepções dos sentidos e todo tipo de sensação trabalhavam com aqueles erros fundamentais, incorporados desde tempos imemoráveis" (*GS*, 110). A esse respeito, o poder do conhecimento não é determinado de acordo com o grau de verdade que reflete, mas, antes, de acordo com sua idade, seu grau de incorporação (*Einverleibtheit*) e seu caráter de condição para a vida (*Lebensbedingung*) (*GS*, 110; conferir comparação com *KSA*, 11:34 [247]). Semelhante à análise

---

[7] Para uma interpretação diferente, conferir Marzocca (2013). De acordo com Marzocca, as *parrhesías* socráticas e cínicas são comparáveis, na medida em que ambas "continuam próximas da prática de cidadania ativa" (p. 135).

[8] Sob meu ponto de vista, o problema da caracterização dos cínicos em Heinrich e Gehlen é que eles não interpretam corretamente a radicalização do individualismo nos cínicos. A filosofia cínica não reflete uma tentativa de preservar os indivíduos, como acredita Heinrich (1966, p. 142). Em vez disso, ela exemplifica a exasperação do indivíduo enquanto proprietário de si mesmo na tentativa de restaurar uma política do comum. Embora André Glucksmann (1981) não compreenda os cínicos nos termos de uma relação inversa entre imunidade e comunidade, é interessante notar sua descrição de Diógenes "imunizado" contra a redução de sua vida filosófica a algum tipo de "testamento acadêmico": "o cinismo não é uma forma de diogenismo [le cynisme n'est pas un diogènisme]. Mais um estilo de vida que uma doutrina, ele resiste à sua redução dogmática e, caso isso aconteça, gera-se imediatamente um equívoco [Plus mode de vie que doctrine, il ne se laisse pas condenser en dogme et quand il s'y prête, il retrouve aussitôt l'équivoque]" (p. 128).

foucaultiana dos cínicos, o filósofo em Nietzsche é confrontado com uma tarefa impossível: ele deve buscar encarnar a verdade de modo que ela se torne manifesta no corpo da vida; mas acontece que o próprio corpo da vida não é capaz de encarnar e de viver com a verdade. A vida precisa mais de erros e de ilusões do que da verdade, pois a verdade destrói a vida. Ou, nas palavras de Nietzsche, as novas intuições do filósofo, seus novos *insights* [*neue Erkenntnis*] são perigosos e "prejudiciais" [*schädigend*] à vida (*KSA*, 9:11 [320]). É por isso que a tarefa de encarnar o conhecimento requer, antes de tudo, coragem: a coragem de expor a própria vida ao perigo da verdade, mesmo que isso signifique arriscar a própria vida, arriscar a morte da vida. Este desafio, sem dúvidas nos lembra do heroísmo filosófico ressaltado por Foucault em sua caracterização geral dos cínicos (*CV*, 197-211).

A partir desta perspectiva nietzschiana, é na forma de opiniões dominantes e princípios de legitimação que a vida política já incorpora profundamente os erros preservadores da vida. Na disputa contra a vida política, a vida filosófica se depara com o dilema de ter que provar o impossível, ou seja, precisa mostrar que a encarnação da verdade é mais capaz de potencializar a vida do que a vida política e seus erros profundos, preservadores da vida. O filósofo será bem-sucedido nesta luta contra a vida política e seus erros incorporados se puder demonstrar que a necessidade do "erro" pode ser superada. Superar, aqui, significa literalmente ir para além de uma forma de vida política, modificá-la, produzir uma nova. Enquanto a primeira forma de vida é fechada e imunitária à natureza e à vida não-humana, a nova é uma vida política aberta à variedade do cosmos. O filósofo cínico detém uma visão cosmo-política da vida humana, em oposição à política identitária da *pólis*.[9] Nas palavras de Foucault, o filósofo é vitorioso quando pode mostrar que a vida verdadeira é uma vida de alteridade, uma vida alteradora: "Não seria a verdadeira

---

[9] Se o cosmopolitismo dos cínicos não passa do "outro lado [*Kehrseite*] de seu individualismo", como Gehlen defende (1969, p. 23), isto só se justifica porque o "individualismo" reverte uma ideia imunitária do eu que é separado do outro, transformando-a numa ideia comunitária do eu que se relaciona à vida do cosmos e é dela inseparável. A respeito do cosmopolitismo dos cínicos, conferir também Goulet-Cazé, "Un syllogisme stoïcienne sur la loi dans la doxographie de Diogène le Cynique a propos de Diogène Laërce VI 72," cujo argumento é que o cosmopolitismo nos cínicos não é um clamor positivo para a realização de uma comunidade humana universal, mas, antes, uma rejeição individualista de disposições políticas e sociais específicas. Ao contrário, John Moles (1996) argumenta que, nos cínicos, o cosmopolitismo é uma ideia positiva que não só se refere a uma comunidade igualitária especial bem como à ideia mais universal de comunidade, que também inclui a vida dos animais. Moles vê no "governo do cosmos" cínico o "mais nobre de todos os Estados filosóficos [*politeiai*] – de fato, de todos os Estados políticos – de toda a antiguidade" (p. 120).

vida uma vida radical e paradoxalmente outra [*la vrai vie ne va-t-elle pas être une vie radicalement et paradoxalement autre*]" (*CV*, 245). Para além da crítica à civilização, a criação literal de uma outra vida, uma vida alterada, constitui o aspecto afirmativo da vida filosófica enquanto uma verdadeira vida encarnada. Foucault compreende a dimensão política desta outra vida em sua fórmula "uma *outra* vida para um *outro* mundo [une vie autre pour un monde autre]" (*CV*, 287). No entanto, tanto para os cínicos quanto para Nietzsche, não pode existir uma solução final para o dilema paradoxal da encarnação da verdade. Ambas compreendem a tarefa de manifestar a verdade dentro e através da existência física como um contínuo autoexperimento, um desafio sem fim que requer a constante modificação do eu e dos outros, de modo que este mundo se torne um mundo outro.

Encarnação, imunidade e comunidade

Compreende-se melhor a afinidade, admitida por Foucault, entre sua tentativa de fazer da alteridade o sentido da vida filosófica e o esforço cínico de retornar à *zoé* quando se leva em conta a concepção nietzschiana de que a vida é vontade de poder. Em sua recente leitura da vontade de poder, Esposito (2008) afirma que, para Nietzsche, a vida é uma irresistível motivação para tornar-se mais que si, superar-se, ir além. A vida é vontade de poder porque procura constantemente alterar e exceder os limites de seu próprio ser. Desse modo, a vida nunca é idêntica a si mesma, já que continuamente nega e destrói a si mesma em seu esforço de transformar-se: "Antes de ser em-si, o corpo é sempre contra – mesmo em relação a si próprio" (ESPOSITO, 2008, p. 84). Para Esposito, este impulso vital (*zoé*) que transcende a si mesmo no intuito de criar uma forma de vida (*bios*) é também um empenho por uma vida comum, chamado por ele de *communitas* (ESPOSITO, 2010). No entanto, devido ao potencial autodestrutivo inerente à busca da vida por justiça e comunidade, a vida necessita de uma estratégia de autopreservação que, em essência, a protege contra seu tornar-se outra, sua alteração. Tal estratégia de autopreservação é a estratégia de imunização, que Esposito também chama de *immunitas*. Um dos exemplos mais evidentes do que Esposito considera esta estratégia de imunização se dá na concepção nietzschiana do ideal ascético, que simultaneamente nega e preserva a vida (*GM*). Segundo Nietzsche, o ideal ascético é uma encarnação da verdade capaz de preservar a vida com sucesso por meio da negação, supressão e sujeição dos impulsos vitais. Sendo assim, o ideal ascético enfraquece e adoece a vontade de poder da vida, tornando então a verdade encarnada em um meio saudável de autopreservação para os fracos. Nietzsche aceita que o ideal ascético tenha transformado a negação da vida (doença) em uma afirmação da vida, ao tornar o negativo em produtivo. Mas ele também alerta sobre a natureza paradoxal e contraditória da imunidade. Ao fim, a encarnação da verdade no exemplo do ideal ascético mostra que é falha a tentativa de proteger a vida por meio de sua negação: em vez de usar a doença para preservar a vida, acaba-se por torná-la mais e mais doente, destruindo, ao fim, a vida que se pretendia proteger (*GM*, 13). É por isso que Esposito levanta a questão de se é possível encontrar uma forma de preservar a vida que não seja pela imunização.

Sob meu ponto de vista, Nietzsche refere-se diretamente às questões levantadas por Esposito em suas concepções imunitária e comunitária da encarnação. Como já argumentei, Nietzsche distingue duas concep-ções de encarnação diametralmente opostas: de um lado, há encarnação como estratégia de imunidade; do outro, encarnação como estratégia de comunidade.[10] Ao descrever processos de encarnação que funcionam imunitariamente, Nietzsche recorre a uma semântica da apropriação (*Aneignung*) (*AOM*, 317), como por exemplo em *BGE, 259*. Quando, ao contrário, fala da encarnação como uma estratégia comunitária, refere-se então a processos de transformação criativa (*HL*, 1; *KSA*, 8:11 [182]). Enquanto o primeiro caso associa-se à exploração (*Ausbeutung*), à sujeição (*Unterdrückung*) e à dominação (*Herrschaft*) dos outros, o segundo está associado à inoculação enobrecedora (*HH, 224*), diferenciação, e pluralização da vida decorrentes do encontro com o outro, concebido precisamente enquanto aquela força que não pode ser incorporada, aquilo que resiste a uma aniquiladora incorporação (*Einverleibung*) (*KSA*, 11:36 [22]). Além disso, enquanto no primeiro caso se entende o processo de *Einverleibung* como um processo vital por meio do qual cada vez mais poderosas totalidades (*Ganzheiten*) são constituídas e preservadas por meio da incorporação excludente e aniquiladora do outro, no segundo caso, a *Einverleibung* se deve a uma força acolhedora e hospitaleira, uma abertura para o outro que promove a pluralização e a diversificação da vida.

Em sua descrição dos filósofos da *Stoa*, Nietzsche captura belamente a ideia da encarnação enquanto uma inclusão aniquilatória do outro. Os estoi-cos representam um ideal de filosofia que, com ímpeto tirânico, pretendem recriar o mundo de acordo com sua própria imagem. Aqui, a filosofia é a expressão de uma vontade de poder cujo empenho é a criação do mundo e cujo exemplo são os filósofos da *Stoa*, que desejam incorporar (*einverleiben*) e

---

[10] Para uma discussão mais extensa sobre os problemas da imunidade e da encarnação em Nietzsche e Esposito, conferir Lemm (2013).

prescrever (*vorschreiben*) na natureza suas próprias ideias e sua própria moralidade (*BGE*, 9). Este ímpeto tirânico da filosofia não passa de um reflexo do ímpeto da vida – do "tudo o que vive" – em crescer, alargar-se (*BGE*, 230). Nietzsche identifica a "vontade básica do espírito [*Grundwillen des Geistes*]" com o poder de "se apropriar do que é estranho" (*BGE*, 230). Neste movimento de apropriação do mundo exterior (*Aussenwelt*), evidencia-se o poder equalizador da incorporação. Em tal constituição espiritual do mundo, reconhece-se uma forte inclinação "a assimilar o novo ao antigo, a simplificar o complexo, a rejeitar ou ignorar o inteiramente contraditório" (*BGE*, 230). O objetivo do espírito é incorporar novas "experiências", "enquadrar novas coisas em velhas divisões" (*BGE*, 230). Em outras palavras, seu alvo é o crescimento, o sentimento de maior poder, de poder crescente (*Gefühl der vermehrten Kraft*). Aqui, a incorporação designa um modo de dominação por meio do qual uma dada forma de vida estende seu poder sobre o outro, incorporando o distante, o novo, e o diferente numa totalidade já existente, reduzindo-o, desse modo, a uma instância do já conhecido, do antigo, do igual, do idêntico. O que afirmo aqui é que a interação ou disputa (*agon*) que os cínicos opõem tanto à vida política quanto à vida filosófica platônica (ideal ascético) ilustra o que Nietzsche entende por "inoculação enobrecedora" ou encarnação como estratégia de comunidade.

Nietzsche enquadra essas duas formas de encarnação diametralmente opostas a partir da distinção entre dois tipos de filosofias e de filósofos: de um lado, a filosofia que extrai da verdade um remédio tranquilizante para curar doenças e, do outro, a filosofia em que a verdade figura enquanto um sinal de saúde. No primeiro caso, aqueles que praticam a filosofia a partir de uma condição doente precisam de uma verdade que age enquanto um remédio tranquilizante. No segundo caso, aqueles que praticam a filosofia a partir de uma condição de saúde compreendem sua verdade enquanto uma expressão da abundância de forças vitais. Enquanto, no primeiro, a verdade é um meio de autopreservação que protege o filósofo contra as contingências da vida, no segundo, as contingências da vida são aceitas e afirmadas enquanto instâncias da verdade que proporcionam uma ocasião para o crescimento e para a recorrente expansão da vida.

Tal distinção nietzschiana é extremamente próxima da distinção foucaultiana entre a tradição socrático-platônica e a tradição cínica (*CV*, 125-127). De acordo com Foucault, o que caracteriza a tradição socrático-platônica é a ideia de um filósofo que conduz os seres humanos em direção à verdade das próprias almas, essas entidades metafísicas que se revelam por meio da prática do cuidado de si. Nos cínicos, há a ideia de que a filosofia é um desafio à vida em que é preciso provar continuamente a própria verdade por meio da estilização ou modalização da vida. Na primeira tradição, a filosofia se apoia no paradigma do conhecimento da alma como ontologia de si. No segundo, a filosofia é um desafio, um experimento ou teste à vida (*bios*), onde vida é o objeto e a matéria de uma arte de si ou de uma estética da existência. Foucault diz que os cínicos foram os primeiros a levar a sério a questão da vida como objeto do cuidado de si, sendo, portanto, os inauguradores desta diferente práxis de atividade filosófica (*CV*, 125-127).

No modelo socrático-platônico de uma vida filosófica, o objetivo do cuidado de si é a separação entre alma e corpo, sendo a alma entendida enquanto uma entidade ontológica distinta do corpo. Em outras palavras, a noção socrática de uma vida filosófica é uma ideia de verdade em que a encarnação da verdade possui uma função imunitária de separar verdade e vida, alma e corpo, com o intuito de purificar a alma no que diz respeito à sua capacidade de dizer a verdade, de protegê-la das influências desviantes dos instintos e paixões do corpo. O dizer-a-verdade se torna, aqui, um discurso metafísico a respeito da natureza ou essência humana que funda uma compreensão ontológica do homem sobre a qual é possível deduzir uma ética ou regras de conduta (*CV*, 159-61). É interiormente que o caráter metafísico da verdade no ideal socrático-platônico de uma vida filosófica carrega o embate (*agon*) contra a vida política; é na forma de um abrigar-se nas esferas privadas (a citadela), seja a da alma individual, seja a de um príncipe, onde o papel do filósofo é orientar ou cuidar do príncipe. Em contraste à tradição socrático-platônica, o dizer-a-verdade entre os cínicos não se liga a um discurso metafísico, mas sim a uma necessidade de dar à vida uma forma visível, pública ou comunitária. Aqui, o dizer-a-verdade deve definir a forma visível que um ser humano dá à sua própria vida. É preciso a "coragem da verdade" para expor a existência física ao desafio de dar-lhe forma e estilo.

Foucault e a política da comunidade nos cínicos

Foucault distingue quatro critérios para a vida verdadeira que se encontra no pensamento grego clássico (*CV*, 218-19). Primeiro, há a noção de que a verdade é o não-oculto, o não-dissimulado, o completamente visível. Segundo, há a ideia de que a verdade é aquilo que não recebe qualquer tipo de suplemento ou adição; o verdadeiro é puro, sem qualquer tipo de mistura. Terceiro, a verdade é aquilo que é direito, correto (*droit*), o que é reto e se opõe ao desviante; a verdade como retidão, mas também como aquilo que está de acordo com a lei (*nomos*). Por fim, o verdadeiro é o que existe e prossegue sem qualquer mudança ou alteração; a verdade é incorruptível e sempre idêntica a si mesma. Em Platão, estes quatro critérios se refletem em seu ideal de vida sem confusão entre o bom e o mau, o prazer e o sofrimento, o vício e a virtude. Em oposição à vida do homem democrático, a vida filosófica é uma vida de pureza, unidade e conformidade com os princípios das leis da natureza. A verdadeira vida é uma vida soberana que se sujeita ao perfeito domínio sobre as paixões do corpo, uma vida de completa felicidade e satisfação. De acordo com Foucault, os cínicos sujeitam tais ideais platônicos da vida feliz e abençoada a uma crítica radical, onde se questiona o próprio valor da vida platônica segundo o princípio cínico de "alterar o valor da moeda" (*CV*, 227). Para Foucault, a filosofia dos cínicos é uma filosofia da ruptura, da intervenção, da transvaloração.

Acredito que essa transvaloração dos valores e exteriorização da filosofia podem também ser interpretadas enquanto uma tentativa de transformar a filosofia, fazê-la deixar de ser um dispositivo imunitário e torná-la um veículo da comunidade. Os cínicos estabelecem o que eu chamo de estratégia de comunidade. Comunidade, aqui, se refere ao processo que cria uma defesa contra um excesso de imunidade e cujo resultado é uma liberação autoimunitária do *munus* ou do comum. Esta estratégia autoimunitária descreve bem o modo com que os cínicos procedem: primeiro, eles adotam um princípio imunitário (por exemplo, as quatro características da verdadeira vida filosófica), e então encarnam este princípio enquanto uma forma de vida em que a prática do cuidado de si e o dizer-a-verdade volta o eu em direção ao outro (*munus*) em vez de separá-lo de seu próprio corpo e do corpo dos outros. Esta encarnação autoimunitária é como que uma defesa contra o princípio imunitário acima descrito. Eis o paradoxo em torno do "escândalo" da verdade cínica: ela leva à exclusão violenta e radical dos cínicos por parte da filosofia oficial instituída, mas, ao mesmo tempo, no que tange à *pólis*, sua exclusão imunitária acarreta paradoxalmente a exclusão dos princípios de verdade encarnados por eles e que, em outro contexto, seriam aceitos como doutrina. Ao excluir a encarnação cínica, a *pólis* abre seu horizonte para uma transformação dos valores, para a alteração do eu e da *pólis* mesma. O resultado é um "escândalo" que vem à tona quando a encarnação cínica destrói as imunidades da *pólis* e da vida filosófica platônica, abrindo o horizonte para uma verdadeira vida transformada, a verdadeira vida da comunidade.

Os cínicos se apossam do tema da vida verdadeira, não-dissimulada, alterando-a e transvalorizando-a por meio daquilo que Foucault chama de o "escândalo" da verdade (*CV*, 253). A regra da não-dissimulação já não é mais a aplicação de um princípio ideal de conduta; ao contrário, por ser guiada pela vida radicalmente pública, exposta e constantemente visível a todos, torna-se então manifestação, "*mise-en-scène*" da materialidade da vida cotidiana. Através do seu modo de viver, os cínicos provam que a vida pertence simultaneamente a todos e a ninguém. A vida é *munus*, é radicalmente comum. Ao mesmo tempo, a aplicação radical do princípio de não-dissimulação causa uma reversão de seu próprio princípio, demonstrando que a vida dos cínicos, uma vida verdadeiramente fiel à ideia da verdade não-dissimulada, é uma vida sempre pautada pelo processo de tornar-se outro, diferente, estranho, sendo assim uma vida que está sempre trocando de identidade, não podendo permanecer igual a si mesma.

Para os cínicos, a vida reflete e é tudo o que a natureza a concedeu; portanto, o que a natureza ofereceu para os seres humanos não pode ser algo ruim ou algo a ser rejeitado, excluído, eliminado da vida pública da *pólis*. Tal atitude contrasta evidentemente com as tradições socrático-platônica e estoica, onde tudo o que é relacionado à natureza, ao corpo, às paixões, aos desejos e à vida é excluído da vida pública da *pólis* e resguardado à esfera privada. Os cínicos afirmam a natureza, a vida e seus frutos enquanto irredutivelmente outros, e é esta outridade que se manifesta na vida verdadeira dos cínicos. Afinal, os cínicos pregam que se nasce um cínico, que não é possível tornar-se um cínico através da educação ou da cultura: isto é tanto uma encarnação literal da ideia socrático-platônica de viver de acordo com as leis naturais quanto uma reversão da noção platônica de que só é possível tornar-se um filósofo através de um árduo processo de educação (o que é, por sua vez, diferente da educação que a cidade provê aos cidadãos pela poesia trágica). Ao dissolver as barreiras imunitárias da civilização, os cínicos abolem a divisão entre o público e o privado, abrindo, assim, a possibilidade de uma vida pública que é verdadeiramente comunitária. Da perspectiva cínica, não é a natureza o problema, mas sim os dispositivos imunitários da civilização, tal como convenções, hábitos humanos e opiniões que primeiro rebaixam a vida e a natureza para, em seguida, excluí-las e expulsá-las da *pólis*. Quando o princípio da verdade não-dissimulada é encarnado pela *zoé*, dá-se conta de que uma vida verdadeira requer a rejeição de todos os limites habituais e todas as barreiras tradicionais da vergonha.[11] Pois aquilo que o ser humano recebeu da natureza deve ser transvalorado em vez de ser excluído; precisa ser afirmado como um bem, em vez de ser excluído como um mal. Em seu modo de vida, os cínicos

---

[11] A respeito das implicações políticas da superação da vergonha pelos cínicos, "the political barb [*Spitze*] of the kynical offensive," conferir especialmente Sloterdijk (1987, p. 167).

mostram que não se deve sentir vergonha da natureza; pelo contrário, ela é um presente que é preciso apreciar e afirmar (*CT*, 254). A vida dos cínicos reflete uma transvaloração da *zoé* que liberta o princípio da não-dissimulação de todas as ideias convencionais de vergonha.

No que diz respeito à ideia da verdade como independência sem misturas, ideia que se reflete numa vida autônoma sem qualquer acréscimo, inalterada e perfeitamente idêntica a si mesma, os cínicos operam uma reversão similar, encarnando exatamente o mesmo princípio. Em Platão, tal ideia se manifesta numa vida de pureza, beleza e perfeição da alma, uma alma que foi completamente separada do corpo e da vida material. Nos estoicos e epicurianos, trata-se da vida independente, autossuficiente, autorregulada. Nos cínicos, ao contrário, a vida independente toma a forma da vida indiferente, o que se reflete na imagem da pobreza radical, uma pobreza que é, segundo Foucault, real, ativa e infinita (*CV*, 257). É real enquanto não se contenta com a ideia de uma independência que é indiferente àquilo que pode ou não pode acontecer, indiferente ao âmbito da contingência. Ao contrário, a pobreza é um contínuo desafio que requer resistência e coragem de viver de acordo com o princípio da independência. É nesse sentido que a pobreza é infinita e indeterminada: os cínicos estão constantemente motivados a reduzir seus mantimentos e necessidades, até encontrarem ou alcançarem aquilo que é verdadeiramente indispensável à vida. Uma tal pobreza requer um processo de contínuo trabalho e experimentação sobre si mesmo.

Novamente, os resultados dessa encarnação da ideia de verdade como independência são radicais e paradoxais na medida em que, em vez de produzir uma vida harmônica de beleza e paz, produzem, antes, uma vida caracterizada pela sua feiura e humilhante dependência. Os cínicos revalorizam as necessidades básicas da vida ao se exporem, ao se fazerem completamente dependentes, paradoxalmente levando ao mesmo tempo uma vida independente; uma vida feia, suja, definida pela miséria e humilhação (*CV*, 259). É daqui que surge a famosa comparação da vida cínica com a vida dos cães. De novo, pode-se perceber a ideia de *munus* ativa na vida dos cínicos: eles estão completamente expostos e dependentes de doações alheias, ao ponto de não mais poderem preservar-se; eles destruíram e superaram todos os dispositivos imunitários de autopreservação e estão completamente sujeitos à boa vontade dos outros (aqueles que lhes dão comida, por exemplo).

A fragilidade e materialidade da vida expostas no modo de viver dos cínicos são reafirmadas por eles, também, na ideia de escravidão. Enquanto a escravidão é rejeitada pela *pólis* como a mais inumana, básica e dependente forma de vida, nos cínicos ela é aceita e admirada. Na escravidão reflete-se a crença cínica de que a vida – toda a vida – não pode ser totalmente autorregulada e autossubsistente. A verdadeira independência se apoia nas doações dos outros, numa relação comunitária entre os homens e a natureza, onde aquilo que é doado escapa à lógica do lucro e do cálculo. Aqui, a vida é mantida por meio da comunhão com o outro e não através de dispositivos de imunização.

Por fim, ao encarnar o princípio da independência na forma da pobreza, os cínicos se submetem a uma má reputação. Para os cínicos, a prática sistemática da humilhação, dos insultos e da desonra é revertida numa conduta positiva significante e valorosa. Quanto mais suportam ser humilhado pelo outro, maior é o orgulho dos cínicos, pois o seu exemplo de vida prova que eles são verdadeiramente soberanos e mestres de si mesmos, tendo resistido e superado o que há de pior: a exclusão da vida pública da *pólis*. Eles mostraram, assim, que é a grande comunidade da vida cósmica que preserva sua vida, e não a *pólis* (*CV*, 262).

A terceira ideia, a da verdade como vida de retitude, uma vida em conformidade com *logos* e *nomos*, é transformada pelos cínicos numa vida conforme à lei da natureza. Entendida como aquilo que se opõe às convenções, a natureza é o único critério aceitável para medir quão verdadeira é uma vida (*CV*, 263). Aqui, a medida da natureza é a animalidade de um ser humano. Enquanto que tradicionalmente a animalidade do ser humano foi sempre renegada, os cínicos a elevam ao maior valor que um homem pode alcançar. A animalidade torna-se um modelo de vida e de conduta individual que se apoia na noção de que, daquilo que os animais não necessitam, o animal humano também não deve necessitar. Antes, as necessidades vitais eram consideradas um sinal de fraqueza que submete o ser humano à escravidão; agora, com a animalidade servindo de medida, tal ideia é revertida e liberada. Agora o ser humano está liberto de suas necessidades, já que todas as necessidades naturais podem ser supridas pela própria natureza e, também, porque o ser humano não mais precisa de nada que a ultrapasse. Viver de acordo com a medida da natureza é libertador (*CV*, 265). De acordo com Foucault, a animalidade nos cínicos é uma forma reduzida de vida, mas também uma forma prescritiva. Não se compreende a animalidade como uma simples dádiva, mas como uma tarefa, como um desafio ético de viver de acordo com as necessidades de sua própria animalidade; ela se torna o modelo tanto moral quanto material para a existência. O desafio e a tarefa da animalidade tornam-se um princípio cultural. A vida da *zoé*, ou seja, a *bios* da *zoé*, não é uma vida onde a *bios* se impõe sobre a vida animal (*zoé*) na forma de uma segunda natureza, mas é, antes, uma vida onde a *zoé* cria uma *bios* a partir de seus próprios recursos.

54   Coleção Estudos Foucaultianos

Por último, tem-se a ideia da vida verdadeira como uma vida soberana. No ideal socrático, a vida soberana é uma vida em completa posse de si mesma, em que nenhum fragmento ou elemento do eu escapa ao domínio e ao controle de si. A vida soberana é uma vida de prazer, uma vida autorrealizada. Ao mesmo tempo, esta vida é benéfica a outros e acompanhada por uma obrigação que se manifesta no relacionamento entre mestre e aluno ou então na imagem do herói, do gênio da cultura, um benfeitor de toda humanidade. Neste contexto é que se encontra o tema foucaultiano do cínico como um antimonarca, um antirrei que recebe seu reino devido à vontade dos deuses, e não devido a circunstâncias externas, como no caso de Alexandre, o Grande. O cínico não se torna um rei por meio da educação e do cultivo, mas nasce um rei simplesmente por ser humano. No entendimento cínico da soberania, ser o escolhido de um deus traz consigo uma obrigação, uma missão: cuidar dos outros. Cuidar dos outros não significa simplesmente conduzir o outro por meio de discursos ou exemplos de vida, mas cuidar deles realmente, mesmo que isso signifique o sacrifício da própria vida. É uma missão árdua e difícil que requer abrir mão de si, renunciar a si. Interessante notar que Foucault aponta a intervenção médica, em oposição à jurídica, como o modelo mais frequente de intervenção dos cínicos. Curando os outros, os cínicos podem tornar-se verdadeiramente felizes e saudáveis. Tal intervenção é difícil, requer a agressividade e a boa vontade de lutar, de combater. Não é levando uma vida exemplar que o cínico faz o bem ao outro, mas é porque luta pelo outro; ele é útil porque morde e ataca. O cínico luta pela humanidade como um todo; sua intenção é mudar o mundo não só no que diz respeito a seus valores e atitudes morais, mas também no que diz respeito a seus hábitos, convenções e formas de vida (*CV*, 280). A tarefa última do cínico consiste em abordar a humanidade junto dela, por ela e até mesmo, às vezes, contra ela, para que assim se possa revolucionar o mundo (*CV*, 294). Uma tarefa como essa só pode ser designada por um deus, e viver à sua altura quer dizer, para os cínicos, encarar os quatro desafios da verdadeira vida. Desse modo, os cínicos se tornam os missionários universais que vigiam e cuidam da humanidade. Eles levam adiante a responsabilidade pela humanidade inteira, por todos os seres humanos (*CV*, 301). Foucault insiste que, com os cínicos, tanto o cuidado quanto a conduta de si são inseparáveis do cuidado e da conduta dos outros, de modo que, para eles, mudar o mundo significa mudar a maneira que os homens conduzem a si mesmos no mundo (*CV*, 313).

Ao seguir nos cínicos esses quatro preceitos ou características da vida verdadeira e suas reversões por meio da encarnação, Foucault se pergunta se os cínicos foram bem-sucedidos em demonstrar que a verdadeira vida filosófica é uma outra vida que aquela levada pela maioria dos homens da *pólis* e, particularmente, pelo filósofo. A verdadeira vida é paradoxal e radicalmente outra em relação a todas as formas de existência tradicionais aceitas (*CV*, 245). Minha hipótese, por outro lado, é que a outridade dos cínicos não passa daquilo que é comum tanto à vida política quanto à vida socrática, mas que por elas não é admitido. A vida política imuniza a *doxa* ao proteger opiniões contra a verdade; a vida filosófica socrática imuniza a verdade ao protegê-la contra a opinião. A forma de vida cínica supera esta divisão entre vida política e vida filosófica ao mostrar o que a elas é comum, desfazendo, assim, sua mútua imunização. Portanto, a contestação cínica da vida filosófica socrático-platônica aparece como uma tentativa de popularização da filosofia, pois se quebra, assim, a imunização da verdade. Reciprocamente, a contestação cínica da vida política aparece como uma tentativa de estabelecer o cosmopolitismo, pois é dessa forma que se quebra a defesa imunitária da *pólis* contra os estrangeiros.

Talvez seja nessas duas qualidades, no tornar popular a vida filosófica e no tornar cosmopolita a vida política, que se encontra a chave para entender o famoso encontro entre Alexandre, o Grande, então apenas um estudante de Aristóteles, e Diógenes, o Cínico. Afinal, Alexandre, o Grande, deu fim à hegemonia da *pólis* grega ao estabelecer seu império helenístico, cosmopolita. Isso pode explicar sua atração pelos ataques de Diógenes à imunidade da *pólis* em nome de uma nova política mundial ou cosmopolitismo. Por outro lado, quando Alexandre, o Grande, vem ver Diógenes para oferecer-lhe qualquer coisa que deseje, e o cínico responde que apenas deseja que Alexandre saia da frente do sol e pare de lhe fazer sombra, a mensagem também é clara: o sol aqui representa o divino; os raios do sol apontam para o verdadeiro representante de Deus na Terra, e estes raios são para Diógenes, não para Alexandre. Soberanos políticos não são nada mais que nuvens passageiras interferindo na verdadeira iluminação da forma de vida cínica.

Referências

ARENDT, H. *The Life of the Mind*. New York: Harcourt/Brace, 1978.

DERRIDA, J. *Éperons: les styles de Nietzsche*. Paris: Flammarion, 1978.

ESPOSITO, R. *Bios: Biopolitics and Philosophy*. Minneapolis: University of Minnesota Press, 2008.

ESPOSITO, R. *Communitas: The Origin and Destiny of Community*. Translated by Timothy Campbell. Stanford: Stanford University Press, 2010.

FOUCAULT, M. *The Courage of Truth*. London: Palgrave Macmillan, 2011.

FOUCAULT, M. *The Government of Self and Others*. London: Palgrave Macmillan, 2011.

GEHLEN, A. *Moral und Hypermoral: Eine pluralistische Ethik*. Frankfurt: Athenäum Verlag, 1969.

GLUCKSMANN, A. *Cynisme et passion*. Paris: Bernard Grasset, 1981.

GOULET-CAZÉ, M.-O. Un syllogisme stoïcienne sur la loi dans la doxographie de Diogène le Cynique a propos de Diogène Laërce VI 72. *Rheinisches Museum für Philologie*, v. 115, p. 214–40, 1982.

HEINRICH, K. *Parmenides und Jona: Vier Studien über das Verhältnis von Philosophie und Mythologie*. Frankfurt: Surhkamp Verlag, 1966.

LEMM, V. Nietzsche, Einverleibung, and the Politics of Immunity. *International Journal of Philosophical Studies*, v. 21, n. 1, p. 3–19, 2013.

LEMM, V.; VATTER, M. (Eds.). *The Government of Life: Foucault, Biopolitics and Neoliberalism*. New York: Fordham University Press, 2014.

MAZORCCA, O. Philosophical *Parrêsia* and Transpolitical Freedom. *Foucault Studies*, v. 15, p. 129–47, 2013.

MOLES, J. L. Cynic Cosmopolitanism. In: *The Cynics: The Cynics Movement in Antiquity and Its Legacy*. Edited by R. B. Branham and M.-O. Goulet-Cazé. Berkeley: University of California Press, 1996. p. 105–20.

NIETZSCHE, F. *Beyond Good and Evil: A Prelude to a Philosophy of the Future*. Translated by W. Kaufmann. New York: Vintage Books, 1989.

NIETZSCHE, F. *Human, All Too Human*. Translated by R. J. Hollingdale. Cambridge: Cambridge University Press, 1986.

NIETZSCHE, F. *On the Genealogy of Morals*. Translated by C. Diethe. Cambridge: Cambridge University Press, 1994.

NIETZSCHE, F. *Sämtliche Werke: Kritische Studienausgabe in 15 Bänden*. Edited by G. Colli and M. Montinari. Berlin: Gruyter Verlag, 1988.

NIETZSCHE, F. *The Gay Science*. Translated by J. Nauckoff. Cambridge: Cambridge University Press, 2001.

NIETZSCHE, F. *Untimely Meditations*. Translated by R. J. Hollingdale. Cambridge: Cambridge University Press, 1997.

SLOTERDIJK, P. *Critique of Cynical Reason*. Minneapolis: University of Minnesota Press, 1987.

TILLICH, P. *The Courage to Be*. New Haven: Yale University Press, 1952.

Os homens empoeirados[1]

Alain Brossat

Ninguém duvida que o encontro com Pierre Rivière, mais precisamente com o "dossiê" Rivière, conservado nos arquivos departamentais do Calvados, e mais precisamente ainda, com o *memorial* escrito por Rivière na prisão (e que constitui o fragmento de escolha) foi para Foucault um potente estalo, uma viva incitação a problematizar a questão da plebe. E, como ele observa na sua introdução ao volume coletivo nascido do seminário consagrado a Rivière em 1972-73 no Collège de France, este encontro, no entanto, resulta de um acaso: "Queríamos estudar a história da relação entre psiquiatria e justiça penal. No caminho encontramos o caso Rivière" (FOUCAULT, 1991, p. IX).[2]

> Eu acreditava encontrar algumas dezenas de documentos, eu caí sobre centenas [...] prostrado diante desta pilha de documentos, eu simplesmente tomei o maior. E depois... eu não caí sobre um certificado médico, eu caí sobre esta *linguagem extraordinária*, que não seria aquela de um médico (FOUCAULT, 2012, p. 118, grifo meu).

É interessante que, para Foucault, este encontro com aquele que, para ele, tornar-se-á uma personificação desta "poeira da humanidade", para a qual ele declara um tão vivo interesse, se produz sobre um modo imprevisto, associado a um verdadeiro espanto, um entusiasmo insólito; é intrigante que este encontro tome a forma de um *desvio*: teria aí um austero programa de estudo e de pesquisa, e eis que surgiria o "parricida de olhos vermelhos" e tudo se encontra desconcertado...

---

[1] Texto gentilmente cedido pelo autor para tradução e publicação neste livro. Tradução de Marcos Nalli e Tiaraju Dal Pozzo Pez.

[2] Brossat não identifica de modo suficientemente claro, nesse texto, as referências utilizadas por ele, de tal modo que procuramos ao máximo localizá-las. (N.T.)

Nessa primeira aproximação, a figura plebeia vai ser apreendida sobre este modo paradoxal: ela é o grão ínfimo da humanidade, rejeitada nas profundezas obscuras da história, da vida social que, do fato mesmo, desta obscuridade e desta insignificância, não tem acesso à linguagem comum, à fala pública – porção inseparável do rebanho silencioso que ela é. Dessas figuras de sombra, existências infinitesimais condenadas a desaparecer sem rastros, Foucault diz em *La vie des hommes infâmes* (FOUCAULT, 2012) que elas só acedem a luz, raramente e da maneira mais aleatória possível – quando a mão da polícia ou aquela da justiça se abate sobre uma delas, culpada de alguma infração ou problema à ordem pública ou familiar.

Trata-se, claramente, disso com Pierre Rivière – em torno de seu crime atroz, máximo, se produz toda esta inflação de escrituras judiciárias, médicas, jornalísticas que vão alimentar o enorme dossiê evocado por Foucault. Mas o essencial não está aí: há, contra toda expectativa e ao encontro de todo esse dispositivo [da penalização] do elemento plebeu na condição de mudo da história, o memorial de Pierre, essa fulminante *tomada de escritura*, essa "linguagem extraordinária" que desconcerta tudo, que muda tudo, tanto que irrompe ao encontro de todas as regularidades, das previsibilidades sociais e culturais – Pierre não é descrito pelos juízes e pelos *experts* como um quase "iletrado"?

É sobre este signo do absolutamente *incalculável*, irredutível as condições de qualquer saber, que se produz aqui o encontro entre o plebeu e o filósofo: não somente o primeiro se apoderou da escritura como Prometeu se apoderou do fogo, mas, libertando-se dos encargos de seu destino imemorial de quase-animal fixado na sua gleba (Cf. PETER; FAVRET, *in* FOUCAULT, 1991), produz o texto que escapa a toda tentativa de classificação ou redução às condições de uma interpretação qualquer – um bloco de escritura, cuja "beleza" (porém estamos aqui, sem que isso seja dito, mais no domínio do sublime, que naquele do belo) protege contra toda espécie de apropriação ou de domesticação.

A relação que se estabelece entre o "professor", o intelectual e a figura plebeia (indissociável aqui do crime) não é da ordem do simples *interesse*; ela decorreria mais de um tipo de *rapto*, de "violência branda", que o plebeu exerce a distância, pela intervenção de seu texto, sobre o pesquisador. Os termos empregados por Foucault, na sua introdução ao volume coletivo consagrado a Rivière, são, desse ponto de vista, inequívocos:

> Sejamos francos. Não foi talvez isto [a perplexidade dos médicos face ao caso Rivière] que nos deteve mais de um ano sobre esses documentos. Mas simplesmente a beleza do manuscrito de Rivière. Tudo partiu da nossa *estupefação*. [...] Enfim e sobretudo,

por uma espécie de *veneração* e também, talvez, *de terror* por um texto que devia trazer consigo quatro mortes, não queríamos sobrepor nosso texto ao memorial de Rivière. Fomos *subjugados* pelo parricida de olhos vermelhos (FOUCAULT, 1991, p. XI e XIV, grifo e inclusão textual meus).

Isto que descreve Foucault leva para além da questão social, sociológica: a fascinação ambivalente exercida sobre o intelectual (o homem de gabinete, o homem de reflexão) por esta figura do povo indócil, rebelde, indomável, marginal, selvagem, que é o criminoso extremo, o vagabundo, o homem do subterrâneo, o desordeiro, o pirata, etc. – uma figura da ação incandescente, da negação exemplar, da diferença sem compensação, da transgressão pura. A fascinação (tornada aqui *veneração*) exercida sobre o douto, o pensador, o professor, devotado à mais imunitária das condições, por aquilo que seu descentramento, sua deserção ou sua violência levam à plena exposição. Em termos de zoologia social, Rivière é, para o Professor do Collège de France, o homem *antípoda*, o outro absoluto. Vemos aparecer aqui todo um imaginário: deixando-se *arrebatar* pelo autor do crime o mais horrendo, que é também o autor do texto o mais estarrecedor possível, incomparável, sem medida comum com o que quer que seja – está aí uma definição do sublime, em Kant (2012) –, o intelectual escapa do seu "encarceramento" (nas ciências e nas instituições do saber), das suas proteções estatutárias, ele é levado (de bom grado, como lhe convém, mesmo se o movimento se associa ao *terror*) para um "exterior" enigmático, um limite de tinta e de sangue em que a "recusa de interpretar" altamente reivindicada nos diz bem que ela traz a marca do inefável. Há alguma coisa de distintamente *sádico* neste modo em que o plebeu, figura aqui do excesso absoluto e do descontentamento sem limite, se apodera do mais respeitável dos sujeitos sociais e o faz sofrer os mais deliciosos ultrajes. A *perturbação* que o rebelde, o criminoso, o insurgente, o irregular, o dissidente faz sofrer o intelectual ou o artista é um dos fluxos impetuosos que atravessaram as sociedades ocidentais nos anos 1960-70. A plebe bestializada de múltiplas facetas (por oposição ao povo balizado) como a heterotopia constantemente renovada, reintensificada da regularidade burguesa e consumista desses anos (a heterotopia selvagem contra a utopia racional: Raymond Aron e a convergência das sociedades industriais, ornamentado por Jean Fourastié e a emancipação pelos objetos técnicos – é a utopia dominante dos anos 1960, a utopia como fábrica do consenso "otimista"). Mas o *sequestro* do professor pelo parricida vai além dessas considerações "sociológicas". O que Foucault deixa entrever aqui abre para outra dimensão, aquela da História: a plebe, nos seus rompantes de violência, seus movimentos espasmódicos de escapada selvagem, com as brechas que ela abre no curso das coisas, do tempo regular e compacto da vida administrada – a plebe dá acesso a uma outra *narrativa da História*, um outro rumor do mundo: tomada no raso dessas existências anônimas, infinitesimais, desses rompantes de voz raros e singulares, como gritos, é uma outra modernidade que se desenha – guerras napoleônicas sanguinárias e não epopeia, novo código civil levando o mal ao mais profundo dos campos, à ordem e às hierarquias familiares, mundo de cabeça para baixo no qual Rivière se torna testemunha furiosa, escandalosa, provocativa... Qualquer que seja a forma, individual ou coletiva, criminal ou insurrecional, o surgimento plebeu *abre uma brecha* e a revela –, uma contranarrativa do presente que toma corpo aí.

Observar-se-á que é o mesmo tipo de assombro, de estupefação, de fascinação que Foucault demonstra face ao *gesto* de Rivière e a insurreição das massas iranianas contra o regime do Xá. Ainda que no *rumor* formado dentro e ao entorno destes acontecimentos de dimensões tão diferentes, um elemento permanece constante: a outra visão do contemporâneo que se dá a ver, uma contragenealogia do presente se enraíza. O pesquisador nela encontra a impulsão para novos diagnósticos: emergência de novas formas de saber-poder, de novas configurações nos agenciamentos de poder refratados no prisma do caso Rivière, advento de uma época de levantes (mais que de revoluções) representado pela explosão do "barril de pólvora iraniano". A fascinação e a estupefação são o simultâneo afetivo, do lado daquele em que a atividade é de *diagnosticar o presente*, da capacidade de deslocamento ou de revogação das evidências que manifestam o acontecimento indissociável de um surgimento plebeu. Colocando primeiramente esses afetos fortes, Foucault enuncia o que constitui o limite da posição analítica do pesquisador: é necessário que a pesquisa passe por estas fases de *desinvestimento* e de *intensificação* que são, para o pesquisador, momentos de dessubjetivação em que se abole toda distância entre o sujeito "pesquisador" e o objeto da pesquisa; são necessários esses efeitos do acaso e de encontro, para que a filosofia organize suas linhas de fuga fora das terras balizadas da "ciência cinza", para que seja levada por novos fluxos, novas sensações (o perigo, entre outros), anuncie novas apostas e proponha uma nova jogada.

Temos aí alguma coisa como um dispositivo cênico da produção do conhecimento, da veridicção que se desenvolve, cujo princípio é no fundo simples: a "nova aliança" do douto e do plebeu. Uma aliança *objetiva*, certamente, pois o plebeu se encontra inserido em seu corpo que defende. Pierre Rivière, ainda que Foucault nos advirta ininterruptamente a escutar mais que a julgá-lo, a venerar seu memorial (como um

62   Coleção Estudos Foucaultianos

texto sacro?) antes que analisá-lo ou interpretá-lo, ocupa no dispositivo o lugar da *voz humana*, da *voz que grita* e em que as estridências estilhaçam as paredes de vidro das ciências e dos poderes constituídos. Inversamente, aquele mesmo que lhe concede este lugar permanece, ainda que o diga, do lado do *logos* – não do discurso erudito que disseca, analisa e faz seus julgamentos, mas, ao menos, de uma palavra organizadora que, no dispositivo cênico, opera as justas repartições... Ao mesmo tempo, a demonstração é irrecusável: não há *ciência nova* sem *encantamento* nem êxtase sem sair de si.

Para uma parte essencial, a *batalha* que se anuncia vai consistir em defender o espaço no qual se faz entender a potência do deslocamento dessa voz, dessas vozes, contra as pretensões e os apetites dos saberes e dos poderes conquistadores – medicina, psiquiatria, psicanálise. Este enfrentamento tem o *discurso* por meio – batalha dos discursos. Trata-se de proclamar que o que dá a entender a voz, o grito do plebeu – mas tudo, no entanto, são gestos ou a série desses gestos – se mantém em seu princípio *fora do alcance* dos dispositivos de apreensão, de interpretação, de diagnóstico e de julgamento desses taxidermistas e encolhedores de cabeça. Um tipo de território sagrado da palavra irredutível, do ato absoluto, do acontecimento que escava o vivo da história (tal como a sublevação iraniana) é decretada, proclamada. Os "psis" não tem *nada a dizer* sobre Rivière – seu crime e sua memória –, assim como os decodificadores do acontecimento iraniano armados de seus padrões convencionais (marxista, ocidentalista, etc.) permaneceram perplexos face ao enigma da inesgotável energia espiritual que porta a sublevação povoada de mártires mais que de estratégias e de heróis.

> Meu desejo secreto, – escreve Foucault – seguramente, sobre este caso Rivière, seria entender os criminologistas, psicólogos e psiquiatras manterem seu habitual e insípido discurso. *Ora, eles foram literalmente reduzidos ao silêncio*: não houve um sequer que tomou a palavra para dizer: "Eis na realidade o que seria que Rivière; eu, agora, eu posso vos dizer o que no século XIX não se podia dizer" (à parte uma tola, uma psicanalista, que pretendeu que Rivière seria a ilustração mesma da paranoia em Lacan...). E desta exceção, ninguém falou (FOUCAULT, 2012, p. 98, grifo meu).

É, portanto, interessante ver como o plebeu vai servir de retransmissão e de intermediário para um "acerto de contas" (a vivacidade do tom mostra que a expressão não é, aqui, excessiva) com as pretensões hegemônicas desses saberes recentes sustentados sobre suas pretensões científicas e sua segurança de estar em constante progresso. Este tipo de *condição de imunidade* ou de intangibilidade que Foucault atribui ao memorial de Rivière, como a seu ato fechado no seu próprio segredo e in-interpretável vão auxiliar uma crítica em geral das pretensões sem limites das disciplinas e das ciências ditas humanas em reduzir todo fenômeno humano às condições de seus padrões e esquemas de explicação – mais frequente por redução e classificação. Este "argumento" segue-se em reforço do vasto dispositivo arqueológico e genealógico que Foucault desenvolveu pouco a pouco e que, para o que concerne ao que poderíamos chamar *o século de Rivière*, se concentra sobre todas as "máquinas" de saber e de poder, as quais este, após seu crime, se tornou caso: a prisão, a clínica, a justiça penal, a perícia psiquiátrica...

Será observado, entretanto, que nesses diferentes textos e comentários do caso Rivière, Foucault não vai jamais *no final* da argumentação destinada a colocar o parricida fora do alcance das reduções "psis" e outras (é um historiador, Philippe Lejeune, que mais de um decênio após a publicação de *Eu, Pierre Rivière* (Foucault, 1991), se entregará ao ataque mais violento, uma verdadeira inquisição, contra o dispositivo posto em cena por Foucault nesse texto e que, segundo ele, visa a todas as ciências sociais). Com efeito, o que Foucault sugere, sem o anunciar distintamente, é que, mais do que os supostos *especialistas* estarem mudos face ao texto e ao crime de Rivière porque eles perdem seu latim (ou seu alemão freudiano), é o fato de eles se encontrarem face a um *domínio sagrado* que os *interditaria*, por suas propriedades e seu estatuto próprio, toda espécie de comentário (de fato, tem havido toda uma exegese "psi" em torno da questão Rivière, e destinada, precisamente, a transformá-la em "caso"). E então, o que Foucault anuncia no fundo é um tipo de condição proibitiva, de *Noli me tangere* (Cf. Brossat, 2003), na qual o fundamento último e naturalmente impronunciável é a sacralidade, o *sacer esto* que se ata ao nome de Rivière, tanto que ele é autor do crime e do texto. Não está em questão aqui simplesmente evidenciar uma "aliança" singular entre o erudito energúmeno e o plebeu sem causa, mas uma verdadeira *sacralização* do segundo pelo primeiro que, por ser furtivo, não é menos constante. Se concordamos com a definição do "plebeu" proposta por Deleuze em *Diferença e repetição* – "o homem sem nome, sem família, sem qualidades, sem eu, nem Eu" (Deleuze, 2006, p. 137), então se dirá que a paradoxal empresa de Foucault, com o seminário de 1972-73 e os "efeitos" diversos que o seguiram, consiste em *restituir seu nome* a esse homem empoeirado, cujo nome se perdeu, sepultado sobre toneladas de arquivos judiciais – todos lhe conferindo o estatuto de mensageiro e testemunha deslocada de todo esse povo sem nome, "sem família, sem qualidade, nem mim, nem Eu" (a promoção de Pierre

Rivière ao papel de porta-voz de todos estes "humildes" silenciosos ou, melhor, *silenciados*, reduzidos ao silêncio, é particularmente distinta no texto de Jean-Pierre Peter e Jeanne Favret (FOUCAULT, 1991), "o animal, o louco, a morte"). De resto, o título mesmo imaginado por Foucault e seus colaboradores para o livro coletivo resultante do seu seminário "Moi, Pierre Rivière..." diz muito sobre o desejo de restituição de seu nome ao homem sem nome. O nome mesmo que vai tender a tornar, no combate que Foucault trava na ocasião dessa pesquisa, *o emblema sagrado* sobre o qual se conduz essa campanha.

Essa tentativa deve, certamente, ser aproximada das análises que Foucault desenvolve em outros textos e que giram todos em torno do mesmo motivo – *a plebe não herda*, pois o que a diferencia radicalmente do povo organizado, reconhecido, incluído, é este déficit permanente do lado dos nomes próprios que a impede de deixar rastro e relato, de "entrar na História" , isto é, no campo da memória coletiva, e demarcar uma topografia narrativa (em forma de restituição mais que de conservação ou preservação) do nome de "seus" heróis, mártires e grandes homens como o faz a burguesia, como o faz o movimento operário (o povo "inscrito"). Os vencidos, diz Foucault, os homens infames, a massa plebeia infinitamente variável, a poeira humana habita o tempo e a duração sob um modo singular, heterogêneo àquele que é próprio às outras figuras do povo ou espécies populares – eles passam, levados pelo fluxo perpétuo, mesmo sendo do seu lado que se movimenta frequentemente as potências que estremecem o mundo e deslocam as coisas – a tomada da Bastilha não é, no seu desenvolvimento mesmo e antes de se tornar o acontecimento fundador por excelência, uma *revolta plebeia*? Como o sabem todos aqueles que são interessados neste acontecimento que Foucault (2012) associa ao nome da plebe, o massacre pela polícia parisiense dos Manifestantes argelinos em Paris no dia 17 de outubro de 1961, a restituição dos nomes das vítimas é, em um tal caso, tarefa praticamente impossível – seu nome mesmo permanece desconhecido e o regime de indistinção contrasta de maneira impressionante com a maneira em que a manifestação de Charonne,[3] que se desenrolou alguns meses mais tarde, encontra suas condições de inscrição na memória coletiva dos comunistas e das pessoas antifascistas: as vítimas da violência policial

---

[3] Alain Brossat refere-se ao caso de violência policial ocorrido em 8 de fevereiro de 1962, na estação de metrô Charonne, em Paris, envolvendo manifestantes contrários à guerra da Argélia e a OAS (Organização Armada Secreta – uma organização paramilitar clandestina que tinha como fim defender a presença e domínio francês na Argélia, valendo-se de todos os meios disponíveis, inclusive atentados e terrorismo), que culminou na morte de nove pessoas. (N.T.)

são honradas como mártires, suas imagens e seus nomes são publicados e uma narrativa comemorativa toma corpo desde o dia seguinte do acontecimento dito "trágico".

De certa maneira, as duas intervenções de Foucault no volume *Eu, Pierre Rivière...*, e mais precisamente ainda os comentários de Jean-Pierre Peter, apreendem o gesto de Rivière como um tipo de *sublevação*. Na medida em que o próprio de toda sublevação plebeia, qualquer que sejam as circunstâncias e as formas, é de ser *criminalizada* em excesso pela autoridade e pelas pessoas razoáveis, o campo destacado pelo gesto plebeu ou a ação plebeia poderá incluir tanto um parricida como Rivière quanto um anarquista como Ravachol,[4] ou, mais perto de nós, um desordeiro das cidades. É neste sentido que Rivière, enquanto é um criminoso máximo, um quase-animal para alguns, um pobre louco para outros, pode ser chamado a *testemunhar, contra tudo e contra todos,* a condição plebeia e isto na sua posição mesma de exceção, aquela de um autor que "duplica" seu atentado contra a ordem familiar de um texto; de um plebeu, então, que, rasgando a maldição do silêncio imemorial e da queixa inarticulável, *depõe,* por meio desse bloco de escritura "perdido" que Foucault, arqueólogo da condição plebeia, exuma. Ao praticar esta operação de restituição a Rivière de seu nome, de seu nome de "autor", Foucault, ironicamente (ele, que tão ardentemente contribuiu a desconstruir a monarquia autoral) anuncia o princípio de um outro regime da escrita da História – uma escrita, um relato *por ocasião da qual* a plebe sairia da zona morta na qual ela é costumeiramente confinada.

Tendo, literalmente, liberado Rivière das mãos dos "psis" ao ridicularizar a pretensão de saberes de mesma procedência para desvendar seu mistério, tendo recusado o par interpretação-diagnóstico e oposto as *potências* do texto de Rivière que, literalmente, reduz toda essa clínica ou pós-clínica tagarela, ao silêncio – Foucault não se limita a *dizer qualquer coisa* a propósito do memorial e de seu vínculo com o crime; sua pesquisa não pode reduzir-se a um puro trabalho de exumação e de restituição de um gesto e de um texto destinado a ser em seguida *contemplado e adorado* num silêncio de igreja.... À falta de pretender "explicar", "interpretar", não o faz deixar de *comentar,* segundo sua chave de leitura própria, o caso Rivière. Eis esta leitura singular foucaultiana:

---

[4] François Claudius Koënigstein (1859-1892), codinome Ravachol, foi um famoso anarquista francês conhecido por suas ações violentas contra a Terceira República Francesa. Após a sua morte, guilhotinado em 11 de julho de 1892, ao grito interrompido de "Viva a re...", ao que se acredita tratar-se de "Viva a revolução", tornou-se um mito por sua frieza nos atentados que participou e na coragem diante da guilhotina. (N.T.)

Eu creio que é necessário compará-lo a Lacenaire que foi exatamente seu contemporâneo e que cometeu um bocado de pequenos crimes, desprezíveis, em geral sem sucesso, nada gloriosos, mas que chegaram por um discurso, aliás, muito inteligente, a fazer existir estes crimes como verdadeiras obras de arte, a fazer existir o criminoso, isto é, ele, Lacenaire, como sendo *o artista mesmo* da comunidade (FOUCAULT, 2012, p. 98, grifo e inclusão textual meus).

Vê-se bem: após ter recusado tão veementemente o *reducionismo* das interpretações "psis" do suposto "caso" Rivière, Foucault opõe sua própria *leitura* de tudo o que se atém a este nome próprio, e não seria absolutamente insustentável dizer que a distinção entre interpretação e leitura é aqui casuísta. Aos diagnósticos condenados ao fracasso dos "psis", Foucault opõe uma intuição, a qual nutre, por sua vez, uma convicção: aquela da existência de um *pacto secreto* entre o crime e a escritura, esta transfiguração do criminoso desde que ele se colocou como o narrador dos seus próprios crimes e opôs seus próprios relatos àqueles da autoridade ou das diferentes autoridades convocadas a julgar – a Justiça, certamente, mas também a opinião pública, o ídolo ascendente dos tempos modernos. O crime que fala, que se escreve, o sujeito criminoso que se constitui na sua oposição à ordem e à lei, agenciando um relato em torno do crime e elaborando seu próprio "eu" ou "si" criminoso – são, para Foucault, os delineamentos de condutas de resistência às condições de poder-saber modernos. Colocando seu crime em relato, descrevendo as circunstâncias, as impulsões, os dispositivos que o levaram ao crime, o criminoso se subtrai de sua condição de objeto do saber médico ou psiquiátrico, do discurso dos juízes e do cerimonial da justiça, da crítica jornalística... Ele se *desobjetiva* ao se subjetivar ativamente como ladrão, assassino, bandido, etc. Fazendo isto, ele produz um transtorno maior, pois o fato mesmo de ele se estabelecer na posição do narrador *faz tremer* as categorias nas quais os poderes e os saberes, a polícia do mundo, o aprisionam: como um quase-animal, um monstro bestial, um insano, um estúpido, um ser na margem e no limite, pode ser *também* aquele que força sua versão das coisas, sua posição singular por esta tomada de escritura?

A plebe, ou melhor, o plebeu, se vê, de algum modo, assinalar uma "missão": aquela de revelar *o avesso das coisas*, o reverso escondido das relações sociais, das "belas histórias" do passado, das instituições políticas, familiares e outras. Notemos que, mesmo se Foucault reunir aqui um motivo em voga nos anos 1970 – aquele das "vozes de baixo", da experiência social e histórica dos humildes, ou seja, do maior número, reprimida pelo relato do mundo enviesado que impõem as elites (um motivo que encontra, por exemplo, seu ponto de ancoragem na notável coleção Atos e Memórias do Povo dirigida por François Maspero) –, ele se separa sobre um ponto essencial: o horizonte de seu pacto com a plebe não é a *memória coletiva*, a reabilitação dos lares, dos lugares, dos meios de memória reprimidas, estigmatizadas, negadas, a recuperação de tesouros perdidos do passado, mas antes, distintamente, a *política do presente.*

Supondo que possamos nomear "salvação" a empresa conduzida por Foucault em relação a Pierre Rivière, esta é de uma outra espécie em relação àquela que consiste, nos mesmos anos, em "salvar" a memória de uma determinada tradição de pesca em alto-mar em via de desaparecimento ou aquela de tal forma de vida rural já enterrada sob os sedimentos da modernização agrícola. Percebemos bem isto quando Foucault opõe a memória de Rivière como "expressão campesina" à "literatura campesina" do século XIX, quer seja sob a pluma de Balzac ou de Zola. Para ele, a escritura a *contratempo* de Rivière tem alguma coisa de diretamente política, na sua intempestividade (*Unzeitmässigkeit*) mesma. *Projetar* o texto sobre a cena do presente tem, então, uma função política. Vemos, aliás, onde o filme de René Allio vem se agenciar sobre o livro "animado" por Foucault: trata-se, com o filme, de prolongar e amplificar os efeitos políticos esperados do livro. Assim, a escolha de confiar os papéis principais a pessoas do povo, a campesinos nascidos no mesmo "pequeno país" que Rivière é um gesto político que valida Foucault: "Seria *politicamente* importante dar aos campesinos a possibilidade de se servir deste texto camponês" (FOUCAULT, 2012, p. 100, grifo e mudança textual meus). Os campesinos mobilizados pelo filme de Allio vão *ocupar* ou, se o quisermos, *usurpar* o lugar do ator profissional, um artista propriamente dito, da mesma maneira que Rivière usurpa o lugar do *escriba* autorizado, seja ele médico, jornalista ou escrivão. Dessa usurpação programada por Allio, cúmplice de Foucault, são esperados, no presente, novos "problemas": o filme *abre* uma cena política na qual está em questão não somente essa "espécie de nó entre a escritura e a morte, que é formidável", mas, de modo mais amplo, o povo – dos seus modos de erupção, de encarnação, de seus *estilhaços e de suas estridências.* Não esqueçamos que o conjunto dos dispositivos posto em cena por Foucault e seus colegas em torno do caso Rivière constitui para nós um material de primeira qualidade para refletir sobre as questões, as aporias e as promessas (obviamente...) do *populismo* ou, mais exatamente, do que Ernesto Laclau chama *a Razão populista.*

Retomando: a intenção de Foucault não é de nenhuma maneira de tudo o que se subsume sob o nome de Rivière o elemento de um patrimônio, de um culto memorial. Trata-se de recuperar um acontecimento surgido na esfera, não da grande história, isto é, do universal, mas naquela do infinitesimal, um "microacontecimento", para aí fazer um fechamento, um princípio ativo suscetível de nos deslocar, nos transformar, de fazer emergir da diferença criativa nas nossas relações a nós-mesmos, em nosso tempo, a História...

> Nosso inconsciente é feito desses milhões, desses milhares de pequenos acontecimentos que, pouco a pouco, como gotas de chuva, marcam nossos corpos, nossa maneira de pensar, e depois o acaso faz que um desses microacontecimentos deixe os traços e pode vir a ser uma espécie de monumento, um livro, um filme (FOUCAULT, 2012, p. 118, acréscimos textuais meus).

É, conjuntamente, nossa relação conosco mesmo e a História que, sob o efeito dessa "reviravolta" se encontra transformado – colocada sob o signo do múltiplo antes que do uno, do disperso antes que do reunido, do baixo antes que do alto, do aleatório antes que do necessário.... Nesse sentido, o projeto anunciado por Foucault de escrever "histórias" da "poeira" seria o que se opõe, quase termo a termo, àquele de colocar a narrativa da história sob o signo dos "grandes" acontecimentos e da vida dos homens ilustres. É necessário sublinhar longamente aqui a afinidade eletiva desta postura com aquela que inspira as teses sobre o conceito de história de Benjamin? É necessário insistir mais sobre o fato que se trata aqui de uma máquina de guerra contra as formas mais bem legitimadas do saber universitário que se dispõe (como vemos, se os "psis" são os adversários designados, eles não são os únicos).

Vemos bem: a argumentação de Foucault é colocada em um duplo movimento: de uma parte, ele "convoca" o plebeu e a plebe para os engajar nas "batalhas" e fazer deles os referentes de combate nos quais ele se engaja no presente e cujas apostas são massivas, se não compactas: as formas do saber, as relações entre poder e saber, a escrita da História... Mas, inversamente, ele se estabelece em relação a esses microacontecimentos plebeus fadados ao esquecimento, esta plebe fadada ao silêncio, cortada de toda potência de transmissão, na posição de *testemunha*. Por seus escritos, suas escolhas de pesquisa, ele vai testemunhar estas *vozes* que surgem desta poeira humana, vozes que não são puros gritos ou imprecações, vozes que dão a entender, *apesar de tudo*, este mundo fadado ao silêncio – ou antes, ao defeito de escuta (a plebe é menos muda, que se nega a falar, que *inaudita*). É conveniente lembrar que, para Foucault, a posição de "testemunha de..." é indissociável das condições de modernidade, do advento do sujeito maior constituído para se pôr à altura das injunções que lhe endereçam sua época. É toda a problemática do *espectador engajado* da Revolução Francesa que ele retoma de Kant. O que sugeriria o "engajamento" de Foucault ao lado de Rivière é então distinto: responde efetivamente às demandas de nossa época (de nossa atualidade) aquele que aí se assume como testemunha do plebeu e da plebe.

Naturalmente é uma posição política tanto quanto filosófica, que encontra seu eco todo particular nos anos nos quais ela é proferida – uma época, na qual, em sequência de Maio de 68, numerosas energias intelectuais se conjugam e se dispersam ao mesmo tempo, em busca de uma figura, de um povo rejuvenescido, ingovernável e rearmado de suas potências imemoriais – por oposição ao povo pacificado, domesticado, disciplinado, guiado pelos partidos políticos de esquerda e os aparelhos sindicais. Por oposição, também, *a fortiori*, ao *povo nacional* (e indissociavelmente imperial) da burguesia gaulista. Um povo que, para Foucault (2012), somente pode voltar nesse presente (eterno retorno...) bestializado novamente, povo do exterior ou ao menos dos limites da vida policiada e administrada, inapreensível, povo de violência e de intensidades – povo *plebeu*.

O que caracteriza Foucault (2012) nesta configuração "esquerdista" (mas é aí um nome de código bastante redutor, uma inversão pejorativa, aliás, dos aparelhos reformistas, dos estalinistas), é, ao colocar a figura do plebeu sob o signo do "singular", do "extraordinário" ao mesmo tempo que do "minúsculo", traçar alguma linha de separação entre violência criminal e violência política, entre o parricida camponês, o delinquente reincidente e homicida e o militante, o combatente, o resistente não recrutado e controlado pelos grandes aparelhos políticos. A recusa de diferenciar a delinquência da ação política distingue, por sua vez, Foucault de todo um esquerdismo "responsável" (os trotskistas, alguns maoístas...) e o aproxima da tradição anarquista. Para ele o que importa nesta ação da plebe, com um gesto plebeu, é seu *brilho* e suas potências de desvelamento. Ora, esta força, esta capacidade, nós a reencontramos tanto no crime de um Rivière, naqueles de um Lacenaire,[5] ou, nos anos 1970, nos casos de um Livrozet,[6] ou de um

---

[5] Pierre François Lacenaire (1803-1836) foi escroque e criminoso francês que, uma vez guilhotinado, tornou-se conhecido como poeta-assassino, após a publicação de suas "Chansons". Fora lembrado por diversos escritores como Balzac, Gaultier, Baudelaire, entre outros. A sua notoriedade foi encarada por Foucault com o nascimento de um novo tipo de criminoso: o romântico burguês. (N.T.)

[6] Serge Livrozet (1939) é um escritor e ativista, de linhagem libertária e anarquista, que atuou principalmente contra o sistema prisional francês em torno da questão dos *quartiers de haute sécurité* (QHS – de uma maneira simples e bem imprecisa, trata-se das alas de segurança máxima para os prisioneiros mais perigosos, ou mais atualmente designam as casas de detenção, as quais são encaminhados os suspeitos antes de condenados, não apenas os ditos perigosos, mas imigrantes

Knobelspiess,[7] na deserção de um insubmisso, quanto na propaganda pela ação colocada em obra pelos anarquistas e alguns maios após 1968. Rivière, sob este ângulo, é a testemunha de uma história sangrenta, hiperviolenta, que mascara este traço sob as retóricas ornamentadas da epopeia e da conquista ou, mais tarde, da democracia. Graças a ele (e alguns outros...), escreve Foucault, "Napoleão ou para Rochejaquelein tomam lugar ao lado dos malfeitores ou dos foguistas; os oficiais patriotas ao lado dos náufragos antropófagos" (FOUCAULT, 1991, p. 216).

Mas o brilho do crime de Rivière como gesto plebeu é outra coisa também: isto que vem testemunhar a emergência, em seu tempo, de uma nova figura da lei tal qual ela se impõe a toda uma população dos campos, das mudanças bruscas das condições as quais esta não é capaz de fazer frente, é toda a tragédia do Pai de Rivière, figura de um patriarcado revogado pelo novo Código Civil de 1832. Pierre Rivière é o homem empoeirado sobre o qual se abatem as condições da nova tragédia camponesa. Escreve Foucault: "No fundo a tragédia do camponês, até o fim do século XVIII, seria, talvez, ainda a fome? Mas, a partir do século XIX e, talvez, atualmente ainda, seria, como toda grande tragédia, a tragédia da lei, da lei e da terra" (FOUCAULT, 2012, p. 99). Pierre, é, então, a testemunha trágica do império inseguro desta lei, e da impossibilidade de articular, de fazer entender os litígios que suscita esta nova legislação. O *diferendo* que opõe o homem empoeirado à lei é então aqui o cadinho do crime. De pronto, os papéis do criminoso e da vítima vêm a ser indissociáveis, como aqueles do acusado e do queixoso (o memorial enuncia uma longa queixa), e como aqueles, enfim, do monstro e do herói ou do mártir (o memorial evoca os sonhos de grandeza e as ideias de glória que acompanham a preparação do crime – Pierre se vê sacrificado sobre o altar da tirania, em Charlotte Corday).

O homem empoeirado sai da posição para engajar sua ação de brilho que, qualquer que seja a confusão que se dê no seu entorno, é dotada de um tipo de capacidade dêitica mágica: seu gesto mostra, exibe o escondido, ao expor a incômoda *verdade*. Esta capacidade rejeita no fundo os disparates entre o "pobre louco", o combante com pés descalços, o arrombador de caixas-fortes, o desertor, o foragido, etc. – o que importa, em primeiro lugar, é esta potência *veridicional* de uma ação ou de um gesto plebeu. Iríamos até dizer que o plebeu inspira em Foucault alguma

---

ilegais e "indesejáveis" em geral) e contra a pena de morte; atuou juntamente com Foucault na criação do Comitê de Ação dos Prisioneiros (CAP) e no GIP. (N.T.)

[7] Roger Knolbelspiess (1947) é escritor. Sua obra versa sempre sobre o universo carcerário, que conheceu de dentro, a partir de sua juventude, envolvido com delinquência e sendo condenado em 1989 a nove anos de prisão por assalto à mão armada. (N.T.)

coisa como uma *filosofia da História?* Seguramente não no sentido de uma meta-teoria da história universal, mas, simultaneamente, a tentação da "generalidade" não está longe. Por exemplo, quando Foucault escreve:

> Aparentemente as duas séries [essa dos "grandes acontecimentos", como a Revolução e as batalhas imperiais e essa dos crimes convencionais] se opõem como o crime à glória, a ilegalidade ao patriotismo, o cadafalso aos anais da imortalidade. A memória responde *do outro da lei* ao renome vergonhoso dos assassinatos. Mas, de fato, são tão vizinhas *que estão sempre prestes a se entrecruzarem.* Afinal de contas, as batalhas inscrevem a marca da história sobre matanças sem nome, enquanto que a narrativa faz pedaços de história a partir de simples confrontos de rua [...] *O assassinato é o ponto de cruzamento da história e do crime* (FOUCAULT, 1991, p. 216-217, grifo e acréscimo textual meus).

Encontramos aí os elementos de uma tese apresentada por Foucault sobre um modo arqueológico no curso *Em defesa da sociedade*: a batalha como referente maior e modelo de toda política (a batalha mais que a guerra, Philippe Chevallier insistiu adequadamente sobre este motivo). Mas aqui, ao afirmar que "a morte é o acontecimento por excelência", Foucault (1991) vai mais longe – não somente o acontecimento é tirado do lado do abjeto, do imoral, do crime (não se vê quase como, segundo esta aproximação, um acontecimento qualquer poderia servir à edificação de jovens gerações – ou, então, da maneira em que as "lições" de Dolmancé, em *A filosofia na alcova* (2009), servem à iniciação de Eugénie nos prazeres do sexo...). A morte, crime-rei, hiperviolento e sangrento, à medida que ele desafia a lei, ou, então, se situa "aquém ou além, abaixo ou acima dela", tenderia a vir a ser a matriz e o modelo do acontecimento histórico... Compreende-se melhor aqui, por exemplo, a maneira que Foucault (2009), em certa entrevista com os maoístas e não menos, se pronuncia a favor do Terror de 1793 contra os pretensos "tribunais populares" dos anos 1970...

O acontecimento é violento, o sangue e a morte o acompanham como sua sombra e, do ponto de vista do *poder*, dos jogos e das estratégias de poder, a morte é *neutra*: às vezes ela é "com ele" e às vezes "contra ele". O poder é intrinsicamente violento, como o é a revolta plebeia que se dirige contra a ele. E a linha do horizonte desta violência não é a simples coerção por intimidação ou impedimento – é a morte. Poderíamos detectar aqui alguma coisa como uma *tonalidade maistriana*[8] *invertida*

---

[8] Brossat refere-se ao Conde Joseph de Maistre (1753-1821), um dos mais expressivos teóricos contrarrevolucionários e absolutistas, defensor da monarquia e da suprema autoridade papal, tanto em matérias religiosas quanto políticas. (N.T.)

– Foucault não celebra o poder absoluto e seu porta voz, o carrasco, mas a "energia inversa", o gesto plebeu que lacera a ordem política (simbólica...). Mas a lei que fala já balançou do lado das normas, ela não é mais aquela do soberano desafiado pelo gesto, mas aquela dos especialistas, juízes, médicos e outros observadores qualificados do transtorno social e moral, subtraída a esfera teológico-política "encantada", e a violência que se abaterá sobre ele será, consequentemente, aquela do encarceramento sem termo, não aquela do suplício.

Nos tempos da modernidade "cinza", torna-se sempre mais difícil para o plebeu insurgente, para o criminoso excepcional do porvir, "heróis positivos da igualdade" como o são Cartouche[9] e Mandrin[10] nos tempos da monarquia absoluta. Privado de seu brilho imemorial, seu gesto vem a ser como um texto para decifrar, para reconduzir a regimes específicos de verdade:

> [...] colocaríamos ao gesto-texto de Pierre Rivière uma tripla questão de verdade: verdade de fato, verdade de opinião, verdade de ciência. A este ato discursivo, a este discurso em ato, profundamente engajado nas regras do saber popular, se aplicariam as questões de um saber nascido alhures e gerido por outros (FOUCAULT, 1991, p. 221).

A "batalha", na qual o assassinato, nas suas associações com a condição plebeia, é a manifestação espasmódica que não se livra, como tal, ao primeiro olhar. Ela é, desse ponto de vista, totalmente diferente da "guerra das classes" em que Marx apresenta os fundamentos econômicos, as formas sociais e as manifestações políticas. Ela é, diz Foucault, "surda", "obscura". Ela não se dá a ver na transparência, à plena visibilidade de um afrontamento em campo aberto entre dois adversários nomináveis e claramente identificados. Estes não são dois "partidos", duas "causas" que se opõem pela razão que anuncia com força o texto de Jeanne Favret e Jean-Pierre Peter, "O animal, o louco, a morte": mais o queixume do "rude"[11] tem

---

[9] Louis Dominique Garthausen, dito Cartouche (1693-1721), bandido e chefe de bando que, quando preso e condenado à morte, delatou seus companheiros. Calcula-se que em função de seus depoimentos, cerca de 350 pessoas foram detidas, sendo que seu bando chegou à incrível marca de perto de dois mil membros. Após seu suplício e morte na Praça de Grève, em Paris, caiu nas boas graças do povo, sendo inclusive tema de poemas, peças literárias e mesmo algumas filmografias. (N.T.)

[10] Louis Mandrin (1725-1755) foi um notório contrabandista e falsário. Após o seu suplício e morte, cria-se a lenda de que era um bandido justiceiro (à la Robin Hood) contra as iniquidades das taxas durante o Antigo Regime. (N.T.)

[11] Assimilado aqui ao "indígena" das conquistas coloniais – o crime de Rivière é contemporâneo do começo da colonização da Argélia e, consequentemente, a sombra de Frantz Fanon pesa sobre o texto de Favret e Peter... (BROSSAT, 2003).

"o intolerável", o "insuportável" por objeto, mais ela afunda suas raízes no imemorial da maldição camponesa – e menos ela é *articulável* como tal. Tocamos um ponto nodal da *subjetividade plebeia*. Pierre, então, é, dizem Favret e Peter, o "riso perpétuo" (e não uma queixa enunciada na devida forma) que testemunha o que há de intolerável, deste insuportável que é o destino desses "humildes" – Pierre é, de pronto, o testemunho de que há, não somente conflito, litígio, injustiça sofrida, guerra –, mas sobretudo *do diferendo*. Lyotard vem aqui levar adiante Foucault: o brilho da violência, o assassinato resplandecente, o crime superlativo trazem a marca desta impossibilidade de fazer entender uma queixa legítima num espaço público, de recorrer a uma instância arbitral, de esperar obter reparação. Isto não quer dizer *que não importa qual violência* que venha se seguir sobre o diferendo tal como o experimenta o plebeu marcado por sua condição de *totalmente outro*, "o que há de mais Outro" (segundo Favret e Peter) por seu estado de quasi-animalidade aos olhos dos patrícios e dos governantes. É uma violência, não somente vingativa, reivindicativa, mas distintamente *apocalíptica: pereat mundus...*

A irrupção é o modo de aparição do plebeu e da plebe, cuja propriedade é *rasgar* a trama da história, de introduzir, no curso das coisas, um regime de escanções impredicáveis e de descontinuidades. Mas "a aposta Rivière", como o revela Foucault (1991) nos anos 1970, mostra alguma coisa a mais: as afinidades secretas, mas distintas deste aparecer plebleu com o eterno retorno. Se, como o diz Gilles Deleuze, "o eterno retorno é o mesmo *do* diferente, o uno *do* múltiplo, o semelhante *do* dissemelhante" (DELEUZE, 2006, p. 183-184), parece distintamente que o caso Rivière, como o "revelam" Foucault e seus colaboradores nos anos 1970, é colocado num tal movimento: a re-descoberta da documentação se relacionando aos arquivos departamentais do Calvados envolve todo um processo de "repetição" do diferente – uma batalha entre "doutos", saberes, poderes, mas de uma espécie outra que aquela de 1835 –, pois o filme de Allio desencadeia sobre este o movimento ao reimplantar/deslocar as apostas do canteiro aberto por Foucault num espaço heterogêneo ao trabalho universitário – o cinema –, pois, décadas mais tarde, com um filme documentário intitulado precisamente *Retorno à Normandia*, Nicolas Philibert, assistente de Allio durante a produção de *Moi, Pierre Rivière...* volta aos locais da produção e interroga os atores não profissionais... Entretanto, em março de 2002, um fato diverso, sangrento, apareceu nas manchetes – o assassinato por Richard Durn de oito eleitos, em Nanterre, em plena reunião do Conselho Municipal, uma ação que vários observadores aproximaram rapidamente ao crime de Rivière – mesmo "pacto" desta violência extrema com a escritura, mesma saída no suicídio... O múltiplo, o singular e o heterogêneo são os elementos do retorno do *mesmo* da queixa não articulável e da violência (que só é cega para "os outros") do plebeu. Isto que, sem dúvida, fascina Foucault em tal modo de aparição, são seus efeitos de *pânico* (que teria ele dito do 11 de setembro de 2001?), tanto quanto seu caráter rigorosamente *inapropriado*. De certa maneira, *Moi, Pierre Rivière...* (o livro) é um elogio do inapropriável plebeu tal como ele resiste aos saberes e aos poderes modernos, às disciplinas e a outros dispositivos de normalização. De um ponto de vista genealógico, pode-se então detectar na "figura" Rivière alguma coisa como o lineamento de uma *contramodernidade*, um bloco ou um quebra-mar de resistência a tudo o que faz da modernidade o império da normalização, a idade das normas. De um modo espasmódico, a "figura" Rivière chama a atenção, ao ponto de intersecção da loucura e do crime, do imemorial camponês e da lei, da resistência invencível desta parte do inapropriável (plebeu) às condições da modernidade. Encontramos todos esses personagens que povoam o "bestiário" filosófico de Foucault ou podem, *ad libitum*, se adicionar – o monstro sexual, o delinquente multirreincidente, o *outlaw*, o canibal, o infanticida, o assassino em série, o inimigo público, o pedófilo, o terrorista, etc. Todas figuras que têm em comum romper o cerco do sujeito contemporâneo pelos dispositivos de normação e normalização, desenhar por ações e condutas inconcebíveis todo tipo de linhas de fuga exteriores da ordem biopolítica. Pierre Rivière tomaria aqui categoria de "ancestral imaginário" desses irregulares, cuja potência duvidosa é fazer surgir o *fora inconcebível* da vida administrada em que nós somos os sujeitos/objetos mais ou menos temperados e temperantes.

Em *Que é a filosofia?*, Deleuze e Guattari dizem: "Nós não somos responsáveis pelas vítimas, mas diante das vítimas" (DELEUZE; GUATTARI, 2001, p. 140). E, um pouco mais longe, citando Antonin Artaud, eles adicionam que é necessário escrever *para* o iletrado, falar *para* o afásico, pensar *para o* acéfalo, o que, claro, não quer dizer nem "na intenção de..." , nem "no lugar de...", mas "diante de" (cf. DELEUZE; GUATTARI, 2001, p. 141), ou seja, assumindo a questão do devir, assumindo o risco do devir outro, do devir o outro – o louco, o afásico, o criminoso, o animal... –, descobre-se que há tanto do "animal" em nós, como há, é a evidência para os leitores dos jornais da época, em Pierre Rivière. É, talvez, na mesma direção que nos incita a pensar Foucault quando ele nos leva para nos manter *diante de* Pierre Rivière – não que nós possamos ser responsabilizados por seus crimes no sentido moral e, *a fortiori*, no sentido jurídico do termo, mas, simplesmente que ele nos reconduz inexoravelmente a nossa *própria* condição – um motivo que, com Deleuze e Guattari, vai se reatar à "vergonha do ser humano". Nós não somos responsáveis pelo nazismo, insistem Deleuze e Guattari, mas nós fomos corrompidos por ele, como o foram os sobreviventes, como o serão ainda aqueles que nascerão das próximas gerações. O nazismo permanece e permanecerá o viés, um dos vieses, pelos quais nós acedemos a esta "vergonha do ser humano", os abismos de sombra que nos fissuram e estabelecem o "estrangeiro", o "outro", o "monstro" no coração de nós-mesmos. A densidade variável da *Unheimlichkeit* que nos habita. No mesmo sentido, o enigmático brilho do crime de Rivière volta para nós. Nós não matamos nossos pais, nós não os ferimos, mas o grande Outro é, talvez, com Dolmancé, Mr. Hyde, o Alex de *Laranja mecânica*, uma das figuras do nosso inconsciente. Mantermo-nos *diante de* Pierre é estar face a nós-mesmos, a nosso duplo plebeu – o mais frequentemente inassumido, inassumível.

Referências

BROSSAT, A. *La démocratie immunitaire*. Paris: La dispute, 2003.

DELEUZE, G. *Diferença e repetição*. Tradução de Luiz Orlandi e Roberto Machado. Rio de Janeiro: Graal, 2006.

DELEUZE, G.; GUATTARI, F. *O que é Filosofia?* Tradução de Bento Prado Jr. e Alberto Alonso Muñoz. Rio de Janeiro: Ed. 34, 2001.

FOUCAULT, M. *Eu, Pierre Rivière, que degolei minha mãe, minha irmã e meu irmão*. Tradução de Denize Lezan de Almeida. Rio de Janeiro: Graal, 1991.

FOUCAULT, M. *Dits et Écrits II*. Paris: Quarto/Gallimard, 2012.

KANT, I. *Crítica da faculdade do juízo*. Rio de Janeiro: Forense, 2012.

SADE, M. *A filosofia na alcova*. São Paulo: Iluminuras, 2009.

Pensar a violência com e sem Foucault[1]

Hélène L'Heuillet

Se há um tema cujo uso do pensamento de Michel Foucault renovou a aproximação é certamente aquele da violência. Pensar a violência parece, após Foucault, impossível sem ele. É graças a ele, com efeito, que se deve ter trazido à luz do dia a violência fechada das instituições aparentemente pacíficas como o hospital, o asilo, a escola, e deslocado o olhar sobre a violência das instituições repressivas como a prisão, fazendo aparecer sob as "doçuras insidiosas" "o ruído da batalha" (FOUCAULT, 1975, p. 360). Uma obra como aquela de Jacques Donzelot, *La Police des familles* (2005), em 1977, foi notadamente representativa desse movimento de pensamento. Mesmo a violência política e concentracionária foi abordada a partir de Foucault por Giorgio Agamben (1997), ou Alain Brossat (1996). Em ciência política, Didier Bigo e Laurent Bonelli (DELTOMBE; BIGO; BONELLI, 2008; BIGO, 1992; BONELLI, 2001) têm se interrogado sobre a polícia, a delinquência e o antiterrorismo a partir de Foucault.

No entanto, a violência é um dos pontos sobre o qual o uso de Foucault é particularmente paradoxal. Ele mesmo não emprega o termo "violência" tantas vezes como se poderia acreditar. Nos *Dits et Écrits*, as ocorrências não são muito frequentes (uma média de quinze por tomo[2]) e se encontram muitas vezes nas propostas de intervenções. Nos cursos publicados, o termo aparece uma dúzia de vezes nas *Leçons sur la volonté de sacf.*, mas somente cinco em *O poder psiquiátrico*, depois uma em *É preciso defender a sociedade* – nenhuma nos outros cursos. Certamente não convém conceder à literalidade uma importância exagerada, e seria

---

[1] Texto gentilmente cedido e tradução autorizada pela autora. Tradução de Marcos Nalli e Tiaraju Dal Pozzo Pez.

[2] Dez no tomo I, vinte e dois no tomo II, dezenove no tomo III, dez no tomo IV. [Segue-se aqui a informação conforme a edição francesa dos *Dits et Écrits*, constantes nas referências bibliográficas (N.T.)].

preciso notadamente completar esta observação pelo estudo do termo da guerra (presente quarenta duas vezes nos *Dits et Écrits*), mas mesmo assim se está longe da frequência dos grandes conceitos foucaultianos. Mesmo o objetivo de uma interrogação sobre os usos de Foucault não sendo prioritariamente exegético, convém num primeiro momento lembrar por que é assim.

Num segundo momento, parece necessário justificar o uso da obra de Michel Foucault para pensar a violência. O uso não passa com efeito de justificação. Foucault teve certos gestos de generosidade ao consentir por antecipação a utilização de seu pensamento, permitindo àqueles que sua proposta inspiraria de escrever nas "brechas" e de considerar suas pistas de pesquisa como "instrumentos". Mas na surpreendente abertura do curso de 1976, cujo objetivo é exortar seu público a uma pesquisa ativa em lugar de uma escuta passiva (FOUCAULT, 1996, p. 2), a permissão ("façam o que quiserem") se acompanha de uma cláusula: "isto me interessa" [...] "na medida em que isto se volta, que isto se ramifica a partir do que faço". Mesmo que ele não tenha imposto "leis para a utilização" – leis que de todo modo, como mostra a história da filosofia, jamais são respeitadas –, a menor das exigências, pensando a violência com Foucault, está em dizer então em que se "ramifica" sobre o que se deixou. Ora, é na via aberta por Foucault que se pode pensar o devir policialesco do poder e da sociedade através da violência da vigilância.

Mas posto que a violência não é a questão de Foucault, isto só nos permite pensá-la a até certo ponto. Pensar a violência em si mesma – a violência da polícia, a violência que a polícia exerce, ou ainda a violência da guerra e as novas formas de violência, principalmente o terrorismo – conduz a abandonar Foucault.

Foucault e a violência: entre discrição e prudência

Se há a questão da violência em Foucault, é de se surpreender pela eclosão entre o uso dele para pensar e denunciar a violência e o que ele mesmo disse explicitamente sobre a questão. Certamente, a violência existe e ela é "em si mesma terrível" (FOUCAULT, 1994b, p. 803). Mas o que há de terrível nela não é o que há de mais interessante. Em si mesma, com efeito, a violência é puramente coercitiva: "uma relação de violência age sobre um corpo, sobre as coisas: ela força, ela dobra, ela quebra, ela destrói; ela impede todas as outras possibilidades" (FOUCAULT, 1994h, p. 236).

A violência não é então o poder, e a relação de violência não se confunde com a relação de poder. O conceito foucaultiano, como

78   Coleção Estudos Foucaultianos

testemunham as ocorrências, dessa vez inumeráveis, relatadas nos *index*, é o poder. E precisamente o conceito de poder se forja na distinção daquele de violência: "não há poder com P grande que exerça a violência", escreve ele em 1978 (FOUCAULT, 1994k, p. 630). O próprio de uma relação de poder não é certamente que ela seja não violenta porque pacificada por um contrato, um consentimento, um consenso, ou qualquer outra forma de aceitação. Ao contrário, e é mesmo o caso mais frequente, pode existir violência nas relações de poder, mas essa violência não é da ordem do que Foucault qualifica de "violência primitiva" (FOUCAULT, 1994h, p. 236). Com efeito, contrariamente à violência que age diretamente sobre um corpo e convida a um enfrentamento dual, o poder age indiretamente. A mediação pela qual se reconhece a marca da ação específica do poder é a ação do outro. O poder age sobre o outro por intermédio de sua ação: ele é "uma ação sobre a ação" (FOUCAULT, 1994h). Não estamos, então, no caso da relação de poder, no quadro de uma alternativa da passividade e da atividade; bem ao contrário, o poder abre todo o campo das ações e das reações possíveis, das incitações e das lutas, em uma espécie de "provocação permanente" (FOUCAULT, 1994h, p. 237). Diferentemente da relação de violência, a relação de poder não suprime a liberdade mas se serve dela e se apoia nela. Se a relação de violência aniquila toda resistência, a relação de poder deixa aí aberta a possibilidade (FOUCAULT, 1994d, p. 720). O poder visa, então, bem antes, a governar que a exercer a violência (FOUCAULT, 1994h, p. 237).

Certamente, essa conclusão de 1982 pertence ao momento da obra de Michel Foucault que Michel Senellart (1993) identificou como aquele do abandono da hipótese da batalha, depois daquele da guerra, com vistas à adoção do esquema do governo. O primeiro modelo corresponde aos anos 1973-1975, marcados pela publicação de *Vigiar e punir* em 1975, o segundo notadamente ao curso de 1976, *É preciso defender a sociedade.* Mesmo se cada paradigma não deixa exatamente o lugar para um outro, mas ao contrário se inscreve nele de tal modo que o novo modelo possa, por sua vez, incluí-lo e precisá-lo, deve-se esperar, entretanto, que a violência esteja mais presente nas duas primeiras partes da obra que na terceira. Que há aí?

Os anos da hipótese repressiva e da hipótese guerreira são precedidos e como que engendrados pela contribuição de Foucault em homenagem a Jean Hyppolite em 1971 (FOUCAULT, 1994i, p. 136-156). É em honra daquele que, segundo ele, ensinou seus alunos a pensar as relações de violência e do discurso (FOUCAULT, 1994c, p. 136-156) que Michel Foucault estabelece um verdadeiro programa de análise da violência. É com efeito nesse texto que ele estabelece o caráter heurístico da violência. A violência não é um objeto em si, mas ela está "sob" o que nos faz obedecer, "sob" a lei, "sob" a regra. A violência está no princípio "da explicação por baixo", aí onde a soberania tenta impor do alto uma fundação no direito ou no divino (FOUCAULT, 1996, p. 46). É nesse texto-programa que Foucault abre todas as pistas de análise das violências brandas que dormem sob a potência emoliente das regras e dos regulamentos. A história não é a história dos abrandamentos dos costumes e do abandono progressivo da violência da guerra pela paz da regra. Ao contrário, são as regras que, no momento histórico em que estamos, dissimulam a violência e a encobrem secretamente: "O universo das regras [...] não está destinado a abrandar mas a satisfazer a violência", "a regra é o prazer calculado do encarniçamento, é o sangue prometido" (FOUCAULT, 1994c, p. 145). A partir de então, compreende-se que aqueles anos Foucault se empenha em desmascarar a violência sob a regra, na instituição penitenciária ou na "grande brandura asilar" do hospital psiquiátrico, aquela brandura "rasgada de violência" permitida em psiquiatria para os neurolépticos (FOUCAULT, 1994l, p. 61; 1994a, p. 804). Compreende-se também que a hipótese repressiva, seguida da hipótese da guerra, permitiram elaborar a noção de disciplina em *Vigiar e punir* e uma forma de violência ainda subjacente à guerra em *É preciso defender a sociedade*, a violência racista.

No entanto, desde aqueles anos, não é a violência mas o poder que está no centro da análise de Foucault, e o que ele avança não é contraditório com o que ele critica em 1981 quando, na última frase de *Omnes et singulatim*, ele adverte que resistir não seria se limitar a criticar as instituições (FOUCAULT, 1994j, p. 161). A suspeita da violência não tem nada da explicação tautológica do poder pelo poder tida como insuficiente por Foucault. A hipótese repressiva objetiva traz à luz a violência com fins de verdade, pois é por esta operação que se pode transformar uma relação de violência em relação de poder e então tornar possível a resistência.

Não somente é o poder e não a violência que está no centro da obra de Foucault; o tipo de violência que a análise das relações de poder faz aparecer não é a violência bruta e simplesmente coercitiva, mas uma violência surda e fechada. Desde 1973, no curso *O poder psiquiátrico*, Foucault vai até dizer que ele toma a violência por uma noção perigosa, pois ela conota sempre a ideia de uma força física desregrada e parece destituir o poder de toda relação com o corpo, de toda aplicação física (FOUCAULT, 2003, p. 15). Inversamente, a partir do surgimento do esquema do governo, não se pode dizer que a questão da violência desaparece, nem mesmo se ela muda de lugar. A partir de 1977, porque ele renuncia às metáforas genealógicas da suspeita, Foucault não procura

80   Coleção Estudos Foucaultianos

mais com certeza a violência "sob" a lei ou a regra, mas no interior da racionalidade institucional, na qual ela está entrelaçada em uma malha fina com as relações de poder. Trata-se, ademais, de lançar luz sobre uma lógica de violência – porque "o mais perigoso, na violência, é sua racionalidade" (FOUCAULT, 1994b, p. 803) – se o fim teórico e prático consiste no projeto de "determinar a natureza da racionalidade que é compatível com a violência" (FOUCAULT, 1994b), não está mais em questão como outrora se contentar em denunciar a violência.

Parece bem natural, se se segue esse encaminhamento, de vir a se interrogar sobre a polícia. Haveria certos erros, segundo ele, em crer que uma instituição centraliza a violência de tal modo que se possa contentar de concentrar seus olhares sobre ela para crer ter visto tudo: são as instituições aparentemente neutras que, segundo ele, estão aptas para análise das relações de poder que se tecem na sociedade. Haveria igualmente erro em limitar a polícia a isto que ela se tornou na ignorância das antigas tradições da polícia, que não se contentam como hoje em intervir face à violência não negociável (BITTNER, 2003, p. 47-62), mas elaboram realmente relações de poder, ricas, densas, ambivalentes, totalizantes mas também individualizantes (FOUCAULT, 1994f, p. 821).

Pode-se, no entanto, se perguntar se haveria razão, ou ao menos se sua grade de análise está hoje sempre correta. Perto de trinta anos de sua morte, não estamos mais exatamente no mesmo ponto. Essas grandes instituições "neutras" que são a família, a escola, o hospital – sobretudo o psiquiátrico – perderam sua potência. Esse eclipse progressivo não se completou em prol da liberdade, e não representa uma vitória da resistência, mas, antes, uma progressão do tipo de racionalidade destacada por Foucault em *Segurança, território, população*, aquela de uma relação entre o cálculo dos custos e aquele dos riscos (FOUCAULT, 2004, p. 6-13). Uma única instituição inchou: a prisão. É na prisão, aliás, que se encontra uma grande parte dos doentes mentais, já que a psiquiatria não tem tido sucesso em convencer a sociedade de sua irresponsabilidade; é na prisão, ou do que se deu aí – centros de "reinserção" ou de "proteção" –, que são acolhidas as crianças e os adolescentes delinquentes que não encontram seu lugar nem na família e nem na escola. E é à polícia que se confia garantir a segurança e gerir as escórias do controle social.

Foucault nos dá elementos para responder à questão: "Que é a polícia?". O que nos permite analisar é certamente o que ele mesmo talvez considerou não essencial, isto é, abandonado: o devir policialesco do poder e a extensão da vigilância, o desenvolvimento de uma sociedade que se quer transparente, donde Wolfgang Sofsky (2011) dá uma descrição contundente em seu último livro traduzido para o francês, *Le citoyen de verre.*

A polícia e a extensão da vigilância:
pensar a violência com Foucault

O que a genealogia foucaultiana permite apreender é que o poder, tal que a polícia lhe é, aliás, emblemática, funciona hoje como um olhar. Há uma história do olho, que constitui o verdadeiro alcance filosófico de *Vigiar e punir*. Se na monarquia tradicional, anterior ao Estado absolutista francês, a sociedade vive na sombra de um monarca à plena luz, a invenção da polícia corresponde a uma inversão desse esquema. Para um Estado, dotar-se de uma polícia é decidir que é da mais alta importância política ver o que se passa na sociedade, e para ser bem-sucedido, se ocultar. A polícia é por um lado esse olho do Estado destinado a trazer à luz os detalhes da vida social. Se hoje a vigilância não é mais somente policial, mas se em virtude da lei liberal da distribuição de poder, há câmeras em toda parte, cada instância social se dotando de sua vigilância e de sua inspeção, é, não obstante, sempre em vista de "policiar" em sentido lato que se generalizaram os procedimentos de vídeo-vigilância ou de localização das pessoas por seus celulares ou seus computadores.

Foi Jeremy Bentham que fez com que Foucault vinculasse uma violência própria à polícia, inventada na França por Luís XIV, com uma separação da justiça (FOUCAULT, 1994e, p. 729). Com efeito, ao elaborar o dispositivo panóptico, Bentham buscava sobretudo dar corpo ao princípio da inspeção. Ainda que ele tenha procurado em toda a sua vida realizar arquiteturas circulares construídas em torno de uma torre central na qual um vigilante pode ver sem ser visto, o que importa para ele é a ideia mesma da inspeção, enquanto aquela "impressiona a imaginação antes que os sentidos" (BENTHAM, 1977, p. 7). Saber-se vigiado equivale a sê-lo realmente. Mais que um jogo sobre o irracional, trata-se aqui de um cálculo. Se a inspeção é a novidade, é que ela assegura uma antecipação, permitindo, quando é eficaz no nível de uma sociedade, que os membros de uma coletividade se mantenham tranquilos antes mesmo de agir, conforme o que Foucault chama em 1975 de "poder disciplinar".

A polícia de inspeção assegura a parte disciplinar da tarefa da polícia e não o controle social – mesmo se a ideologia do controle, do cálculo dos riscos e dos custos possa intervir na gestão dos dados fornecidos pelos aparelhos de vigilância. Se a polícia é irmã do panóptico, é que a nova função conferida à visibilidade permite apenas, segundo Bentham (1977), de visar à segurança, objeto primeiro da legislação na filosofia utilitarista, e funda uma nova consideração sobre a identidade individual. A segurança é assegurada não somente pela inspeção, mas por seu inverso, a publicidade. Assim, a polícia pode ser ao mesmo tempo visível e invisível, uniformizada ou à paisana. O inspetor não é o espião, pois ele faz parte de uma força pública encarregada da segurança e da felicidade pública.

Mesmo que a instituição policial não interesse a Foucault, ela parece, no entanto, uma das maneiras de enlaçar violência e racionalidade. O panóptico é uma lógica do poder que se encarna na polícia. Certamente, é uma singular violência que consiste em se saber observado, ou ao menos em poder sê-lo na ausência mesma do olhar voltado sobre si. Mas é ela que pesa sobre o sujeito moderno, desencadeando diversos efeitos patógenos.[3]

Isso basta, todavia, para dar conta da violência? Esta violência bruta que Foucault tem por perigosa, pois ela levaria a nos acomodar com um conforto insidiosamente violento, é, no entanto, uma das dimensões da violência. A violência não está somente escondida sob o poder. O que produz efeitos é também, na violência, sua dimensão de efração. Quando se interessa pela polícia e pela violência, não se pode negligenciar a irrup-ção da violência, sob formas de golpes e feridas, pois é a isto que a polícia moderna tem, prática e unicamente, por tarefa, i.e., o restabelecimento do vínculo social nas cidades violentas, permanecendo um dos únicos aspectos de sua antiga vocação pastoral. A violência é uma das maneiras donde o real que resiste à racionalidade administrativa e de gestão se manifesta. É a razão pela qual uma instituição nascida do devir racional da política estranhamente mudou numa realidade encantada de nosso imaginário do poder, como o sucesso das ficções policiais o mostram bem.

Essa violência oriunda da origem que se pode dizer romana de toda polícia, quer dizer, a evocação atualizada, ainda que escondida sob as instituições, da fundação do Estado, que jamais se dá em choque, que é um golpe de força que entretém uma desordem constante ao longo de toda a vida do Estado. Desse ponto de vista, é Hegel (1963, p. 220) – principalmente as passagens consagradas à fundação de Roma –, mais que Foucault, que ensina o que está em jogo nessa violência. Essa vio-lência não é acessível pela genealogia, nem pela análise discursiva de sua compatibilidade com a razão; ela não é agradável mas brutal, e ela não é dialetizável. A polícia, em razão do lugar que ocupa, nos ensina o limite de toda política e as contradições insuperáveis de viver junto. Ela ocupa o lugar do que é "impossível" na política.

A polícia, como instituição, nos confronta então com a violência enquanto tal, pois sua ação, além de se situar por todos os cantos em

---

[3] É surpreendente o que mostra o psicanalista Jean-Pierre Winter em "La transparence est une fiction" ["A transparência é uma ficção", In: Dossier La fin de la vie privée. *La Revue*, n° 4, juil./août 2010]. (N.T.)

que existem compromissos de refundação no nível da cidade após o século XVII, hoje em escala mundial porque as formas da guerra se modificam, fazem vacilar as fronteiras e os limites entre o dentro e o fora, de tal modo que o discurso corrente nomeia às vezes de "operações policiais" as operações militares, desde que elas pareçam interessar o mundo em seu conjunto. Para pensar as novas formas de guerra, as violências contemporâneas, e particularmente o terrorismo, parecem convir abandonar Foucault.

O terrorismo: pensar a violência sem Foucault

Michel Foucault não desconheceu a existência do terrorismo, especialmente do terrorismo revolucionário. Interrogado sobre o Exército Vermelho japonês e o grupo Baader-Meinhof, ele responde que considera o terror em contradição com a revolução, pois "o terror apenas desencadeia a obediência cega" (FOUCAULT, 1994g, p. 83). Em *A coragem da verdade*, ele toma o terrorista por aquele que morre pela verdade (FOUCAULT, 2009, p. 170). Nos dois casos, ele não considera a violência por si mesma.

Ora, se ela deve ser considerada por si mesma, é porque ela constitui uma dificuldade que devemos enfrentar hoje. Obviamente, por definição, qualquer coisa irredutivelmente resvala na violência. A violência não é simbolizável: ela explode, e se intromete. É a razão porque é traumática. O trauma designa precisamente, depois de Freud (2010, p. 28), o que não pode ser simbolizado. A primeira violência da violência é o medo que ela suscita e que suscita às vezes o simples fato de evocá-la. Ora, se é necessário retomar a análise da violência partindo desse real traumático, é porque, ao menos em política, é necessário que tomemos consciência dos efeitos da violência sobre nós. É a negação dessa violência, a negação do medo do terrorismo – que é bem sabido um medo do medo –, ou a negação dos efeitos do trauma após um atentado, que nos levam à repetição da violência, seja sob a forma de represálias tão cegas quanto o terrorismo mesmo, seja de fascinação pela violência. Para pensar essa forma nova de guerra que é o terrorismo, é preciso apelar a conceitos que põem a violência em relação com a realidade psíquica. É, no entanto, mais necessário que o terrorismo seja uma forma de guerra psicológica, quer dizer, uma guerra que, antes de visar a resultados materiais, busca produzir efeitos psíquicos: no terror, o efeito do ato violento, o medo, o pavor, o trauma são promovidos entre as causas do ato.

A pulsão de morte é o conceito psicanalítico maior requerido para pensar a violência no meio social, como o mostra Freud em *Mal-estar na civilização* (2004), em 1930. Ela é a consequência que Freud retirou da consideração do trauma, após a Primeira Guerra Mundial, em *Para além do princípio do prazer*, em 1920. Ela pode ser representada como a via direta que conduz à morte, ao passo que a vida lhe é o desvio. Ora, o que constitui a especificidade da violência terrorista reside em sua impaciência. A ação terrorista é sempre ação direta; ela procede da recusa de toda mediação. A propaganda pelo fato – ou propaganda pelos atos – que estabelece uma relação de continuidade entre os primeiros terroristas e o terrorismo contemporâneo testemunha uma tal recusa da mediação, e em primeiríssimo lugar da mediação da linguagem, abrindo assim para a inundação da pulsão de morte antes mesmo da prática do atentado suicida.

Se se admite, como Foucault o fez também – após Camus –, que uma fonte de terrorismo se encontra no niilismo (FOUCAULT, 2009, p. 170; CAMUS, 1951), é na transformação da função de negação que é preciso buscar a fonte de toda uma nova forma de violência, dessa nova encenação da pulsão de morte, que representa o uso político do terror. De operador da linguagem, que dá acesso ao simbólico, assim como é em Freud (1985, p. 135-139), a negação se encarrega no niilismo de um valor próprio: ela se torna absoluta e total. Negar tudo, tal é a definição que dá do niilismo Eugenio Bazárov, o herói niilista da novela de Turguêniev (1982, p. 573), *Pais e filhos*, que esteve em grande na origem do fenômeno niilista nos anos 1860 na Rússia. A negação niilista se opõe não somente à negação hegeliana, mas também à negação marxista. Quando Marx começa a ser conhecido na Rússia, uma dezena de anos mais tarde, uma alternativa permanece, no movimento revolucionário, entre uma negação marxista adotada por Lênin e uma negação niilista. Não é de se espantar que a negação niilista fora reativada pela perda de influência do marxismo sobre os movimentos revolucionários, principalmente após a queda do muro de Berlim, que coincide notoriamente com a criação da Al-Qaeda.

O abandono, na ação política niilista, da mediação da linguagem desencadeia também a perda de toda relação à alteridade, a linguagem representando o lugar mesmo da inscrição da alteridade. Na guerra clássica, o outro é ainda aquele a quem se destina o golpe mortal, ou de que o recebe. No terrorismo atual, o golpe não vem senão de si: é um corpo que explode que serve para matar, ou são as vítimas mesmas que servem para matar outras vítimas, como no caso dos aviões lançados contra o World Trade Center. Se o terrorismo se baseia na pulsão de morte, é porque repousa sobre uma teoria da ação política que tenta superar tanto quanto possível a jurisdição da palavra. A violência é sempre o efeito da degradação do discurso, o momento em que a palavra falha e não parece mais digna de crédito.

Conclusão

Se Foucault nos permite usar suas teses sobre a violência para pensar uma dimensão da violência, a violência especular de que participa a sociedade de vigilância e da transparência, ele nos deixa no caminho para analisar a guerra e o terrorismo. Se é este o caso, é que ele se furta à dimensão traumática da violência, por seu caráter de efração, pelo pavor que ela produz. Ele a reconhece, mas expõe sua impossibilidade de integrá-la num discurso. O discurso psicanalítico ajuda, em revanche, a considerar a violência, pois ele parte precisamente do real, quer dizer, do impossível, disso que de algum modo "esburaca" a linguagem, mas cujo lugar deve ser levado em conta se se quer tomar as incidências psíquicas de sua súbita irrupção.

Referências

AGAMBEN, G. *Homo Sacer: le pouvoir souverain et la vie nue.* Tradução de l'italien par M. Raiola. Paris: Seuil, 1997.

BENTHAM, J. *Le Panoptique.* Reimp. ed. Michelle Perrot. Paris: Belfond, [1791] 1977.

BIGO, D. *L'Europe des polices et la securité interieure.* Bruxelles: Complexe, 1992.

BITTNER, E. De la faculté d'user de la force comme fondement du rôle de la police. In: BRODEUR, J.-P. ; MONJARDET, D. *Connaître la Police: grands textes de la recherche anglo-saxonne.* Paris: La Documentation Française, 2003. p. 47-62.

BONELLI, L. *La machine à punir. Pratiques et discours sécuritaires.* Paris: L'Esprit Frappeur, 2001.

BROSSAT, A. *L'Épreuve du desastre: le XXe siècle et les camps.* Paris: Albin Michel, 1996.

CAMUS, A. *L'Homme révolté.* Paris: Gallimard, 1951.

DELTOMBE, T.; BIGO, D.; BONELLI, L. *Les Démocraties à l'épreuve de l'antiterrorisme.* Paris: La Découverte, 2008.

DONZELOT, J. *La Police des familles.* Paris: Minuit, 2005.

FOUCAULT, M. Faire les fous. In: *Dits et Écrits.* Paris: Gallimard, 1994a. v. II, p. 802-805.

FOUCAULT, M. Foucault étudie la raison d'État. In: *Dits et Écrits.* Paris: Gallimard, 1994b. v. III, p. 801-805.

FOUCAULT, M. *Il faut défendre la societé. Cours au Collège de France, 1976.* Paris: Gallimard/Seuil, 1996.

FOUCAULT, M. Jean Hyppolite. 1907-1968. In: *Dits et Écrits.* Paris: Gallimard, 1994c. v. I, p. 779-785.

FOUCAULT, M. L'éthique du souci de soi comme pratique de la liberte. In: *Dits et Écrits.* Paris: Gallimard, 1994d. v. IV, p. 708-729.

FOUCAULT, M. La prison vue par un philosophe français. In: *Dits et Écrits*. Paris: Gallimard, 1994e. v. II, p. 725-731.

FOUCAULT, M. La technologie politique des individus. In: *Dits et Écrits*. Paris: Gallimard, 1994f. v. IV, p. 813-427.

FOUCAULT, M. Le sacf. comme crime. In: *Dits et Écrits*. Paris: Gallimard, 1994g. v. III, p. 79-86.

FOUCAULT, M. Le sujet et le pouvoir. In: *Dits et Écrits*. Paris: Gallimard, 1994h. v. IV, p. 222-243.

FOUCAULT, M. Nietzsche, la généalogie et l'histoire. In: *Dits et Écrits*. Paris: Gallimard, 1994i. v. II, p. 136-156.

FOUCAULT, M. *Omnes et singulatim*: vers une critique de la raison politique. In: *Dits et Écrits*. Paris: Gallimard, 1994j. v. IV, p. 134-161.

FOUCAULT, M. Précisions sur le pouvoir. In: *Dits et Écrits*. Paris: Gallimard, 1994k. v. III, p. 625-635.

FOUCAULT, M. Sur *Histoire de Paul*. In: *Dits et Écrits*. Paris: Gallimard, 1994l. v. III, p. 58-62.

FOUCAULT, M. *Le courage de la verité. Cours au Collège de France, 1984*. Paris: Gallimard/Seuil, 2009.

FOUCAULT, M. *Le pouvoir psychiatrique. Cours au Collège de France (1973-1974)*. Paris: Gallimard/Seuil, 2003.

FOUCAULT, M. *Sécurité, territoire, population. Cours ao Collège de France, 1977-1978*. Paris: Gallimard/Seuil, 2004.

FOUCAULT, M. *Surveiller et punir*. Paris: Gallimard, 1975.

FREUD, S. La négation. Tradução de J. Laplanche. In: *Résultats, idées, problèmes, II*. Paris: PUF, 1985.

FREUD, S. *Au-delà du principe de plaisir*. Traduction de l'allemand par J. Altounian, A. Bourguignon, P. Cotet, A. Rauzy. In: *Œuvres Complètes*. Paris: PUF, 2010. tome XV.

FREUD, S. *La Malaise dans la culture*. Paris: PUF, 2004.

HEGEL, G. W. F. *Leçons sur la Philosophie de l'Histoire*. Traduction de l'allemand par J. Gibelin. Paris: Vrin, 1963.

SENNELLART, M. Michel Foucault: "gouvernementalité" et raison d'État. *La Pensée Politique*, n. 1, p. 276-303, 1993.

SOFSKY, W. *Le citoyen de verre: entre surveillance et exhibition*. Traduction de l'allemand par O. Mannoni. Paris: L'Herne, 2011.

TOURGUENIEV, A. Pères et fils. In: *Romans et Nouvelles Complets*. Traduction du russe par F. Flamat et E. Scherrer. Paris: Gallimard, 1982. v. II.

WINTER, J.-P. La transparence est une fiction. Dossier La fin de la vie privée. *La Revue*, n° 4, juil.-août 2010.

PARTE II

DESDOBRAMENTOS CONCEITUAIS E METODOLÓGICOS

Michel Foucault: a verdade do homem[1]

Edgardo Castro

A dupla herança da fenomenologia

Até meados do século passado, resumindo a situação da filosofia, Maurice Merleau-Ponty, que exerceu uma verdadeira fascinação intelectual sobre Foucault e seus pares durante os anos de formação, expressava-se nos seguintes termos:

> A fenomenologia apresentou-se desde o início como uma tentativa para resolver um problema que não é o de um grupo, se não, talvez, o problema do século. Propunha-se em 1900 a todo o mundo e se propõe ainda hoje. Assim, o esforço filosófico de Husserl está destinado, por seu espírito, a resolver simultaneamente uma crise da filosofia, uma crise das ciências do homem e uma crise das ciências em geral da qual ainda não saímos (MERLEAU-PONTY, 1952, p. 1).

Com efeito, para citar apenas alguns dos exemplos mais relevantes, o positivismo de Comte, o pragmatismo de James e, sobretudo, o historicismo de Dilthey, haviam colocado em questão o valor e o alcance do conhecimento racional, tanto filosófico como científico, reduzindo-o às suas condições psicológicas, históricas e sociológicas. Nesse sentido, a aparição das ciências humanas com o método empírico em psicologia, o método genético em história e o método descritivo em sociologia era vivida, pela filosofia e os saberes tradicionais, como uma ameaça.

Por essa razão, ainda que a questão da aritmética e a das idealidades matemáticas estejam presentes desde o início até o final – desde sua *Philosophie des Arithmetik* até o *Ursprung der Geometrie* no projeto filosófico de Edmund Husserl –, a problemática das ciências humanas não constitui

---

[1] Texto gentilmente cedido pelo autor. Tradução de Sonia R. V. Mansano.

um mero apêndice do projeto fenomenológico. Ao contrário, situa-se no coração do mesmo. Para fazer frente aos desafios das ciências humanas, Husserl tentará encontrar uma saída que não seja um retorno a Kant, ou seja, a uma fundamentação da objetividade mas sem explicação da gênese, e, tampouco a Hume, a uma explicação genética, mas sem fundamentação da objetividade. Segundo as diferentes etapas do seu pensamento (da *Logische Untersushingen* a *Krisis*, passando por *Ideen*), a resposta da fenomenologia à "ameaça das ciências humanas" tomou três formas bem diferentes que, para além da obra do mesmo Husserl, podem servir-nos para descrever as relações possíveis entre a filosofia e as ciências humanas.

Em um primeiro momento, na verdade, a fenomenologia apresentou-se como uma introdução lógica às ciências humanas, cuja tarefa era estabelecer as leis eidéticas e metodológicas que devem servir de guia ao conhecimento empírico. Em um segundo momento, a fenomenologia buscou instalar-se no campo mesmo das ciências humanas para revelar-nos seu conteúdo filosófico. Por esse caminho, preocupou-se em assumir filosoficamente os resultados das ciências humanas. Neste caso, Husserl fala de paralelismo entre fenomenologia filosófica e ciências humanas, entre psicologia eidética e psicologia empírica. Por último, em um terceiro momento, quando a fenomenologia começa a ser pensada como uma ontologia do mundo da vida, ou seja, como uma ontologia do mundo constituinte, as ciências humanas que descrevem o mundo já constituído aparecem já não subordinadas e tampouco como paralelas à tarefa da fenomenologia, senão como uma espécie de "revestimento" do conhecimento filosófico.

Obviamente, os discípulos de Husserl, em particular Merleau-Ponty, explorarão outros caminhos. Por exemplo, colocando em discussão a noção husserliana de intuição eidética ou retomando a problemática da linguagem que os desenvolvimentos da época, sobretudo da linguística, tornavam impossível contornar.

Assim, também através da recepção e do desenvolvimento do pensamento de Husserl, até final de 1950, as relações entre filosofia e ciências humanas começam a colocar-se em termos que vão muito além do domínio metodológico ou epistemológico. Sartre, por um lado, e Heidegger, por outro, refocalizaram a questão das ciências humanas – entre elas, a psicologia – em torno da chamada questão do humanismo.

Nesse sentido, o ano 1946 pode ser tomado como uma data emblemática. Em fevereiro desse ano, aparece publicada a conferência que Sartre havia proferido alguns meses antes, *L'Existencialisme est un humanisme*, e até o final desse ano, Heidegger escreverá sua célebre resposta à Jean Beaufret, *Über den Humanismus*.

Sendo muito esquemáticos, mas nem por isso imprecisos, poderia dizer-se que em torno da questão do humanismo, o chamado sujeito cartesiano já não é posto em questão simplesmente em termos metodológicos ou epistemológicos, e sim existenciais. O problema central não é a natureza do cogito, do sujeito pensante, e sim a essência do homem ou, melhor, sua não essência, sua existência.

O que devemos entender por existência? Esta questão é a que domina os breves escritos dos dois filósofos e cujas respostas os separam. No caso de Sartre, o conceito de existência implica sobretudo duas coisas: que não existe algo como uma natureza humana nem um Deus que a pense (SARTRE, 1970, p. 22). O homem é o que ele faz de si mesmo. Tampouco na resposta de Heidegger encontrar-se-á uma definição da essência do homem. Há, como em Sartre, uma tarefa descritiva que se serve frequentemente de metáforas. Entretanto, diferentemente de Sartre, a negação da essência do homem não pretende, para dizê-lo de algum modo, liberá-lo da tutela divina, e sim descentrá-lo em benefício do Ser. O homem é pastor, guardião, vizinho do Ser (HEIDEGGER, 2000, p. 11, 23). A história, em seu sentido mais originário, não pertence ao homem, mas ao Ser.

Em um caso, o de Sartre, o conceito de existência tem um marcado tom humanista: reivindicação, para o homem, de sua práxis e de sua história. No caso de Heidegger, por outro lado, mas bem ao contrário, anti-humanista: não é a práxis do homem que constitui a dobra da história, mas aquilo ao que o Ser o destina na linguagem.

Com todas as mediações conceituais e históricas que seria necessário analisar, ainda que não seja este o lugar para fazê-lo, é possível rastrear as pegadas e os ecos dessa dupla problemática fenomenológica das ciências humanas nos primeiros trabalhos de Michel Foucault.

Até a *Historie de la folie à l'âge classique* e, sobretudo, sua tese secundária de doutorado, *Genèse et structure de la Anthropologie de Kant* – publicada como *Introduction à l'Anthropologie de Kant* (FOUCAULT, 2008a) –, foi a problemática metodológica das ciências humanas que ocupou os interesses de Foucault. De fato, em sua *Introduction* a Binswanger, a fenomenologia se lhe apresentou não apenas como uma via de solução, mas como a "voie royale" (FOUCAULT, 1994, p. 67). Assim, a partir de sua leitura da *Antropologia de Kant*, Foucault converte as conclusões de suas investigações anteriores em um diagnóstico geral do pensamento contemporâneo. O método deixa de ser o grande problema das ciências humanas. Por isso, o mal-estar já não é o da psicologia ou das ciências humanas, e sim o da antropologia, entendida em um sentido muito amplo, como a disposição ou o sonho da cultura moderna – da filosofia e das ciências humanas, sobretudo – de querer encontrar no homem o fundamento do próprio homem.

Dessa perspectiva, as dificuldades de abordar o conhecimento do homem segundo o modelo das ciências da natureza e as oscilações que caracterizam as ciências humanas, destacadas em *Maladie mentale et personnalité* (1954) e em *La psychologie de 1985 à 1950* (FOUCAULT, 1994, p. 120-137), deixam de ser um problema fundamentalmente metodológico ou epistemológico. Não se trata, em outras palavras, das resistências com as que se encontram a tentativa de aplicar os métodos e conceitos das ciências naturais ao homem como objeto de estudo. Agora, o interesse de Foucault se desloca para as condições que tornaram possível desenhar esta figura, nem divina nem natural, que chamamos homem, e que respondem a essa configuração própria do pensamento dos séculos XIX e XX, denominada *analítica da finitude*.

Por isso mesmo, a diferença de quanto havia sustentado em seus primeiros trabalhos – em particular sua "Introdução" a *Le revê et l'existence de Binswanger* (FOUCAULT, 1994, p. 65-119) – a filosofia moderna, e em particular a fenomenologia, já não pode apresentar-se como uma forma de compensar e remediar as dificuldades das ciências humanas. Em suma, com sua leitura da *Antropologia de Kant*, Foucault passa da crítica ao naturalismo metodológico das ciências humanas à crítica da ideia de antropologia e do ideal do humanismo. Em muitos aspectos, realizando um giro de cento e oitenta graus a respeito de seus primeiros trabalhos e colocando as bases para *La Naissance de la clinique* e *Les Mots et les choses*.

Esta última obra, de 1966, pode ser vista como o ponto em que confluem os dois momentos filosóficos expostos até aqui: o momento epistemológico e o momento anti-humanista, reelaborados certamente em uma perspectiva propriamente foucaultiana. Em *Les mots et les choses*, com efeito, epistemologia e anti-humanismo se determinam mutuamente. Por um lado, o anti-humanismo de Foucault, ao menos neste trabalho de 1966, é uma consequência de suas análises da formação dos saberes modernos, onde, no lugar da história ou das épocas do Ser como em Heidegger, encontramo-nos com as epistemes e suas descontinuidades. Mas, por outro lado, esta análise dos saberes que Foucault denomina arqueologia não é, senão, ainda que Foucault descarte o termo, uma epistemologia concebida em termos anti-humanistas, ou seja, que abandona a centralidade do *cogito*.

Da verdade do poder ao poder da verdade

A partir do início da década de 1970, Foucault reformulará a problemática das ciências humanas em termos políticos. A questão fundamental já não será como se formaram os saberes do homem a partir de uma mudança epistemológica e quais outros saberes, as contraciências humanas, ameaçam sua existência; mas sim quais efeitos de poder produzem as verdades das ciências humanas e, vice-versa, quais verdades das ciências humanas são produzidas pelas formas modernas do poder.

A partir dessa perspectiva, encontraremo-nos com duas explicações sobre a aparição das ciências humanas, diferentes das expostas em *Les mots et les choses*. Por um lado, em *Surveiller et punir* (1975), as ciências humanas, que Foucault denomina agora mais especificamente "saberes com o radical -psi", encontram seu lugar de origem na formação dos dispositivos disciplinares. As ciências humanas são, então, os saberes da disciplina, dos dispositivos individualizantes do poder moderno. Assim, sustenta Foucault:

> Todas as ciências, análises ou práticas com radical "psico" têm seu lugar nesta inversão histórica dos procedimentos de individualização. O momento no qual se passou dos mecanismos histórico-rituais de formação da individualidade aos mecanismos científicos disciplinares, no qual o normal relevou ao ancestral, e a medida deslocou ao status, substituindo assim a individualidade do homem memorável pelo homem calculável, é o momento em que as ciências do homem se fizeram possíveis (FOUCAULT, 1987, p. 195).

Por outro lado, apenas três anos mais tarde, em 1978, no curso intitulado *Securité, territoire, population*, as ciências humanas e a noção moderna de homem (o ser que vive, fala e trabalha) são, ao mesmo tempo, o resultado e a condição da constituição dos dispositivos biopolíticos. O que chamam homem as ciências humanas e o humanismo do século XIX, sustenta agora Foucault, não é mais que uma figura da população, ou seja, do objeto próprio dos mecanismos biopolíticos de segurança (FOUCAULT, 2004a, p. 81).

Nesse giro da questão epistêmica das ciências humanas à sua problemática disciplinar e biopolítica, podemos observar dois deslocamentos relevantes no pensamento de Foucault. Em primeiro lugar, a partir desse momento desaparece a distinção-oposição, que encontramos em *Les Mots et les choses*, entre ciências humanas e contraciências humanas. Assim, a psicologia e a psicanálise já não se localizam em vertentes opostas, funcionando a segunda contra a primeira, mas sim do mesmo lado. Ambas seriam saberes disciplinadores e biopolíticos, práticas destinadas à gestão dos indivíduos e da população. Em termos foucaultianos, dispositivos. Em segundo lugar, também a partir desse momento, Foucault se encaminhará a uma reelaboração da questão do homem e da subjetividade.

Assim, para que essa relação possa ser levada adiante – o que ocorrerá quando for concluído o ciclo biopolítico de suas investigações, ou seja, a partir de 1980 –, será necessário um terceiro deslocamento em seu pensamento, agora, no que se refere à questão da linguagem. Para isso, tomando distância da pragmática do discurso que havia desenvolvido em seus primeiros cursos no Collège de France, sobretudo em *Leçons sur la volonté de savoir* (publicado apenas recentemente, em 2011), no curso do ano de 1983, *Le gouvernement de soi et des autres*, Foucault falará de uma "dramática do discurso" (FOUCAULT, 2008b, p. 66s), para referir-se à análise do modo como o acontecimento da enunciação pode não simplesmente modificar, mas também construir o ser do sujeito do enunciado. E no curso do ano seguinte, *Le courage de la vérité*, o último que ministrará no Collège de France, oporá à epistemologia, que estuda as estruturas dos discursos verdadeiros, a aleturgia, termo com o qual denomina o estudo da análise das formas em que, por meio do dizer verdadeiro, o homem se constitui a si mesmo e é constituído por outros como sujeito de um discurso verdadeiro (FOUCAULT, 2009, p. 5).

O eixo desses deslocamentos até a dramática do discurso e as formas de aleturgia é a noção de *parrhesía* da qual Foucault ocupa-se extensamente em seus três últimos cursos. Os dois que acabamos de mencionar, de 1983 e 1984, e o de 1982, *L'Herméneutique du sujet*. Eles conformam uma história da *parrhesía* que não segue a linearidade da cronologia, mas sim a das investigações de Foucault. O curso de 1982, de fato, ocupa-se da parrhesía na época helenístico-romana (Filodemo de Gádara, Galeno, Cícero), o seguinte, retrocedendo vários séculos, da parrhesía platônica, e o último, novamente avançando, da parrhesía cínica.

Como esclarece o próprio Foucault, a noção de parrhesía não é fácil de tipificar. Por várias razões: parte da literatura antiga a respeito foi perdida, foi uma prática amplamente difundida e tomou diferentes formas. Etimologicamente, o termo grego "parrhesía" significa: dizer tudo. Em um primeiro momento, este termo teve um sentido especificamente político, o direito que tinha todo cidadão de dizer tudo o que pensava aos seus governantes. Tal direito era, na democracia ateniense, a base da igualdade. Por isso, dirá Aristóteles, uma cidade sem parrhesía não merece ser vivida. Como muitos outros conceitos, e este aspecto sendo particularmente relevante para Foucault, também a noção de parrhesía se deslocará do vocabulário da cidade para o da subjetividade, da prática política para as formas de subjetivação. Esta história é a que Foucault expõe em seus cursos. A partir desta perspectiva, define-a como "a coragem da verdade na qual fala e corre o risco de dizer, apesar de tudo, toda a verdade que pensa; mas é também a coragem do interlocutor

96　Coleção Estudos Foucaultianos

que aceita receber como verdadeira a verdade dolorosa que escuta" (FOUCAULT, 2009, p. 14).

Agora, na história da parrhesía desenvolvida por Foucault em seus últimos cursos, ocupando-se da parrhesía socrática, Foucault sustenta, a propósito de Platão, que em seus diálogos, *Alcebíades* e *Laques* podem ser vistos como o ponto em que se enraízam dois diferentes desenvolvimentos da filosofia ocidental: um no qual o exercício parresiático de Sócrates conduz à necessidade de ocupar-se da alma como realidade ontologicamente distinta do corpo, outro em que também o exercício parresiático de Sócrates não conduz até a alma, até a psyché, mas sim até o bios, até a existência humana (FOUCAULT, 2009, p. 149). Em um caso, uma metafísica da alma; em outro, uma estética da existência.

Novamente, tomando em conta todas as mediações conceituais e históricas necessárias, que não podemos abordar aqui, vemos como esses dois primeiros momentos dos quais partimos em nossa exposição, o do cogito e o a existência, podem ser remetidos a esta dupla herança platônica.

Assim, o cinismo representa, para Foucault, um momento decisivo na prática da parrhesía. Nele, a relação entre o dizer verdadeiro e o bios é levada a termo sem mediações doutrinais. O cinismo é, nesse sentido, uma estética da existência despojada de toda metafísica da alma. No cinismo da vida mesma, o bios converte-se no lugar da manifestação da verdade. O cinismo é a produção da verdade na forma mesma da vida: a forma que toma a própria vida em seu dizer verdadeiro.

O cinismo, é necessário esclarecer, não é para Foucault simplesmente uma categoria histórica, isto é, descritiva de um determinado modo de viver de certos personagens da antiguidade, mas sim o que denomina uma "categoria trans-histórica", um elemento da cultura e da história da subjetividade ocidental que sobreviveu para além de suas formas antigas. Por exemplo, segundo nosso autor, nos ascetas, nos revolucionários, nos artistas (FOUCAULT, 2009, p. 163ss).

Por várias razões, o cinismo como categoria da subjetividade ocidental, então, mostra-se particularmente importante. Em primeiro lugar, porque na parrhesía cínica, como acabamos de assinalar, a questão da subjetividade ou, se quisermos expressá-lo de outra maneira, do bios que irrompe na linguagem (o sujeito, em definitivo, é a vida que pode dizer "eu" na linguagem) e sua relação com a verdade aparece inteiramente como prática. O cinismo, dirá Foucault, situa-se no coração mesmo de uma das maiores dificuldades da cultura ocidental, a de definir a relação entre verdade e estética da existência (FOUCAULT, 2009, p. 175). Em segundo lugar, porque a forma cínica da parrhesía é a que fica desativada, no começo do cristianismo, quando se introduz na relação entre o sujeito e a verdade a questão da obediência, dando assim origem às formas do poder pastoral que logo serão refuncionalizadas pelos dispositivos da normalização moderna: "Neste Ocidente que inventou tantas verdades diferentes e modelou múltiplas artes da existência, o cinismo não deixa de recordar que muito pouco de verdade é indispensável para quem quer viver verdadeiramente e que bem pouco de vida é necessário quando se tem verdadeiramente a verdade" (FOUCAULT, 2009, p. 175).

Conclusões

Foucault chegou até aqui percorrendo um caminho que retoma, em seu início, o duplo desafio herdado dessa fenomenologia que dominava o horizonte intelectual durante seus anos de formação. Por um lado, a questão das ciências humanas entendida em termos metodológicos e, por outro, a polêmica humanismo/anti-humanismo. Como dissemos, em *Les mots et les choses*, estas duas linhas confluem na ideia de uma arqueologia das ciências humanas. A partir de *Surveiller et punir*, no entanto, encontramo-nos com uma nova posição acerca dos saberes do homem. As ciências humanas são vistas como a verdade do poder, dos dispositivos disciplinares e biopolíticos, acerca do homem. Finalmente, com a noção de parrhesía, na qual se entrecruzam as problemáticas da governamentalidade e da veridição, as relações se invertem; já não se trata da verdade do poder, mas do poder da verdade, ou seja, da vida humana como aleturgia.

Essas mudanças mostram-nos como no pensamento de Foucault sempre houve deslocamentos: introduzem-se novos temas, os já estudados são abordados de novas perspectivas, formulam-se novas hipóteses, se estabelece uma relação crítica com os trabalhos precedentes, etc. Mas seria errôneo pensar que, em um determinado momento, Foucault introduz um problema que antes estava ausente, como o do poder, e tudo muda. O arqueólogo torna-se de golpe um genealogista e as investigações precedentes são deixadas de lado. Os deslocamentos no pensamento de Foucault não são rupturas; são torções, movimentos em torno de um eixo. No que diz respeito a isso, às vezes, pode-se encontrar em um ponto diametralmente oposto a outro; mas o central é o eixo desses deslocamentos.

Em nosso modo de ver, este [eixo] não está representado nem pelo saber, nem pelo poder, nem pelo sujeito; mas sim pela maneira em que eles se correlacionam. Para acessar este eixo, Foucault teve, primeiro, de fazer perder a cada uma dessas noções o caráter substancial que frequentemente lhes era atribuído. Não existe o saber, o poder e o sujeito, senão no plural e sem nenhuma identidade que transcenda suas múltiplas formas históricas: saberes, técnicas de exercício do poder, práticas de subjetivação. Precisamente para expressar esta pluralidade histórica de cada um deles, Foucault falará, em seu último curso no Collège de France, no lugar de saber, de modos de veridicção; no lugar de poder, de técnicas de governamentalidade; e no lugar de sujeito, de práticas de si (FOUCAULT, 2009, p. 10).

Referências

FOUCAULT, M. *Dits et Écrits*. Paris: Gallimard, 1994. 4 v.

FOUCAULT, M. *Introduction à l'Anthropologie de Kant*. Paris: Vrin, 2008a.

FOUCAULT, M. *L'Herméneutique du sujet. Cours au Collège de France 1981-1982*. Paris: Gallimard-Seuil, 2001.

FOUCAULT, M. *Le courage de la vérité. Le gouvernement de soi et des autres II. Cours au Collège de France 1983-1984*. Paris: Gallimard-Seuil, 2009.

FOUCAULT, M. *Le gouvernement de soi et des autres. Cours au Collège de France 1982-1983*. Paris: Gallimard-Seuil. 2008b.

FOUCAULT, M. *Leçons sur la volonté de savoir. Cours au Collège de France 1970-1971*. Paris: EHESS-Gallimard-Seuil, 2011.

FOUCAULT, M. *Les mots et les choses. Une archéologie des sciences humaines*. Paris: Gallimard, [1966]1986.

FOUCAULT, M. *Maladie mentale et personnalité*. Paris: PUF, 1954.

FOUCAULT, M. *Naissance de la biopolitique. Cours au Collège de France 1978-1979*. Paris: Gallimard-Seuil, 2004b.

FOUCAULT, M. *Sécurité, territoire, population. Cours au Collège de France 1977-1978*. Paris: Gallimard-Seuil, 2004a.

FOUCAULT, M. *Surveiller et punir. Naissance de la prison*. Paris: Gallimard, [1975] 1987.

HEIDEGGER, M. *Über den Humanismus*. Frankfurt am Main: Vittorio Klostermann, [1947] 2000.

MERLEAU-PONTY, M. *Les sciences de l'homme et la phénoménologie. Curso dictado en La Sorbona en 1952*. Paris: Centre de Documentation Universitaire, 1952.

SARTRE, J.-P. *L'Existentialisme est un humanisme*. Paris: Nagel, [1946] 1970.

Sobre a interlocução entre Pierre Hadot e Michel Foucault: horizontes comuns, projetos intelectuais distintos

Pedro Angelo Pagni

O interesse que nutro pelas relações da obra de Michel Foucault com as suas interpretações de Pierre Hadot se referem, como assinalado em outra ocasião (PAGNI, 2014), não apenas à forma como compreendem a filosofia como uma arte do viver, como também ao modo como ela está diretamente associada a um modo particular de experiência formativa. Intrigou-me também por algum tempo a discussão não ocorrida entre ambos sobre os quais este capítulo se detém, qual seja, o do apreço de um ao pensamento do outro e o das críticas de Pierre Hadot à interpretação de Michel Foucault, principalmente, ao modo como compreendeu algumas das categorias e pensamentos da Filosofia Antiga, para elaborar suas obras e ministrar seus últimos cursos.

Infelizmente, em razão da morte prematura de Foucault, essas críticas ficaram sem sua resposta ou, melhor dizendo, deixaram em aberto uma série de hipóteses sobre as eventuais respostas a elas. Ao explorar uma dessas hipóteses neste capítulo, gostaria de explicitar o quanto essa interlocução auxilia a compreender melhor o chamado último Foucault, evidenciando uma face política-filosófica que demarca a sua atuação intelectual.

Horizontes comuns, um encontro entre olhares distintos

Se há alguns pontos em comum em torno do qual os pensamentos de Pierre Hadot e de Michel Foucault convergem, eles se relacionam às suas críticas à filosofia acadêmica e ao discurso filosófico na atualidade. Mais do que a forma como se articulam à tradição da filosofia como exercício espiritual e, principalmente, como uma arte da existência, essa aliança estratégica em torno da crítica à filosofia acadêmica e à sua restrição ao ofício do ensino, como assinalado em outras ocasiões (FOUCAULT, 2011; PAGNI, 2013), parece oportuna para evidenciar, no presente, a dissociação entre prática filosófica e experiência formativa, assim como os diversos problemas decorrentes de tal apartamento, enfrentados pela Filosofia como campo de pesquisa e como disciplina, que se afastou das questões da vida e do cotidiano para se converter em uma análise de e sobre o discurso dos filósofos do passado. Essa proximidade entre ambos parece evidenciar, ainda, um desconforto com o que são como intelectuais e como filósofos, interpelando-se a si mesmos e, consequentemente, buscando outros modos de ser e de agir, seja na esfera específica da Filosofia, seja no âmbito da micropolítica e da vida intelectual. Um desconforto que, antes de ser somente o deles em um tempo histórico determinado, parece ser também o nosso no presente, em vistas a encontrar na produção de ambos um conjunto de indicações para que nos pensemos e nos repensemos enquanto intelectuais que atuam em um campo do saber específico, mas que ainda são movidos por um *ethos* e, quem sabe, por certo engajamento nas lutas locais.

Em razão de a discussão sobre as análises de Foucault sobre esse tema ser mais conhecida, gostaria de assinalar, brevemente, o modo como Pierre Hadot reflete essa temática nesta parte. Isso porque, além de ser menos conhecido do público brasileiro, a reconstrução de seus argumentos pode auxiliar tanto na compreensão de suas críticas a Michel Foucault quanto na explicitação das divergências entre eles, a ser discutida na parte subsequente deste capítulo. Assim, procuro esboçar os elementos dessa crítica à filosofia acadêmica, invocando algumas categorias importantes de sua interpretação sobre a Filosofia Antiga que, posteriormente, serão apropriadas de um modo bastante particular por Foucault.

Nessa crítica, o principal problema assinalado por Pierre Hadot (2002, 2004, 2008b) parece ser o de que os diferentes gêneros da Filosofia Antiga se esvaíram, assim como o seu caráter formativo, na atualidade. Particularmente, o que se abandonou foi, tanto no âmbito das pesquisas em Filosofia quanto na formação filosófica, a compreensão dessas práticas de forma associada e sua configuração como exercícios espirituais.

Os exercícios espirituais caracterizam-se, segundo Hadot (2002, p. 139), como um conjunto de práticas que, ao invés de complementar a teoria abstrata com a qual se confundiu a Filosofia e o discurso exterior no qual consistiu a formação filosófica, compreendem fórmulas e um discurso interior que mudam a disposição do indivíduo, formando-o antes do que apenas o informando. Em geral, decorrem de uma resposta a uma pergunta, pois, primeiro, tais exercícios ensinam a raciocinar e também a fazer com que o objeto da investigação se torne familiar e conatural, auxiliando a interiorizar uma forma de saber; segundo, provocam a dúvida e, inclusive, uma emoção, uma mordedura; terceiro, exigem uma ascese, isto é, está obrigado a submeter-se a determinadas regras como a que reconhece ao outro o direito de expressar-se, o equívoco das próprias opiniões quando o que expressa é evidente e a norma do logos, isto é, do discurso objetivo, dependendo dessa forma do auditor. Nesse sentido, os exercícios espirituais não seriam práticas egoístas; ao contrário, eles estão destinados a desfazer-se do egoísmo, especialmente, aquele provocado pela atração dos prazeres e do corpo, tal como os filósofos sempre o fizeram, como um esforço para desprender-se do eu parcial e passional para elevar-se ao eu superior.

A partir do momento que se exige subordinação à razão, os exercícios espirituais praticamente obrigam os indivíduos a renunciar ao seu egoísmo e estamos praticamente obrigados a renunciar ao egoísmo para, ao ocupar-se com outro, assumir a ocupação de si. O que não significa preocupar-se com seu próprio bem-estar, mas com o que se realmente é, com a identidade da razão e com o divino, exigindo disciplina do desejo, da ação e do juízo. A disciplina da ação comporta o bem comum, enquanto que a disciplina do desejo cultiva virtudes como as da amizade e a do juízo como a prudência. Foi essa acepção da filosofia como modo de viver, como terapia e como diálogo (interno e externo) que perdeu para um discurso descolado impessoal e meramente formal, que circula na comunidade acadêmica e que se instituiu na universidade.

O discurso chamado de filosófico teria, com isso, aberto mão de sua vivacidade para buscar uma novidade em si mesma, como diz Hadot (2009), para se restringir à criação de um novo sistema ou a uma originalidade conferida apenas pela sua complexidade, acessível somente a um auditório ou público especializado. Para esse autor, ainda, a construção mais ou menos hábil de um edifício conceitual teria se convertido em um fim em si mesmo, concorrendo para que a filosofia se alheasse cada vez mais da vida concreta dos homens e, historicamente, se institucionalizasse nas universidades. Dessa perspectiva de institucionalização, ao almejar apenas a preparação dos alunos para o estudo de um programa acadêmico que lhes permitiria a obtenção de um título ou uma carreira profissional, a filosofia e o seu ensino cada vez mais abandonaram o seu sentido formativo para se restringir a uma função meramente informativa e à transmissão de uma tradição aos futuros filósofos que, em tese, garantiria o exercício de um ofício. Assim, a filosofia teria abandonado a sua articulação à vida e à comunidade nas quais se assentou a Filosofia Antiga para que, na contemporaneidade, se tornasse "um discurso sobre o discurso" e o seu ensino, por assim dizer, uma transmissão dessa replicação do discurso, denominado de filosófico, destinada, ao mesmo tempo "a todos, isto é, a ninguém" (HADOT, 2009, p. 108).

Este seria, segundo Hadot, o eclipse provocado na filosofia entre os seus polos do discurso com o da ação, do exterior com o interior. Afinal, todo discurso filosófico comportaria um esforço para "colocar-se em determinadas disposições interiores" (HADOT, 2009, p. 108), correspondendo à vida filosófica e a um público ao qual se destina. Se, por um lado, esse discurso teria se inspirado pela transmissão de um saber abstrato e formal, sem impulsionar o indivíduo a viver sua filosofia e obrigando-o a acatar os dogmas anteriores, por outro, raramente, seria puramente teórico, assumindo a forma de exercício, seja mediante o diálogo ou outras formas retóricas, que dispõe os indivíduos a viver, como postulado pela Filosofia Antiga.

Essa tensão também guardaria seus resquícios na modernidade e na contemporaneidade, ainda que a tradição preponderante do discurso filosófico não fosse essa. O que esse historiador da filosofia parece postular, então, para a filosofia na atualidade não é retomar a forma dialógica da Filosofia Antiga, que só seria possível artificialmente, tal como se vêm desenvolvendo algumas perspectivas hermenêuticas contemporâneas desde o século XIX, mas é buscar na filosofia como modo de vida, em seu assentimento pela interpretação dos textos da Filosofia Antiga, em seus resquícios nas obras de filósofos e de escritores modernos e contemporâneos, outra tradição de pensamento, que instiga um comprometimento do dito com o praticado e a dotação de uma disposição a transformar a vida daquele que desenvolve essa prática e expressa esse discurso, chamados de filosóficos.

É por meio dos exercícios espirituais, isto é, "uma prática voluntária, pessoal, destinada a operar uma transformação no indivíduo, uma transformação de si" (HADOT, 2009, p. 137-138), nos quais se centra essa outra tradição que concebe a filosofia como modo de vida e que, é possível dizer, considera-a com um sentido formativo imanente à própria vida. Procura-se demonstrar que, centrada nessa perspectiva, as obras da antiguidade não se propunham a expor um sistema, mas produzir esse sentido. Para tanto, "o filósofo queria fazer trabalhar os espíritos de seus leitores ou auditores para colocá-los em uma disposição determinada" (HADOT, 2009, p. 99). Em vistas a restaurar esse sentido, mesmo que a expressão oral da filosofia e a dialogicidade tenham sido abandonadas pelo uso do discurso filosófico e de sua a exposição/explicação, Hadot afirma que ele não deixou de contemplar algumas modalidades da filosofia como modos de vida e dos exercícios espirituais, como aparecem nos *Ensaios* de Montaigne, nas *Meditações* de Descartes, os aforismos de Schopenhauer e Nietzsche, entre outros como Wittgenstein (HADOT, 2007). Ou, ainda, assinala a obra de escritores como Goethe a compreensão dessa literatura como uma extensão dos exercícios espirituais (HADOT, 2008a). Nesse sentido, não procura simplesmente restaurar a filosofia como sinônimo desses exercícios espirituais, na atualidade; ao contrário, busca elucidar uma tensão que percorre a filosofia, dando ênfase a outra tradição e reconhecendo que, não obstante a sua assunção como modo de vida, ela também se perfaz no e pelo discurso.

Afinal, diz ele, "creio que os filósofos nunca conseguiram se livrar da autossatisfação que experimentam com o 'prazer de falar'" (HADOT, 2009, p. 100). Entretanto, pondera que, "para permanecer fiel à inspiração profunda" da filosofia – socrática –, diante dessa perspectiva se "deveria propor uma nova ética do discurso filosófico", graças à qual seria capaz de dispor seus praticantes a "renunciar a se tomar a si mesmo como fim em si ou, pior ainda, a tomar como mercadoria da eloquência do filósofo" para se converter num meio de "superar-se a si mesmo e de aceder ao plano da razão universal e da abertura aos outros" (HADOT, 2009, p. 100).

Dessa perspectiva, o discurso filosófico consistiria numa conversão de si para que esse sujeito que filosofa e que o enuncia eticamente acedesse ao universal e a uma comunidade humana. Circunscreve, assim, a sua remissão e a sua dívida não somente à Filosofia Antiga e ao que denomina de exercícios espirituais, manifestas ao longo de toda a sua obra e entrevistas, como também com certa filosofia transcendental, assinalando a sua proximidade com o ponto de vista moral de Kant, porém, assumindo uma interpretação bastante original. Diz ele, em uma de suas entrevistas:

> Eu tenho uma tendência, pode ser de uma maneira errônea, de interpretar Kant de uma maneira menos rígida do que a de hábito. Eu citei com muita frequência a fórmula de Kant: age de tal maneira que a máxima de sua ação, quer dizer, aquela que a dirige, possa ser uma lei universal da natureza. Evidentemente, a fórmula não é muito atraente hoje em dia, mas eu a interpreto desse modo, como uma vontade da universalidade. Um dos segredos da concentração sobre o tempo presente, que não deixa de ser um "exercício espiritual", é esta vontade de se colocar em uma perspectiva universal. Primeiramente, é tentar se colocar no lugar do outro e, em seguida, aplicar, tão simplesmente, a seguinte regra: não faz ao outro aquilo que não quer que o outro te faça. É um princípio que não se funda em qualquer filosofia, que está ligada à experiência humana. E, na verdade, a fórmula de Kant corresponde também a esta ideia de passar de um eu interior, egoísta, parcial, que só vê seu interesse, a um eu superior, que justamente descobre que não está sozinho, mas que há o mundo, a humanidade e os outros homens, há as pessoas

que amamos, etc. No fundo, o velho Kant, desculpem-me por essa formulação: ela é muito kantiana, no sentido sistemático de formular as leis, mas efetivamente é uma lei que a gente se dá a si mesmo e que a quer muito. É uma lei que não é imposta do exterior, mas que vem do interior e tem a vantagem também de não supor qualquer dogma. Faria dessa forma uma reabilitação de Kant (HADOT, 2002, p. 389-390).

A síntese elaborada por Sandra Laugier e Arnold Davidson acerca dessa leitura dá uma dimensão precisa sobre o que consiste essa "reabilitação de Kant" na interpretação desse historiador da filosofia, quando dizem que ele "nos propõe um Kant perfeccionista no lugar do Kant moralista" (*apud* HADOT, 2009, p. 390), assinalando a originalidade dessa proposta aos dias de hoje. É essa interpretação que, ao que tudo indica, permite que se compreenda o porquê, ao retomar a dimensão formativa da filosofia, exalta as disposições que provocam, tanto em seu exercício quanto em seu ensino, uma vontade de universalidade e, de certo modo, de alçar a humanidade por meio de sua humanização, como uma lei universal da natureza da qual o homem faz parte. Por ela, esse mesmo homem, em sua vida singular, sente-se instigado a sair de seu estado egoísta para alçar a um "eu superior", graças à experiência humana e ao aperfeiçoamento exigido para que a lei moral fosse internalizada, modificando a si mesmo enquanto tal para, quiçá, sentir-se pertencente ao mundo.

É nesse ponto do processo formativo e da constituição ética do sujeito que aproxima a filosofia moral kantiana dos exercícios espirituais, caracterizando como um de seus fins, na atualidade, essa expressão da vontade de universalidade, esse trabalho de si sobre si que faculta ao sujeito se transformar na prática filosófica e na elaboração do discurso filosófico ou, mesmo, mediante a sua transmissão no ensino, provocando essa mesma disposição em seus destinatários em vistas a que nessa experiência também se transformem. Ao assumir essa prática filosófica e ao refletir sobre a moral que deve conduzir a sua própria vida, a dos outros e a da comunidade, esse sujeito da experiência transformativa poderia aceder a uma consciência denominada de cósmica, por Hadot (2002), já que o remete a uma natureza da qual faz parte e, enquanto tal, que se esforça por dizê-la articuladamente por meio da enunciação do discurso filosófico. Mesmo que aquela experiência não possa ser dita integralmente por esse discurso, ela é o seu lastro e o elemento propulsor da ligação da filosofia à vida, dando sustentação ao discurso filosófico. Por esse motivo, Hadot confessa "que, ao envelhecer, mesmo reconhecendo ser um efeito da velhice", prefere "cada vez mais a experiência ao discurso" (2009, p. 171).

De uma perspectiva distinta, Michel Foucault toma Kant mais pelo seu criticismo[1] do que por sua filosofia moral ou, precisamente, por sua ideia de aperfeiçoamento. Muito provavelmente, Foucault associaria essa defesa da vontade de universalidade por Hadot ao que denominou senão a de uma analítica da verdade, ao menos a uma ontologia do presente bastante particular e distinta daquela defendida em seu ponto de vista da estética da existência. Isso porque, para ele, o que é universal não é a doutrina teórica elaborada sistematicamente, mas as atitudes daqueles que a elaboram em busca das verdades para conduzir suas vidas, nesse sentido análogo ao que pensa Hadot (2002). Mas as vidas para Foucault, como veremos a seguir, não devem ser conduzidas por uma ideia transcendental, mesmo que destinada ao aperfeiçoamento moral, e sim pela sua imanência mesma, pela errância que a caracteriza e pelos acontecimentos que a atravessam e que se interpõem a toda transcendência absoluta, sendo estes os problemas que interpelam o pensamento e produzem novos processos de subjetivação ou, por assim dizer, uma forma particular de experimentação de si. Nesse sentido, o que promove, sob a ótica foucaultiana, a necessária relação entre a estética e a ética seriam os acontecimentos e a tentativa de articulá-los como um signo (rememorativo, demonstrativo e prognóstico), como

[1] Ao retomar o ensaio de Kant sobre o iluminismo, Foucault (2000, p. 174) argumenta que a *Aufklärung* evocaria um apelo à coragem, uma atitude necessária para se sair da autoinculpável menoridade. Se, no projeto crítico kantiano, o apelo à coragem é modulado pela obediência, pelo respeito à autoridade instituída e à proposição de outra forma de governo, superior, porque regida por um ideal verdadeiro e por uma moral transcendental, nesse ensaio, a sua indicação é a de que a *Aufklärung* se aproximaria de uma atitude crítica em relação ao presente. Ao propor um não ser governado do modo até então existente, diz ele, Kant teria se colocado em questão, como seu elemento e ator de um processo histórico, como sujeito, enfim, que problematiza o presente, interrogando o seu tempo e a si mesmo sobre o seu próprio esclarecimento, redefinindo esse movimento acerca do objeto da reflexão do filósofo e da crítica filosófica. Para Foucault (1984), esse problema não teria sido esquecido por Kant, a ponto de ser retomado em *O conflito das faculdades* (1798), em que se pergunta: "O que é revolução?". Se aquele ensaio sobre o *Aufklärung* teria lhe permitido inaugurar um "[...] discurso filosófico da modernidade e sobre a modernidade" e interpelar o presente (com questões como: Qual é esta minha atualidade? Qual é o sentido desta atualidade? E o que faço quando falo desta atualidade?), esse ensaio de Foucault teria introduzido a revolução como um acontecimento que possuiria um valor de signo (rememorativo, demonstrativo e prognóstico), na medida em que suscita em seu entorno o entusiasmo. Esse entusiasmo é signo de uma "disposição moral da humanidade", que se manifesta como direito de escolha a uma constituição política e como esperança que esta última evite a guerra de todos contra todos. Enquanto signo, a revolução seria o (entusiasmo) que finaliza e que dá continuidade a *Aufklärung*. E, enquanto problemas do presente, ambos não poderiam ser esquecidos na modernidade, tanto que, desde Kant, foram constantemente repostos na história do pensamento que o sucedeu, inclusive em seu trabalho filosófico. Nesse sentido, interpreta Kant a partir de seu criticismo e advoga encontrar, particularmente, nesse ensaio um protagonismo do *discurso filosófico da ou sobre a modernidade*.

um discurso filosófico que, antes do que exprimir um julgamento moral sem vínculo à vida, seria experimentado como um modo de existência e expressão do que vive um sujeito singular, eticamente, diante da vida e, politicamente, perante o mundo.

Mais próxima de um *ethos*, isto é, como uma atitude diante da vida sobre a qual se esculpem os modos de existência, em tal eticidade o sujeito singular experimenta as forças mesmas da vida, a fortuna que lhe é reservada pelo mundo e, com isso, as incertezas que deve enfrentar cotidianamente, como se vivesse em uma existência trágica, para aludir aos gregos. Nesse sentido, é a própria existência que se tornaria objeto de uma obra de arte e a vida que a compreende, o seu produto.[2]

Neste ponto se vê ecoar em Foucault a filosofia de Nietzsche e, ao radicalizá-la, o encontro com Pierre Hadot. Ao retomar a gênese moderna dessa outra relação entre estética e ética, Foucault busca na filosofia dos estoicos e, antes deles, na origem da filosofia grega, os exercícios espirituais que prometeram a ascese necessária ao acesso à verdade e o seu regime mais ético que epistemológico, o qual conduz o sujeito que para tal deve estar à altura dos acontecimentos[3] e ter cultivado um si, moralmente, forte. Para tal propósito, a ascese em relação à verdade e à espiritualidade, próprias da filosofia, auxiliariam a viver a vida segundo essa arte e colocam esta última em seu centro. Antes que uma experiência pensada que pulsa a vida, é esta que impulsa o pensar, sendo a experiência ou a experienciação o que dá forma ao ator e a sua existência, expondo-o ao mundo e fazendo com que conviva com uma extensa multiplicidade

---

[2] De acordo com Vilela (2010): "A apresentação da *existência como uma obra de arte* supõe a afirmação da *estética como uma forma de vida*, ou seja, os valores estéticos passam a constituir-se como a forma, a configuração e a transformação possível da vida. O que está em jogo na perspectivação da existência como uma obra de arte não é a procura nostálgica da autenticidade do ser humano – o ser próprio do homem –, nem o encontro da verdade de si mesmo como uma pura entidade, mas a realização de um trabalho sobre si mesmo que leva o sujeito a inventar-se. A ética assenta, precisamente, no trabalho que um indivíduo realiza sobre si mesmo, a partir de um conjunto de práticas através das quais se delineiam as suas regras de comportamento, a possibilidade de modificar-se e de transformar seu modo de ser, isto é, de fazer da vida de cada um uma obra de arte" (p. 358, grifos no original).

[3] Para Foucault (2004b), os acontecimentos seriam os responsáveis por esse dobrar-se e habitar as superfícies próprias do estoicismo e de toda uma tradição filosófica em que a abertura ao seu acolhimento e a preparação para ser-lhe digno, eticamente, implicavam um longo trabalho de preparação, ainda que fosse para o impreparável e o imponderável, exigindo uma série de exercícios denominados *filosofia*. Estar à altura do acontecimento, quando atravessasse a vida e fosse enfrentado pelo filósofo, seria estar aberto a uma fortuna que, embora jamais fosse conhecida, podendo ser algo terrível ou inebriante àquele que o vive, não importaria em seu sentido trágico ou cômico para o ser singular, mas ao sentido imanente e que emana de racionalidades de um ser do cosmos ou a sua ontologia.

de estilos e de modos de viver, tal como Hadot (2002) os interpretou. Dessa forma, diversamente do pensamento nietzschiano, que vê na ascese e na espiritualidade uma renúncia à vida, Foucault (2004b) vê nelas uma preparação para o impreparável, produzindo um fortalecimento moral do sujeito para suportar os acontecimentos que lhes advêm e vislumbrando, na atitude de pensá-los em seu sentido imanente, uma potencialização da vida e um modo de resistência às forças que tentam extirpá-la ou, simplesmente, apaziguá-la.

É desse ponto de vista que Foucault aborda as práticas de si como meio para se alçar a liberdade, retomando a cultura grega e toda a tradição que entende esta última como "[...] condição ontológica da ética" que, por sua vez, é a "[...] forma refletida da liberdade" (2004a, p. 267). Contudo, para ele, tal condição não seria algum pressuposto *a priori*, mas se materializaria em uma série de práticas que implicariam o cuidado de si, porque o exercício das práticas de si deveria ser considerado como a busca por práticas de liberdade, quer dizer, práticas que possam ser escolhas éticas no sentido da potencialização da vida e do aprimoramento da existência. Tais práticas seriam consideradas por ele como constituidoras de modos de existência, contrapondo-se à imobilidade das relações de poder e à sedimentação dos estados de dominação, podendo se encontrar aí certa resistência a estes últimos, por meio do ensaio de outras relações de poder, que resultem na transformação de si e na ampliação da liberdade. Para que isso ocorresse, seria necessário que os sujeitos participantes de tais relações e estados se ocupassem de si mesmos, como um imperativo ontológico e ético imanente, voltando os seus olhares e os seus pensamentos para as verdades e os valores morais assimilados em sua existência, a fim de escolher os seus melhores guias e aprender a cuidar dos outros. Assim, não seria pelo fato de aprender a cuidar dos outros que esses sujeitos estabeleceriam as suas ligações com a ética, mas seria justamente porque eles cuidariam de um si, que lhes fosse anterior ontologicamente, e que se imporia como um imperativo com base em certa tradição do pensamento e da cultura da Antiguidade.

Em razão dos limites deste capítulo, não vou refazer aqui as análises de Foucault sobre a ética antiga, a filosofia como modo de vida e a relação de sujeito e verdade, esboçada em outra ocasião (PAGNI, 2013, 2014). Gostaria apenas de salientar e comentar a seguir os questionamentos de Pierre Hadot a elas, mostrando que, mesmo se apropriando de sua interpretação histórico-filosófica, Foucault a utiliza em outro sentido, mais político do que filosófico e bastante diferente do que propõe, estrategicamente, a meu ver mais interessante para a atividade filosófica e para a prática do intelectual.

Das críticas de Hadot a Foucault: um ponto de vista diferente

Não obstante ter sido uma das principais referências – juntamente com Paul Rabbow –, para que Foucault elaborasse suas análises sobre a tradição da filosofia como exercício espiritual e cuidado de si, Pierre Hadot (2002, 2009) não deixou de questioná-las. De acordo com ele, Foucault não praticou filologia nem trabalhou com tradução, utilizando inclusive algumas traduções "pouco exatas", diferindo do trabalho que desenvolvera e da perspectiva que adotara (HADOT, 2009, p. 203). Assinala também que, não obstante fosse filósofo e um historiador dos fatos sociais e das ideias, Foucault cometia algumas "impropriedades" para cunhar expressões como as referentes às "práticas de si" ou a "escritura de si" na medida em que o si não se pratica nem escreve nada, ao contrário, só se pode "praticar exercícios para transformar o eu e escrever teses para influenciá-lo" (HADOT, 2009, p. 145).

Ao descrever essas expressões, particularmente, a de práticas de si, o pior, segundo ele, é que Foucault "não valoriza suficientemente a tomada de consciência pertencente ao Todo cósmico e à tomada de consciência do pertencimento à comunidade humana, que corresponderiam a uma superação de si" (HADOT, 2009, p. 204). Isso ocorreria porque, ao abordar a transformação de si exigida pelo que denominou de cultivo de si, só é possível se se recorrer ao termo "sabedoria" para designar o seu fim, assim como o modo de vida que ela define, caracterizado pela "paz da alma (*ataraxia*), a liberdade interior (*autarkeia*) e (salvo para os céticos) a consciência cósmica", segundo Hadot (2009, p. 209) raramente mencionadas na interpretação de Foucault.

Ademais, a sua noção de cultivo de si estaria excessivamente centrada em uma "ética do prazer tomada em si mesmo", o que só seria correto até certo ponto para os epicuristas dos quais ele fala pouco, ainda que depois a rechacem, redundando numa valorização excessiva do eu em detrimento da natureza e do cosmos. Por sua vez, a sua atualização pretendida pela chamada estética da existência não seria propriamente um "modelo ético adequado ao homem moderno", já que acentuaria o individualismo e nada mais seria do que uma "nova forma de dandismo", aliás, representado pelo próprio Foucault (HADOT, 2009, p. 204).

Outros termos como "arte de viver" ou um "estilo de vida que engaja toda existência" seriam preferíveis à estética da existência, que, em razão do termo "estética", provocaria em nós, modernos, que a entendemos como independente das questões éticas, um campo à parte destinado à contemplação do belo. Ao contrário, para os filósofos antigos, "a beleza (*kalon*) teria um valor moral e, nesse âmbito, a conotação de bem (*agathon*) se constituiria em um valor supremo" (HADOT, 2009, p. 208), acentuando os mesmos problemas já mencionados em relação ao uso da expressão e à descrição do cultivo de si. Dentre outros questionamentos, por fim, Hadot (2009, p. 310) contrapõe-se à interpretação foucaultiana acerca da ruptura que Descartes realizaria em relação à filosofia como espiritualidade, pois, além de escrever as *Meditações*, que não deixam de ser uma forma de exercício espiritual, quando argumenta que "evidência substitui a ascese" não é seguro que esteja simplesmente trocando uma disposição ética à verdade pelo seu conhecimento.

Pierre Hadot parece ter certa razão em relação às críticas que faz a Foucault, cobrando dele maior domínio da historiografia da Filosofia Antiga e maior rigor no uso de suas expressões, como as de "práticas de si", de "escrita de si" ou, mesmo, de "estética da existência". Outros especialistas em Filosofia Antiga também criticaram os seus últimos livros e, especialmente, salientaram os equívocos de sua interpretação no curso *Hermenêutica do sujeito*, numa coletânea organizada por Frédéric Gros e Carlos Lévy (2004). Contudo, de acordo com Gros (2002, p. 237), "Foucault não estudou por ela mesma a Filosofia Antiga: ele a convocou por sua capacidade de descentramento". Caso se leve em conta esta interpretação, parece que essas críticas poderiam ser relativizadas mediante o propósito explícito de seu projeto, a saber: o de retomá-la para gerar um estranhamento capaz de produzir outros modos de subjetivação a partir do contraste entre o cuidado de si e a subjetividade moderna. Neste caso, não se precisaria ir aos intérpretes de Foucault caso se quisesse chegar a esta conclusão. Bastaria conhecer um pouco de seu percurso intelectual e algumas de suas obras, para se notar a dificuldade para enquadrá-lo às disciplinas acadêmicas ou, mesmo, a sua propensão a fugir de todo enquadramento, mesmo o de filósofo, quanto mais o de historiador da filosofia.

Em uma conferência proferida na *Société Française de Philosophie*, destinada a um público de filósofos profissionais, ironicamente, Foucault (2000) afirma não ser filósofo, mas apenas crítico, entendendo nesse sentido que a virtude geral que compreende essa atitude que caracteriza sua ação como intelectual difere do que se entende por filosofia nesse contexto e se contrapõe radicalmente a sua concepção preponderante no meio acadêmico. É esse o lugar que ocupa na enunciação de suas análises sobre a transformação de si e a Filosofia Antiga e me parece que seria oportuno respeitá-lo, mesmo diante das eventuais críticas acerca de sua interpretação.[4] Mesmo porque, não obstante esses questionamentos de

---

[4] O mesmo se observa, ao perfazer a gênese dessas noções greco-romanas, em relação ao que Foucault denominou de cultivo de si e destacou como "momento cartesiano" (2004b), isto é, o

Pierre Hadot ao pensamento de Foucault, ele não deixa de considerar que esse seu esforço para abordar a Filosofia Antiga guarda um "valor sempre atual". Diz ele, "eu considero como sinal dos tempos o fato, a meu ver inesperado e confuso, que no final do século XX, Foucault, eu e alguns outros ao mesmo tempo em que nós, ao final de percursos completamente diferentes, nos reencontremos nesta viva redescoberta da experiência antiga" (HADOT, 2009, p. 311). Este é, assim, o desafio em comum enfrentado tanto por Hadot quanto por Foucault, ainda que por razões e percursos distintos, se mantenha um "valor sempre atual", na linguagem de um, e um signo acontecimental, no vocábulo de outro, para abordar essa experiência e produzir perspectivas diferentes sobre a tarefa da filosofia.

A principal divergência que alimenta essas diferenças de perspectivas e de propósitos diante desse desafio comum é a crítica de Hadot no que se refere ao modo como Foucault compreende o si (*soi*) como eu (*moi*) e, por isso, que não teria concebido que a transformação que o cuidado supõe não teria o alcance de uma vontade de universalidade e de uma consciência do "Todo cósmico", tal como pretendido pela Filosofia Antiga. Isso porque Hadot (2002) adota a "chave de leitura" de Marco Aurélio para abordar essa questão. Nesses termos, concebe o si a partir não apenas de uma lógica ou de uma ética que permitiriam que o trabalho de si sobre si pudesse ser compreendido pela primeira e aplicado à vida pessoal pela segunda, como também ascendesse a uma física que, ao ajudá-lo a se reconhecer como parte de um cosmos, toma consciência desse Todo (HADOT, 2010). Assim, o indivíduo almejaria sair de sua circunscrição a um eu para adentrar a comunidade e aspirar à universalidade.

Ao contrário dessa aspiração, segundo Hadot, por se pautar no prazer, antes do que na alegria e na felicidade propiciada pela busca da sabedoria, a noção foucaultiana de transformação de si se centraria em um eu individual e em um sujeito ético que, sem almejar a paz da alma,

momento em que a consciência de si prepondera sobre o cuidado graças à descoberta do cogito e de sua dissociação da verdade ética para se restringir à certeza epistemológica. Os argumentos de Hadot (2002) sobre os exercícios espirituais e sua continuidade nas meditações de Descartes, assinalando que a emergência da consciência de si já aparece nas práticas da tradição cristã, são historiograficamente mais convincentes. Entretanto, a interpretação de Foucault não contraria a sua crítica ao abandono da arte de viver ou à estilística da existência provocada com emergência das ciências modernas e da filosofia na modernidade. Assim, quando cria as noções de *estética da existência* e de *práticas de si*, seu objetivo não é a fidelidade ao vocabulário da filosofia antiga e o rigor enquanto historiador da filosofia, cobrado por Hadot, mas o seu uso no sentido de dar forma ao seu projeto e criar um processo de subjetivação que o focalizasse como intelectual (filósofo?) no presente – o que tornaria essas críticas, senão irrelevantes, ao menos discutíveis quanto aos fins de sua filosofia.

112 Coleção Estudos Foucaultianos

a ascensão ao bem comum e à comunidade, reiteraria apenas um estilo de existência egoísta. Talvez, essa alusão à compreensão foucaultiana de um si (*soi*) como eu (*moi*) da Filosofia Antiga, também provocada pela versão norte-americana de seu curso *Technologies of self*, colaboraram para que o que compreendeu como subjetivação fosse assim entendido, inclusive, a meu ver, por Hadot. Mesmo que em várias ocasiões, principalmente, em entrevistas, tivesse argumentado que seria impossível dizer que a ética de si é egoísta em razão de ela se dar na relação com um outro. Aliás, essa foi uma crítica corrente ao que concebeu como subjetivação, que pode ser rebatida simplesmente recorrendo a algumas de suas entrevistas e a sua própria obra.

Foucault (2004d) caracteriza a subjetivação como "[...] o processo pelo qual se obtém a constituição de um sujeito, mais precisamente, de uma subjetividade, que evidentemente não passa de uma das possibilidades dadas de organização da consciência de si" (p. 262). Esse processo ocorre pela, na e com a experiência, visto que compreende esta última como o processo de racionalização que culmina na formação dos sujeitos. Nesse sentido, a subjetivação não se confunde com a pessoa, muito menos com o sujeito, no sentido em que foram concebidos na modernidade. Ao contrário, salienta Deleuze:

> [...] é uma individuação particular ou coletiva que caracteriza um acontecimento [...]. É um modo intensivo e não um sujeito pessoal. É uma dimensão específica sem a qual não se poderia ultrapassar o saber nem resistir ao poder. Foucault analisará os modos de existência gregos, cristãos, como eles entram em certos saberes, como eles se comprometem com o poder. Mas, neles mesmos, eles são de outra natureza. [...] o que interessa a Foucault não é um retorno aos gregos: mas nós hoje: [...] será que temos maneiras de nos constituirmos como "si", e, como diria Nietzsche, maneiras suficientemente "artistas", para além do saber e do poder? Será que somos capazes disso, já que de certa maneira é a vida e a morte que aí estão em jogo? (DELEUZE, 2000, p. 123-124).

Dessa forma e com tais interpelações, os processos de subjetivação seriam o material, o fim e o meio sobre os quais se dá a formação enquanto uma arte da existência e uma filosofia que permitem viver a vida como uma obra, em vistas a transformar o próprio sujeito que a vive e, concomitantemente, o mundo no qual essa vida acontece. Em busca de uma (trans)formação mais adequada à sua existência e de uma ação cada vez mais capaz de exprimi-la no mundo, esse sujeito faria de sua própria subjetividade e de sua construção, objeto de seu pensar. Tanto aquela formação quanto essa expressividade consistiriam em uma ligação da estética com a existência e com a sua exposição ao mundo, respectivamente, com o intuito de trazer-lhe as singularidades e as particularidades dos processos de subjetivação, em sua relação com as vicissitudes e os acontecimentos que emanam da vida e que lhe servem tanto de material para pensar quanto de força moral necessária a esse pensamento.

São essa subjetividade e essa força que o constituem, ainda que fluidamente, que se encontrariam em todas as esferas da vida e do mundo, podendo ser objetos de seu pensar e de seu existir. No entanto, dado que parte dessa força que o constitui é inconsciente e parte se sedimenta na memória, o fato de se tornarem objetos desse pensar não significa a sua plena consciência ou elaboração intelectual, persistindo como um resto e como um elemento profundo que permanece ativo, vivo, instigando o pensamento a se re-pensar e, em tal ato, potencializando com a vida nua que aí reside o próprio ser desse sujeito ético e de seu devir. Assim, haveria, nessa potencialização produzida com essa experiência pulsante do pensar, uma atitude e uma virtude geral que precede o pensamento e que resiste irrefletidamente ao que não abarca, nem exprime essa experimentação, até que se converta em ato de pensar, isto é, um ato que se produz com as forças e a vontade emanadas da vida e diretamente associado aos modos de sua expressão refletida na existência de sua habitação no mundo, enfim, com um *ethos*.

Essa parece ser a estratégia utilizada por Foucault ao problematizar a "identidade do sujeito moderno", produzindo o que Frédéric Gros (2002, p. 237) denominou um "descentramento", isto é, de certo estranhamento dos modos de subjetivação atuais e, com isso, repensar a política no tempo presente. Afinal, segundo ele:

> Trata-se então de nos tomar como estrangeiros de nós mesmos, mostrando a historicidade do que podia parecer o mais a-histórico: a maneira então, como sujeitos, que nós nos relacionamos conosco mesmos. Da Antiguidade greco-romana, Foucault faz emergir dessa forma um sujeito do cuidado de si, que fez balançar em sua precariedade histórica um sujeito do conhecimento de si nascido nos monastérios cristãos e tramados hoje em dia nas ciências humanas. Mas *o que teria permitido esta passagem ao antigo foi a reformulação do problema político: e se as lutas hoje em dia não fossem mais lutas contra as dominações políticas, as lutas contra as explorações econômicas, mas as lutas contra os assujeitamentos identitários?* Relendo Platão e Marco Aurélio, Epicuro e Sêneca, Foucault procura, não ultrapassa, mas repensar a política (Gros, 2002, p. 237, grifos meus).

Foucault (2004c) pretende mobilizar, dessa forma, aquilo que escapa à estagnação em tal processo e que produz uma experiência do fora, provocando a estranheza e a diferença no que o sujeito tem como idêntico a si mesmo, que o faz se inquietar e se ocupar de si próprio, transformando-se. Foucault (2004d) argumenta que "[...] é a experiência, que é a racionalização de um processo ele mesmo provisório, que redunda em um sujeito, ou melhor, em sujeitos" (p. 262). Esses sujeitos que, dessa maneira, se formam, re-formam e transformam a si mesmos, produzindo, nesses processos de subjetivação, novos modos de existência e estilos de vida, que, por sua vez, se confrontam com os já existentes e, por vezes, os transformam, transformando o próprio mundo.

Desse ponto de vista, por assim dizer, os propósitos de Foucault divergem dos de Pierre Hadot, o que justificaria as críticas deste às análises da Filosofia Antiga daquele, mas também afirmaria a coerência de sua filosofia que efetivamente se faz a partir de interpelações ao presente em que o intelectual vive, como seu elemento e ator, provendo-o de certa atitude crítica e de um modo de se conduzir eticamente nesse cenário político. Assim, o que Foucault almeja com essa filosofia seria a transformação de si, em vistas a criar novos modos de subjetivação, por meio da resistência aos existentes e da escolha de modos de vida cada vez mais livres, privilegiando um acento político de seu projeto filosófico.

Esse pendor político de seu projeto revela uma preocupação com um olhar genealógico que parte de problemas emergentes do tempo presente como objetos de sua filosofia e que pode ser ainda mais evidenciado nos últimos cursos ministrados no Collège de France, particularmente, *Le gouvernement de soi et des autres* (1982-1983) e *Le courage de la verité* (1983-1984). Nesses dois cursos, ele parte do problema da governamentalidade na modernidade para analisar a sua emergência e o seu desenvolvimento na antiguidade clássica grega e romana, passando por todo pensamento cristão, em vistas a discutir outro regime de verdade denominado de *parrhesía* ou, em resumo, uma espécie de falar franco em que a verdade enunciada pelo discurso expressa um modo de vida, um *ethos* do próprio sujeito que o enuncia, com as variações que assume historicamente, como expressão das diferentes escolas filosóficas. Se, no primeiro curso, Foucault (2010) chegou à análise da pragmática de si, produzindo um último deslocamento da história da subjetividade e das formas de subjetivação, no segundo, ele analisa a *parrhesía* nos filósofos cínicos, privilegiando o que considera ser uma de suas configurações e articulando-a aos movimentos políticos revolucionários e artísticos do século XIX. Nessa articulação e configuração das relações entre verdade e vida, Foucault (2011) procura salientar que os cínicos radicalizaram uma das tradições filosóficas encontradas nos diálogos socráticos de Platão, particularmente no *Laques*, em que a recomendação do cuidado de si implica não propriamente uma "metafísica da alma (*psychê*)", mas os modos de existência ou as formas de viver, exigindo que vida e verdade se correspondam.

É no âmbito dessa relação entre a verdade e a vida que Foucault (2011) analisa a *parrhesía* cínica, argumentando que o cínico é a figura do "homem errante" (p. 146) que se exprime pelo modo como vive, sendo que toda verdade ou todo dizer-a-verdade está associado justamente àquilo que é e que expressa em cada gesto. Isso significa dizer que o cinismo "faz da vida", do *bios*, uma "manifestação da verdade" (Foucault, 2011, p. 150), vivendo a vida como prova, como desafio, por eles se deformando, se reformando e se transformando. E, dessa forma, segundo ele, se estende da antiguidade, passando pelo cristianismo, até os movimentos artísticos e revolucionários do século XIX, quando assume uma forma específica de militância como "testemunho pela vida",[5] juntamente com as formas de militantismo revolucionário, visíveis como as organizações civis tais como os partidos e sindicatos ou não tão visíveis, tal como ocorrem com as associações e sociedades secretas. O problema é que se, em sua emergência, esses três estilos de militância se articulam e, historicamente, em seu desenvolvimento durante os séculos XIX e meados do XX se sobrepõem uns aos outros, ao ponto de esse modo de engajamento revolucionário como "testemunho pela vida", gradativamente, ser abandonado, quase esquecido, salvo pela sua manifestação pontual em alguns movimentos como os que "vão do niilismo ao anarquismo ou ao terrorismo" e de posicionamentos esquerdistas que continuam a postular o problema da "vida revolucionária" (Foucault, 2011, p. 162). Estes últimos ainda fariam soar os ecos do cinismo no presente, muitas vezes, assumindo uma forma mais incisiva na arte do que na esfera política da vida, tal como se observa a partir da modernidade, preservando a atitude de viver uma vida verdadeira, teatralizando essa verdade vivida e escandalizando o público que com ela se depara, provocando-o a se revolver, convidando-o a se abrir e convocando-o a se transformar.

A própria forma como Foucault vê o seu papel no presente, por assim dizer, insinua uma familiaridade com esse desdobramento do cinismo e com o "testemunho pela vida" que caracterizam seu engajamento, menos

---

[5] De acordo com Foucault (2011): "Esse estilo de existência próprio do militantismo revolucionário [...] deve estar em ruptura com as convenções, os hábitos, os valores da sociedade. E ele deve manifestar diretamente, por sua forma visível, por sua prática constante e sua existência imediata, a possibilidade concreta e o valor evidente de uma outra vida, uma outra vida que é a verdadeira vida" (p. 161).

por uma excentricidade a qual os críticos associaram o que denominam de seu dandismo e mais por uma posição que, assumida deliberadamente, reverte os modos de ser filosófico marcados por um ideia de intelectual universal e atua no sentido de se engajar nas lutas locais (primeiro, nos presídios, depois, na militância homossexual, nos posicionamentos em prol da revolução iraniana, entre outras). Parece fazer dessas lutas anti-identitárias um campo de experimentação de si, onde se coloca à prova, mobilizando os conceitos formados para apreendê-las, nelas se subjetivando e se posicionando em consonância não com um olhar que propugna a verdade desde cima, mas com o de um de seus partícipes, que testemunha de seu interior uma experiência que é a sua, impedindo-se de enunciar seu discurso fora desse registro nem de assumir o lugar da enunciação por outrem.

Essa postura de *intelectual específico*, para usar a terminologia criada pelo próprio Foucault (1997) para exprimir o sentido em que compreende seu papel, parecem conferir à sua ação política, com as suas análises sobre o cinismo e as suas ligações com o militantismo como "testemunho pela vida" revolucionária – mencionados anteriormente –, uma base ética ou, melhor dizendo, um *ethos filosófico* específico, comprometidos com a verdade, com a vida e, principalmente, com o escândalo de viver uma vida verdadeira. Viver essa vida verdadeira como um intelectual e um filósofo significa dar resposta a um paradoxo: o de viver no agonismo da luta, próximo aos seus partícipes, nas ruas e nas praças públicas, mesmo sabendo que, em razão de sua vida errante, sempre estará à margem, pronto para ser expulso, por não agradar aos seus partícipes, dizer-lhes a verdade testemunhada por sua forma de vida, que quase nunca é similar ao da comunidade existente e que a interpela simplesmente porque está nela presente. Para dar uma resposta a essa dubiedade é, segundo Foucault, necessário ter uma atitude de coragem para assumir o risco de viver filosoficamente, que seria quase o mesmo que testemunhar a verdade de uma vida politicamente revolucionária nos termos anteriormente apresentados, vivendo à margem e interpelando os que estão na comunidade. Nesta espécie de luta sem fim em que o que conta são as particularidades do *ethos* de seus partícipes, a diferenciação existente entre eles e as mudanças que suscita em cada um no sentido de aprimorarem a própria vida, tornando-a cada vez mais diferenciada, nem por isso menos potente ou intensa, e, por assim dizer, mais livre, se encontra um norte para a condução do pensar filosófico e para a ação intelectual.

Diferentemente dos filósofos que se calam porque consideram a multidão incapaz de ser convencida ou daqueles que só se dirigem a um público seleto em suas aulas ou palestras e de modo semelhante a como descreve os cínicos,[6] Foucault (2011) se dirige aos loucos, aos presos, aos homossexuais, enfim, àquele/as que estão à margem da comunidade, tentando ver nessa sua parcela invisível e nas formas de sua organização ou expressividade a possibilidade de falarem por si mesmos, lançando sobre ela outros modos de olhar e de viver que a interpelam no que estabeleceu como comum, se acercando de uma vida errante, marginal, que também é a sua. Com essa atitude, Foucault parece persistir numa prática filosófica que, ao analisar os desdobramentos da ética cínica na contemporaneidade e ao notar que a filosofia teria se convertido em um discurso sobre o discurso e em um ofício de ensino, ensaia "outra forma de vida, deslocada e transformada, no campo político", ou seja, "a vida revolucionária" (p. 187). Dessa forma, materializa em seu discurso e atuação intelectual um gesto heroico que, no presente, recorda genealogicamente o *ethos filosófico* dos cínicos e, em seu desenvolvimento moderno, remete à formulação que assume no *Fausto* de Goethe para, finalmente, apresentar-se nesta forma tão distinta e diferenciada, no tempo presente, como vida revolucionária.

Considerações finais

Mais importante do que a coerência de Foucault em relação a essa posição parece-me ser o sentido que, estrategicamente, ela assume num presente em que a prática política se dissociou não somente do *ethos filosófico*, como também da interpelação acerca da própria ética de seus atores na cena pública, que assumiram uma face utilitária, destituída de eticidade e de uma dramática de si. Para isso, a imersão que faz em suas últimas obras ou, mesmo, em toda a sua extensão, nesses campos da ética e da estética da existência, tem uma função eminentemente política, dando continência a sua atividade intelectual e filosófica. É como se, num mundo em que ação política do intelectual nos partidos, nos sindicatos e no Estado tivesse perdido o sentido ético que norteia toda práxis, este último fosse assinalado a partir de uma verdade não dada epistemologicamente pelo saber científico ou fundada por uma moral em um metadiscurso filosófico, mas relacionada a um modo de existência, a formas de vidas capazes de exprimir alguma resistência à sua

---

[6] Foucault (2011) descreve os cínicos como uma terceira categoria de intelectual, em seu curso *Coragem de verdade,* citando Dion Crisóstomo, como aqueles que se "postam nas esquinas, nas alamedas, nas portas dos templos", enfim, perambulam pela rua em sua constante mendicância, e se dirigem às crianças, aos marinheiros e pessoas desse tipo, aproveitando de sua credulidade para "fazer rir da filosofia" [oficial] e desenvolvendo uma espécie de "filosofia popular", justificada por uma "pobreza teórica" e uma "magreza do ensino doutrinal"(p. 180-181).

destituição pelo biopoder e oxigenar o aprisionamento proporcionado pela biopolítica no neoliberalismo.

Nesse movimento, a obra de Hadot ocupa um papel importante nesse deslocamento da ética para a política, na medida em que o ajuda a dar rumos à articulação entre a estética e a ética, a verdade e a vida, elaborando uma estilística da existência em que os modos de viver materializam as resistências tanto à ciência ou à filosofia quanto às tecnologias do poder que tentem administrá-la. Isso ocorre não porque Foucault se apropria de categorias como as de cuidado de si, de filosofia como exercício filosófico ou como a de ascese, retratadas por Hadot em seus escritos sobre a Filosofia Antiga, ou então, as vê na continuidade dessa tradição filosófica, em escritores como Goethe, filósofos modernos, como Montaigne, e contemporâneos, como Wittgenstein. Ao contrário, ao se apropriar daquelas categorias interpretativas dos antigos e assinalar para o abandono dessa tradição na contemporaneidade, procura gerar um estranhamento como anteriormente demonstrado, com a pretensão de desnaturalizar os modos de subjetivação atuais e criar outros por meio dessa interpelação do passado sobre o presente. Convida, dessa forma, o interpelado a se deslocar em relação não apenas ao que acredita ser como indivíduo, como também ao que a comunidade lhe sujeita, deslocando-se para transformar também as configurações desta e as totalidades nas quais se assenta.

Diferentemente de Hadot (2010), que parece encontrar a chave de suas interpretações em Marco Aurélio, particularmente, no modo como este subordina a lógica e a ética em sua filosofia à física, representada na forma de um "Todo cósmico", Foucault parece subordinar as suas análises epistemológicas e éticas à analítica do poder, desenvolvida ao longo de toda a sua obra. Nessa analítica, não há lugar para uma totalidade universal, tampouco cósmica, às quais os saberes e o sujeito estariam submetidos, mas para os jogos do poder nos quais tanto o sujeito ético poderia se tornar visível, fazendo respirar a vida errante e torná-la presente na existência, quanto os saberes que ele mobiliza para exprimir aquela e para se posicionar nesta. Dessa forma, parece não ter sentido a cobrança que Hadot faz de que Foucault teria deixado de contemplar a ascese do sujeito ético ao "Todo cósmico", porque a sua preocupação efetiva é com a existência política e com os jogos de poder que a ela estabelecem uma dinâmica, não recorrendo a uma física, nem a uma física social ou a uma sociologia, mas à complexa dinamicidade do governo que se estabelece sobre os vivos e de sua correspondente administração sobre a vida.

Hadot parece não perceber essa dimensão ética e política do projeto foucaultiano, talvez porque ainda se nutra de uma concepção tradicional de intelectual ou, então, restrinja-a a uma atuação bastante centrada ao campo da Filosofia ou, ainda, a seu entendimento do que significa ser filósofo ou ser intelectual. Mas sem Hadot, esse movimento do projeto foucaultiano não seria possível, a meu ver, sobretudo, porque o que esquematicamente se vê desenhar nesse projeto é a substituição de um "Todo cósmico" por uma analítica do poder. Em tal substituição se mantém a dimensão de que a lógica é um instrumento da ética, enquanto que esta está em jogo, não no "Todo cósmico", mas na vida política. Esta parece ser uma hipótese um pouco mais plausível para compreender a apropriação que Michel Foucault faz de Pierre Hadot. Por isso, ao enunciá-la neste capítulo, privilegiou-se destacar o seu interesse mais à vida do que propriamente à metafísica da alma, no que se refere à sua interpretação sobre a ascese e o cuidado ético de si, e mais o pensamento dos estoicos e, principalmente, dos cínicos do que o dos filósofos neoplatônicos ou cristãos, no que tange à sua relação com a vida e com a atividade filosófica. Essa hipótese de leitura dessa interlocução pretendeu, assim, auxiliar a tornar ainda mais visível a face política-intelectual, contida na estilística da existência, postulada por Michel Foucault, a partir das interpelações histórico-filosóficas compreendidas pela concepção de filosofia como modo de vida defendida por Pierre Hadot.

Referências

DELEUZE, G. *Conversações*. 3. ed. Rio de Janeiro: Ed. 34, 2000.

FOUCAULT, M. *A coragem de verdade*. São Paulo: Martins Fontes, 2011.

FOUCAULT, M. A escrita de si. In: FOUCAULT, M. *Ditos & Escritos: ética, sexualidade e política*. Rio de Janeiro: Forense Universitária, 2004a. v. 5, p. 144-162.

FOUCAULT, M. *Hermenêutica do sujeito*. São Paulo: Martins Fontes, 2004b.

FOUCAULT, M. *O governo de si e dos outros*. São Paulo: Martins Fontes, 2010.

FOUCAULT, M. *El pensamiento del afuera*. Valencia: Pre-textos, 2004c.

FOUCAULT, M. O que é o Iluminismo. In: ESCOBAR, C. H. (Org.). *Michel Foucault (1926-1984) – o Dossier; últimas entrevistas*. Rio de Janeiro: Taurus, 1984. p. 103-122.

FOUCAULT, M. Os intelectuais e o poder. In: FOUCAULT, M. *Microfísica do poder*. Rio de Janeiro: Graal, 1997. p. 69-78.

FOUCAULT, M. O que é crítica? (Crítica e Aufklärung). *Cadernos da FFC*, Marília, v. 9, n. 1, p. 169-189, 2000.

FOUCAULT, M. O retorno da moral. In: FOUCAULT, M. *Ditos & Escritos: ética, sexualidade e política*. São Paulo: Forense Universitária, 2004d. v. V, p. 253-263.

GROS, F. Sujet moral et soi éthique chez Foucault. *Archives de Philosophie*, tome 65, p. 229-237, 2002.

GROS, F.; LÉVY, C. (Dir.) *Foucault y la Filosofía Antigua*. Buenos Aires: Nueva Visión, 2004.

HADOT, P. *Exercices spirituels et Philosophie Antique*. Nouvelle édition augmentée. Paris: Albin Michel, 2002.

HADOT, P. *Introduction aux "Penses" de Marc Aurèle: la citadelle intérieure*. 3. ed. Paris: Librairie Générale Française, 2010.

HADOT, P. *La filosofía como forma de vida: conversaciones con Jeannie Carlier y Arnold I. Davidson*. Barcelona: Alpha Decay, 2009.

HADOT, P. *Le voile d'Isis: essai sur l'histoire de l'idée de nature*. Paris: Gallimard, 2004.

HADOT, P. *N'oublie pas de vivre: Goethe et la tradition des exercices spirituels*. Paris: Albin Michel, 2008a.

HADOT, P. *O que é a filosofia antiga?* 3. ed. São Paulo: Loyola, 2008b.

HADOT, P. *Wittgenstein y los límites del lenguaje*. Valencia: Pre-textos, 2007.

PAGNI, P. A. El cuidado ético de sí y las figuras del maestro en la relación pedagógica: reflexiones a partir del último Foucault. *Revista de Educación*, v. 360, p. 665-683, enero-abril 2013.

PAGNI, P. A. *Experiência estética, formação humana e arte de viver: desafios à educação escolar*. São Paulo: Loyola, 2014.

VILELA, E. *Silêncios tangíveis: corpo, resistência e testemunho nos espaços contemporâneos de abandono*. Porto: Afrontamentos, 2010.

Michel Foucault: ontologia e liberdade

Tiaraju Dal Pozzo Pez

Este texto, em alguma medida, surgiu de uma afirmação de Deleuze em seu livro sobre Foucault, qual seja:

> Certamente, uma coisa perturba Foucault, e é o pensamento. "Que significa pensar? O que se chama pensar?" – a pergunta lançada por Heidegger, retomada por Foucault, é a mais importante de suas Flechas. Uma história, mas do pensamento enquanto tal. Pensar é experimentar, é problematizar. O saber, o poder e o si são a tripla raiz de uma problematização do pensamento (DELEUZE, 2005, p. 124).

Não deixando de lado o procedimento filosófico do autor de *Diferença e repetição*, em que a história da filosofia é utilizada como ferramenta para as suas problemáticas, a estranheza perturbadora da afirmação está na "filiação" entre Heidegger e Foucault. É curioso, sendo preciso, mais do que estranho, posto que esta herança[1] para um leitor atento é detectada ao longo da obra de Foucault e este em alguns momentos a afirma:

---

[1] Os termos herança e filiação podem soar estranhos para os leitores de Foucault. Nós os utilizamos aqui para fazer referência a um procedimento bastante comum em sua filosofia ao instrumentalizar os textos que pesquisa, ou seja, ao apropriar-se, ao filiar-se ou ao diferenciar-se de alguma tradição do pensamento que opera um "empobrecimento" dela, que nada mais é que uma desfetichização das suas relações, das suas operações, das suas formas, dos seus conceitos no sentido de multiplicar suas possibilidades, sua variabilidade e, com isso, provocar mudanças que implicam novos significados, novas práticas. É, então, como ferramentas que devem ser entendidas as expressões "herança" ou "filiação", pois remetem a todo um instrumental de luta criado, modificado, posto em uso, renovado por Foucault. Nesse sentido afirma Giacóia: "Em lugar da inquirição moral sobre fidelidades e desvios, talvez seja de interesse investigar a razão pela qual Foucault precisa deformar os textos de Nietzsche, fazê-lo ranger e gritar; creio que se pode indicar uma pista para compreendê-lo, mostrando como esse acréscimo interpretativo corresponde a uma doação de um novo sentido aos textos de Nietzsche, sentido brotado da leitura de Foucault, das exigências teóricas do trabalho genealógico de Foucault [...]" (GIACÓIA, 1990, p. 48).

Heidegger sempre foi para mim o filósofo essencial. [...] Ainda tenho as notas que tomei sobre Heidegger no momento em que o lia – são toneladas! [...] Todo meu futuro filosófico foi determinado por minha leitura de Heidegger. [...] Meu conhecimento de Nietzsche é bem melhor do que o que tenho de Heidegger; entretanto, foram estas as minhas duas experiências fundamentais (FOUCAULT, 2006, p. 259).

A curiosidade não está, dessa forma, na filiação em si proposta por Deleuze, visto que ela não é novidade, mas no problema que ela suscita. Deleuze aproxima os dois autores afirmando no pensamento do autor francês uma tripla ontologia: "São três dimensões irredutíveis, mas em implicação constante, saber, poder e si. São três 'ontologias'. Por que Foucault acrescenta que elas são históricas?" (DELEUZE, 2005, p. 121). Eis o problema: existe uma ontologia em Foucault? Que nova escrita da história é possibilitada? Que movimentos são produzidos em relação à temática da liberdade?

Nosso objetivo maior é mostrar qual problemática da liberdade é lançada pelo pensamento foucaultiano. Esta somente pode ser compreendida quando articulada a noção de acontecimento histórico, que em nosso entendimento, em Foucault é constituído por relações de saber, de poder e práticas de si, ou seja, para pensarmos a liberdade no autor de *O nascimento da Clínica*, devemos fazê-lo relacionando-a com compostos tridimensionais de relações de saber, poder e si (acontecimento) que a movimentam e são por ela movimentados. É nesta articulação e nos problemas que ela propõe que a flecha lançada por Deleuze nos sensibilizou, pois nos parece que é justamente com a noção de acontecimento que, apesar de curiosa, uma ontologia histórica é possível e uma nova luz sobre o problema da liberdade é acesa. Dessa forma, em Foucault a história determinada enquanto acontecimento e liberdade tem elementos que se iluminam reciprocamente e, por isso, só podem ser entendidos em sua imanência e não em contradição do tipo ser e dever ser, que faz da liberdade um ideal desligado da trama histórica. Nesse sentido, nosso trabalho tem como questões: Podemos pensar o acontecimento enquanto composto de relações de saber, poder e si? Em que medida este define uma ontologia histórica (ser-saber, ser-poder e ser-si) em Foucault? Qual a relação desta com as práticas de liberdade?

Entraremos nessa problemática não desterritorializando o chamado último Foucault[2] dos seus escritos anteriores para fugirmos tanto da hipótese

---

[2] Geralmente os escritos de Foucault são divididos em três fases. Um primeiro momento, fase arqueológica, que compreenderia o período da década de 1960, cujo término seria *A arqueologia do saber*; um segundo momento, fase genealógica, nos anos 1970, cujo fim seria marcado por *História*

que enfatiza uma ruptura total das "fases" quanto da hipótese que afirma uma evolução que desqualifica os seus primeiros escritos. Preferimos pensar o desenvolvimento de seu pensamento a partir da ideia de adensamento, a qual permite que vejamos, ao longo do seu pensamento, reformulações, revisões e correções permanentes, na medida em que novas dificuldades foram incorporadas aos problemas suscitados. Assim, as práticas de si devem ser entendidas relacionadas às práticas de poder e de saber, e que estes compostos formam acontecimentos singulares constituídos e constitutivos de uma história crítica de nós mesmos, da nossa atualidade, ou seja, pretendemos mostrar que essa história crítica é uma prática de liberdade quando faz do presente um acontecimento a ser problematizado.

Ontologia histórica: as três dimensões do acontecimento – o saber, o poder e o si

As histórias de Foucault são como sonhos, pois tornam ficcional uma série de postulados "realistas" do pensamento tradicional ao desenvolver uma nova noção de acontecimento. A existência deste se fundamenta, segundo pensamos, nas três dimensões problematizadas por Foucault: o saber, o poder e o si. Ou melhor, a noção de acontecimento, que garante uma nova escrita histórica no autor de *As palavras e as coisas* (1992), constitui-se na medida em que ele determina a materialidade dessas dimensões, abrindo, com isso, todo um campo de possibilidades para o pensamento, inclusive à afirmação curiosa de Deleuze. Nesse sentido, mostrar como Foucault define a materialidade dessas dimensões é a maneira pela qual podemos trazer à tona a noção de acontecimento, que é necessária para colocarmos o problema da liberdade.

Em que consiste a materialidade[3] do saber, do poder e do si?

---

da sexualidade I: a vontade de saber, e, enfim, o terceiro momento, fase ética, que compreenderia os escritos da década de 1980. Esta classificação (em geral) não é meramente cronológica, mas pretende evidenciar rupturas na trajetória do pensamento foucaultiano afirmando que na primeira fase, arqueológica, haveria uma ênfase na questão do saber; na segunda, uma ênfase no poder; na terceira, uma ênfase ética, na qual se instauraria a temática da liberdade. A nosso ver esta forma de interpretar gera um equívoco, na medida em que estabelece um olhar humanista à relação entre história e liberdade no seu pensamento, pois concebe essa relação a partir de duplos antropológicos, tais como: sociedade *versus* indivíduo, determinação *versus* liberdade. Diferentemente, o pensamento histórico de Foucault busca, ao definir o espaço do saber, as relações de poder e saber e destes com as práticas de si, lançar uma nova maneira de entendimento sobre as relações entre sociedade, indivíduo, sujeito e história não reduzida à figura do homem, que é relativizada no espaço de relações que constitui o acontecimento histórico.

[3] Somente apresentaremos neste trabalho as entradas, as possibilidades a partir das quais acreditamos ser possível pensar essa questão.

Foucault, em *A arqueologia do saber*, escreve que "a frase 'os sonhos realizam desejos' pode ser repetida através dos séculos; não é o mesmo enunciado em Platão e em Freud" (FOUCAULT, 2009, p. 116-117), pois o que confere materialidade ao saber é sua produção, sua manipulação, sua utilização nas próprias relações discursivas e não discursivas (instituem o espaço do saber)[4] que o compõem, ou seja, o saber em sua materialidade se define em seu campo de "uso" e sua formação se dá a partir do movimento bélico entre as relações (específicas) que o constituem. Tal descrição implica que o saber é composto por práticas que no seu confronto o designam, e que sua unidade é efeito do jogo de regras que são estabelecidas pela regularidade do conjunto de suas relações discursivas e não discursivas, ou seja, é a regularidade destas que estabelece a regra, a ordem, a posição, o funcionamento e, consequentemente, a unidade do saber. Nesse sentido, a história arqueológica não prevê mais uma unidade que instauraria a regularidade dos discursos, mas, ao contrário, é esta que constitui sua materialidade e sua unidade e que, ainda, as faz inteligíveis. O que é constante no saber não é a ação permanente e estável de uma causa, mas as relações específicas (suas regras) que se referem às suas condições de existência. Estas relações são discursivas e não discursivas, pois são estabelecidas em espaços de dizibilidade (a psiquiatria, por exemplo) e de visibilidade (o hospício, por exemplo) – também entre estes – e, na medida em que se referem às condições de existência do saber, concernem a este como seu conjunto de práticas. Logo, o saber em sua materialidade tem como causa o jogo agonístico entre relações discursivas e não discursivas em sua efetividade. Assim, a noção de saber, em Foucault, evidencia um conjunto de acontecimentos

---

[4] No espaço do saber há uma identidade entre [ele] como condição para a formação de práticas – discursivas e não discursivas – e estas em relação a ele, no qual se constituem. Dessa forma são as relações entre estas práticas que o instituem, enquanto espaço de saber, e que o determinam, quando elas são elucidadas. A regularidade destas relações constitui as suas regras, as quais são seus padrões de esclarecimento (sempre parcial). Sendo assim, ele é um espaço ordenado [de relações] que se mostra na exposição destas próprias relações, ou seja, a descrição arqueológica enquanto descrição das relações discursivas e não discursivas torna evidente o espaço de regras que compõem sua existência e, vice-versa, ao elucidar as regras torna evidente a ordem do espaço do saber. Isso demonstra que o saber é certa organização, ou melhor, uma ordenação de discursos com práticas não discursivas e que as regras não lhe são exteriores ou anteriores, mas como diz Foucault, estão nas margens, nas fronteiras, ou seja, é a própria singularidade da relação que se torna regra. Estas, consequentemente, não são fixas, invariáveis, mas "variáveis ou facultativas" (DELEUZE, 2005, p. 17). Ou seja, o espaço do saber constitui uma multiplicidade de práticas que não apresentam uma característica comum do tipo essencial, mas relações singulares e variáveis entre práticas que funcionam como regra; ele apresenta, lembrando Wittgenstein, "semelhanças de família", cujas regras são semelhantes e mostram certa regularidade.

históricos que designam uma multiplicidade de práticas, que formam a "totalidade" de dizibilidade e de visibilidade existente para determinada época, sem um sujeito que o transcenda, nem um mundo a descobrir sob ele. A realidade ou materialidade do saber não se confunde com uma coisa, mas refere-se a esse espaço de regras que a constitui. De acordo com Deleuze (2005):

> Não é uma história das mentalidades, nem dos comportamentos. Falar e ver, ou melhor, os enunciados e as visibilidades, são elementos puros, condições *a priori* sob as quais todas as ideias se formulam num momento e os comportamentos se manifestam (DELEUZE, 2005, p. 69).

Nesse sentido, Foucault, como Kant, busca as condições do saber, mas, diferente deste, não pressupõe categorias *a priori* da razão como seu fundamento. O *a priori* daquele é histórico, pois se refere ao conjunto de práticas constituídas por uma forma de vida num determinado momento, ou seja, Foucault faz inferência às condições das experiências efetivas, não às condições da totalidade das experiências possíveis. Segundo Nalli:

> [...] "regra", para ele, não pode ser entendida como a condição, ou as condições de possibilidade de algo – no contexto da arqueologia foucaultiana, esse algo é o discurso. O discurso é um conjunto dispersivo de enunciados, pois ele é historicamente singular; ele não se repete na história. [...] As regras discursivas não são aplicáveis a essa possibilidade, mas à existência e à efetividade de um enunciado ou de um discurso. As regras discursivas não são condições de possibilidade, mas condições de existência de um enunciado, de um discurso, que dão sua singularização, inclusive em termos históricos (NALLI, 2005, p. 158).

A Materialidade do saber só pode se efetivar na imbricação permanente do saber com o poder. Em *Vigiar e punir* e *A vontade de saber*, Foucault dá corpo à sua noção de poder e intensifica a relação do poder com o saber, adensando, dessa forma, a noção de acontecimento. Dito isso, cabe-nos a pergunta: O que é o poder[5] para Foucault? Podemos afirmar que o poder "não deve ser definido em termos de substância, não tem o estatuto ontológico de ente, mas de ação, de exercício [...]" (NALLI, 2000, p. 119), ou seja, é organização de forças e estas não

---

[5] Neste trabalho não discutiremos a ampliação da analítica do poder, já anunciada no final de *A vontade de saber*, mas ela é fundamental na nossa discussão e tematização da materialidade do ser-poder.

remetem a um fundamento, pois *são* em sua própria exterioridade na sua relação com outras forças;[6] são no seu poder de afetar e serem afetadas, de sorte que cada força significa na sua capacidade ativa de afetar ou na capacidade passiva de ser afetada. Nesse sentido, é na relação que percebemos a singularidade da força e a singularidade da própria relação. Portanto, o ser do poder é sempre um *sendo* em transição, em circulação, em exercício, na medida em que surge a partir da relação entre forças. Ou melhor, o ser do poder é a relação de uma ação sobre outra ação, sobre outras ações, que podem ser futuras, atuais ou eventuais e possíveis, promovendo e sendo efeito de diferenciações (jurídicas, econômicas, de competência), utilizando nesse jogo os mais variados instrumentos (dinheiro, vigilância, palavras), com objetivo de manter privilégios, obter lucros. Assim, o poder é definido como conjunto de práticas do tipo "incitar, induzir, tornar fácil ou difícil, ampliar ou limitar, tornar mais ou menos provável" (DELEUZE, 2005, p. 78) sobre outras práticas. Segundo Foucault:

> É um conjunto de ações sobre ações possíveis: ele opera sobre o campo de possibilidades em que se inscreve o comportamento dos sujeitos ativos; ele incita, induz, desvia facilita ou dificulta, amplia ou limita, torna mais ou menos provável; no limite, coage ou impede absolutamente, mas é sempre um modo de agir sobre um ou vários sujeitos ativos, e o quanto eles agem ou são suscetíveis de agir. Uma ação sobre ações (DREYFUS; RABINOW, 2010, p. 288).

Essa insistência em afirmar que o "poder não existe", mas somente relações de poder, tem em grande parte a função de sustentar a tese da produtividade do poder, ou melhor, quer mostrar que há uma implicação mútua entre poder e saber, de tal forma que "não há uma relação de poder sem constituição de um campo de saber, como também, reciprocamente, todo saber constitui novas relações de poder" (FOUCAULT, 1998a, p. XXI). Isto não significa uma igualdade de natureza entre eles, mas apenas a

---

[6] É por isso que Foucault afirma que as relações de poder diferem das relações de violência, pois "[...] aquilo que define uma relação de poder e um modo de ação que não age direta e imediatamente sobre os outros, mas que age sobre sua própria ação. Uma ação sobre a ação, sobre ações eventuais ou atuais, futuras ou presentes. Uma relação de violência age sobre o corpo, sobre as coisas: ela força, dobra, quebra, destrói; ela fecha todas as possibilidades; não tem, portanto, junto a si, outro polo senão o da passividade; e, se encontra uma resistência, a única escolha é tentar reduzi-la. Uma relação de poder, ao contrário, se articula sobre dois elementos que lhe são indispensáveis para ser exatamente uma relação de poder: que o "outro" (aquele sobre o qual ela se exerce) seja reconhecido e mantido até o fim como o sujeito de ação; e que se abra, diante da relação de poder, todo um campo de respostas, reações, efeitos, invenções possíveis" (DREYFUS; RABINOW, 2010, p. 287-288).

intensão de não definir a relação a partir da noção de causa como fundamento externo[7] (a lei, o modelo, a essência), em relação à qual o efeito seria a imitação, o caso particular, o acidente. Para ele a relação poder/saber é de imanência, pois a existência, tanto do poder quanto do saber, deve ser pensada nas relações que estabelecem um com o outro, ou seja, apesar de Foucault afirmar a diferença ontológica entre poder e saber, também afirma que o saber torna visível e dizível as relações de poder (em *Vigiar e punir*, por exemplo, nos fala da prisão como um regime de visibilidade, mais que um espaço de pedra e ferro, que "funciona como uma espécie de laboratório de poder. Graças a seus mecanismos de observação, ganha em eficácia e em capacidade de penetração no comportamento dos homens [...]" (FOUCAULT, 2000a, p. 169) e de todo um regime de dizibilidade, o direito penal é um exemplo, cuja representação da lei é construída a partir das práticas de poder disciplinar ao produzirem e instituírem como objeto de saber o indivíduo delinquente e, o poder, por sua vez, apesar de não dizer e de não ver, produz o saber, na medida em que faz ver e dizer. Assim, a relação entre ambos é de reciprocidade imanente, pois é a partir de determinadas práticas de poder que um saber é modificado, possibilitado, impedido e, inversamente, é a partir de determinadas práticas de saber que é possível a articulação, a composição entre relações de forças produzindo instituições – o saber atualiza relações de poder produzindo integrações. Estas integrações enquanto atualizações de relações de forças pelas práticas do saber implicam justamente a norma, pois a constância existencial das formas de saber está na regularidade das relações de forças que estas formas atualizam. As práticas de saber, por isso, são sempre práticas políticas, cujo significado e efetividade são determinados pela regularidade imposta pela capacidade diferencial de afetar e de ser afetada das forças que põe em jogo,[8] aliás, as integrações são sempre múltiplas, conflitivas, divergentes, instáveis e forçadas, pois o diferencial potencial[9] da força

---

[7] Um exemplo desse tipo de análise nos é oferecido por Alvarez: "Émile Durkheim (1858–1917), ao formular o fato social como objeto por excelência da sociologia, já pressupõe nele o entrelaçamento entre regularidade e prescrição, mas enfatiza sobretudo o caráter exterior e coercitivo das normas sociais em relação às consciências individuais. Ele define os fatos sociais – que podemos, para efeito de nossa discussão, aproximar da noção de norma social – como modos coletivos de agir, de pensar e de sentir que, dotados de regularidade, exercem sobre o indivíduo um poder coercitivo. Para o indivíduo, esses modos de conduta ou pensamento aparecem como exteriores, pois não foram criados por ele [...]" (ALVAREZ, 2004, p. 202).

[8] É essa regularidade das relações de forças atualizadas pelo saber que constitui a sua materialidade, que Foucault já definia em *A arqueologia do saber*.

[9] Diferencial potencial se refere à capacidade da força de afetar e ser afetada por outra força, de sorte que cada força significa uma relação singular.

implica sempre uma atualização divergente, na medida em que se realiza sempre na relação entre forças. É neste ponto que entendemos por que as práticas de saber são compostas por uma multiplicidade de relações, cujos acordos temporários são de apropriação, subjugação, utilização, ou seja, o saber implica sempre um campo de forças assimétrico que define sua aparição e ao qual ele se reporta como atualização para dizer e ver. O saber, portanto, enquanto formas disjuntivas de dizibilidade e de visibilidades, não é neutro, o que pressuporia a relação de um significante a um significado, ausente de poder, mas efeito atualizador e designativo deste.

Após a publicação de *História da sexualidade I* em 1976, Foucault não entrega, como previsto, à editora Gallimard, os outros dois volumes ficando em "silêncio" por um período. Diferentemente dos críticos franceses que afirmavam seu fracasso, o seu longo silêncio relacionava-se com um momento de revisão, de reformulação do seu pensamento, um cuidado de si. Em suas palavras:

> É a curiosidade – em todo caso, a única espécie de curiosidade que vale a pena ser praticada com um pouco de obstinação: não aquela que procura assimilar o que convém conhecer, mas a que permite separar-se de si mesmo. [...] existem momentos na vida onde a questão se se pode pensar diferentemente do que se pensa, e perceber diferentemente do que se vê, é indispensável para continuar a olhar ou a refletir (Foucault, 1998b, p. 13).

Desse silêncio emerge uma nova dimensão do seu pensamento: o si. Este não estava ausente de seu pensamento até agora, mas era tomado secundariamente em relação ao poder e ao saber. A novidade posta em cena é a positivação do si como novo eixo de pensamento, distinto dos demais. Mas esta distinção não é exclusiva, pois ele não anula as outras dimensões do pensamento foucaultiano, ao contrário, deve ser correlacionada a elas.

Como Foucault pensa a materialidade do si? Em *Segurança, território, população*, Foucault problematiza o que ele chama de uma arte de governar em uma direção ética, que toma seus últimos escritos, cujo foco centra-se na relação entre governo de si e governo dos outros. Nesse livro, a arte de governar é entendida a partir de um duplo aspecto, segundo Foucault (2008):

> Pois, afinal de contas, esta palavra – "conduta" – se refere a duas coisas. A conduta é, de fato, a atividade que consiste em conduzir, a condução, se vocês quiserem, mas é também a maneira como uma pessoa se conduz, a maneira como se deixa conduzir,

a maneira como é conduzida e, como afinal de contas, ele se comporta sob o efeito de uma conduta que seria ato de conduta ou de condução (FOUCAULT, 2008, p. 255).

É através do estudo da pastoral cristã, ao realizar um governo das almas, que Foucault define este duplo aspecto da noção de governo. Segundo ele, na pastoral prioriza-se a relação de obediência integral objetivando uma completa renúncia da vontade individual ao poder divino. Para a pastoral cristã, escreve Foucault, a atitude do indivíduo consigo e com os outros é de renúncia de si, no sentido de que "o *páthos* que deve ser conjurado por meio das práticas da obediência não é a paixão, é antes a vontade [...] que renuncia a si mesma e que não para de renunciar a si mesma" (FOUCAULT, 2008, p. 236). Esta renúncia efetiva-se continuamente com o ato confessionário, através do qual se busca conjurar a suspeita da presença do mau nos pensamentos com a ajuda do poder de Deus. Dessa forma, o poder pastoral "desenvolveu a ideia [...] que cada indivíduo [...] deve ser governado e deve se deixar governar" (FOUCAULT, 2000c, p. 170).

A partir dos séculos XV e XVI, a arte de governar se dissemina para outros domínios: família, exército, cidade, Estado, ganhando contornos laicos, ou seja, a arte de governar passa a ser um problema que se expande para a sociedade civil, problematizando como conduzir as crianças, os soldados, os mendigos, os pobres, a população – enfim, a vida passa a ser questão de governo (biopoder). Dessa expansão e desse vigor da arte de governar (entendida como condução de condutas) não deve ser dissociada, segundo Foucault, a multiplicidade de resistências que a acompanham e que buscam limitá-la em sua ação. Segundo Foucault (2000c):

> Ora, dessa governamentalização, que me parece bastante característica das sociedades do Ocidente europeu no século XVI, não pode ser dissociada, parece-me, a questão de "como não ser governado"? Não afirmação contrária "nós não queremos ser governados, e não queremos ser *absolutamente* governados". Vou dizer que em torno dessa grande inquietude relativa às maneiras de governar, na procura de maneiras de governar, pode-se relevar uma questão permanente: "como não ser governado *desse modo*, em nome desses princípios, em vista de tais objetivos e por meio de tais procedimentos, não desse modo, não para isto, não por estas pessoas" (FOUCAULT, 2000c, p. 171).

Como conduzir-se a si mesmo? Eis a atitude que resiste e forma, com a atitude de governar os outros, o duplo da arte de governar. Questão que não prevê uma extinção do governo, mas busca outras formas de condução e, eventualmente, outras formas de se conduzir[10] que constituam diferentes condutas diante de um governo específico. São lutas de resistência "contra estratégias de sujeição por parte do poder e da constituição de identidades por parte do saber" (CANDIOTTO, 2010, p. 112) que buscam, ao mesmo tempo, limitar a ação de um governo determinado e criar novas formas de subjetivação.

Essas práticas de governo de si constituem "uma nova dimensão irredutível às relações de poder e às relações de saber" (DELEUZE, 2005, p. 109), na medida em que resistem às ações de governo sobre a vida, ao biopoder. Nesse sentido, elas não se referem nem a um "fora" do poder na forma de uma introspecção despreocupada com o "outro", nem a uma completa sujeição na forma de uma dominação total. Diferentemente disso, elas têm que ser entendidas a partir de situações estratégicas, pois se constituem como práticas de resistência, de criação diante de outras que impõem sujeições e identidades, ou seja, são ações de subjetivação, nas quais o indivíduo designa uma singularidade que se afirma na resistência a práticas de sujeição. Melhoremos essa definição mostrando como Foucault (1999) define indivíduo:

> Não se deve, acho eu, conceber o indivíduo como uma espécie de núcleo elementar, átomo primitivo, matéria múltipla e muda na qual viria aplicar-se, contra a qual viria bater o poder, que submeteria os indivíduos ou os quebrantaria. Na realidade, o que faz que um corpo, gestos, discursos, desejos sejam identificados e constituídos como indivíduos é precisamente isso, um dos efeitos primeiros do poder. Quer dizer, o indivíduo não é um vis-à-vis do poder; é, acho eu, um de seus efeitos primeiros. O indivíduo é um efeito do poder e é, ao mesmo tempo, na medida em que é um efeito seu, *seu intermediário*: o poder transita pelo indivíduo que ele constituiu (FOUCAULT, 1999, p. 35, grifo nosso).

Percebemos que as práticas de si "não são, entretanto, alguma coisa que o próprio indivíduo invente. São esquemas que ele encontra em sua cultura e que lhe são propostos, sugeridos, impostos [...]" (FOUCAULT, 2006, p. 276). Ou seja, para Foucault, elas estão sempre relacionadas com o poder e com o saber, constituem-se num campo de poder e de saber, apesar de não se reduzirem a estas dimensões compondo elas próprias outra dimensão. E segundo Deleuze (2005):

> É uma relação da força consigo, um poder de se afetar a si mesmo, um afeto de si por si [...]. É preciso duplicar a dominação sobre os

[10] Foucault chamará estas formas de conduzir a si mesmo de práticas de si.

132   Coleção Estudos Foucaultianos

outros mediante um domínio de si. É preciso duplicar a relação com os outros mediante uma relação consigo. É preciso duplicar as regras obrigatórias do poder mediante regras facultativas do homem livre que o exerce. É preciso que – dos códigos morais que efetuam o diagrama em tal ou qual lugar (na cidade, na família, nos tribunais, nos jogos, etc.) – se destaque um "sujeito", que se descole, que não dependa mais do código em sua parte interior [...]. A ideia fundamental de Foucault é a de uma dimensão da subjetividade que deriva do poder e do saber, mas que não depende deles (DELEUZE, 2005, p. 108-109).

As práticas de si referem-se ao poder da força de afetar a si mesmo[11] criando instabilidades modificadoras no espaço das relações de poder/ saber. Elas se formam sempre vinculadas a práticas de poder e saber, e designam o indivíduo enquanto posições variáveis na trama destas, que são múltiplas e flexíveis. Logo, o indivíduo pode entender-se e constituir-se como sujeito que participa de um jogo no qual sua experiência pode modificá-lo, criá-lo, limitá-lo e, nisto, também, criar-se, modificar-se. Suas escolhas e reações são sempre condicionadas no movimento estratégico em que ele se constitui como sujeito, no caso das práticas de si, e é tornado objeto em relação às outras práticas. Dessa forma, as escolhas referem-se aos limites constituídos pelas práticas de saber e poder, problematizando-os e mostrando-os em sua contingência; e, com isso, tornando-os pontos de instabilidade, nos quais sua legitimidade é questionada, permitindo, assim, uma intensificação das forças, na medida em que novas relações, escolhas e experiências se tornam possíveis. As práticas de si assumem os riscos de decisões únicas, pois se trata justamente de desenfeitiçar, sacudir e deslegitimar os limites naturalizados, historicizando-os, movimentando-os, denunciando-os como efeitos de práticas de poder e saber. Elas traduzem transgressões pensadas como dobras de subjetivação, nem simplesmente intrínsecas, nem simplesmente extrínsecas às práticas que as viabilizaram, porque é esse jogo que é instabilizado, provocando a sua modificação, sua renovação e não sua destruição total – "a atitude crítica atua no limite das artes de governar impelindo sua modificação embora jamais seu desaparecimento" (CANDIOTTO, 2010, p. 113). São nesses desafios entre limite e transgres-

---

[11] Em outro contexto, mas a título de exemplificação o conceito de autoimunidade de Derrida nos ajuda a entender a noção de práticas de si. Para Derrida (cf. PROTEVI, 2001), a autoimunidade se refere ao fato de que o sistema imunológico, responsável pela defesa do organismo contra ataques que vêm de fora, às vezes ataca o próprio organismo possibilitando estas invasões, que podem ser destruidoras no caso de um vírus, mas podem permitir um prolongamento da vida, uma nova vida como no caso de um transplante de órgãos.

são que se constitui o si mesmo como dobra do poder, ou seja, como espaço estratégico no qual ocorrem as escolhas e as resistências frente ao governo que faz do indivíduo e da vida, objeto de poder. Desse modo, as práticas de si definem uma ética do cuidado de si como cuidado desse espaço estratégico (si mesmo) contra as "[...] formas atuais de sujeição, uma que consiste em nos individualizar de acordo com as exigências do poder, outra que consiste em ligar cada indivíduo a uma identidade sabida e conhecida, bem determinada de uma vez por todas" (Deleuze, 2005, p. 113). As práticas de si constituem a luta contra as práticas de sujeição que perpassam a sociedade e a nós mesmos. Nessa perspectiva, define-se como uma ética agônica enquanto modo de controle e limite do poder, cujo objetivo é a ampliação das relações de força. Segundo Orlandi (2009):

> A questão ética que se coloca nesse duplo combate – de um lado, o combate de resistência contra o intolerável que identificamos em nossa exterioridade e, por outro lado, o combate que se passa entre forças e afetos de que nós mesmos somos portadores – é a questão das alianças com forças que recriem, em cada um de nós, múltiplos pontos de recepção e de replicação de uma potente coexistência de bons encontros (Orlandi, 2009, p. 208).

As práticas de si revelam o esforço para inverter o sentido das relações de poder, apropriando-se delas, configurando um cuidado da força. É no si mesmo em que a dobra se dá, não como apego pelo poder, mas como governo de si, no sentido de condução do próprio viver, como atividade de cultivo de (si mesmo) como atualização e proliferação das relações de forças e, portanto, de intensificação da vida.

O si mesmo forma uma dimensão irredutível ao saber e ao poder, mas com implicações constantes. Foucault, ao trazê-lo à tona, adensa a sua noção de acontecimento histórico, entendido, principalmente nos seus últimos trabalhos, a partir da interdependência dessas três dimensões: saber, poder e si. Deleuze (2005) nos ajuda a esclarecer:

> O Ser-saber é determinado pelas duas formas que assumem o visível e o enunciável em determinado momento [...]. O Ser-poder é determinado nas relações de forças, as quais passam, elas próprias, por singularidades variáveis conforme a época. E o si, o Ser-si, é determinado pelo processo de subjetivação, isto é, pelos locais por onde passa a dobra [...]. Por isso as condições não são "apodíticas", mas problemáticas. Sendo condições, elas não variam historicamente, mas variam *com* a história (Deleuze, 2005, p. 122).

Com a coragem de um estoico,[12] Foucault define o acontecimento como uma *maneira de ser* constituída e constitutiva da história, cuja existência tem sua significação e persistência nas relações entre saber, poder e o si. Diferentemente da história tradicional que o entendia como fato, no qual o significado remetia a um estado de coisas no mundo e o sentido manifestaria a vontade de um sujeito, em Foucault, ele é entendido como "efeito", como composto daquelas três dimensões em sua dependência. Assim não é nem palavra, nem coisa, na medida em que só existe enquanto saber, mas não se encerra na linguagem, e é relativo aos corpos, mas não é destes uma propriedade. Seu lugar é a fronteira, *é* nas relações, por isso, não é um ser ou um fato, mas uma *maneira de ser*, uma clareira na noite escura, que *insiste* e que é forçada a existir na/com as correlações nas quais se constitui. Ele é definido por um campo de forças constituído por uma série de interações singulares (como sabemos, as forças se definem como singularidades, na medida em que elas são as suas diferentes capacidades de afetar e serem afetadas), que são apenas modos de ser, pois só se efetivam em suas vinculações diferenciais com outras forças, ou seja, é a regularidade estabelecida pelas ligações entre as forças ao afirmarem suas diferenças que o criam. Portanto, ele é, para Foucault (2000b), um composto relacional, que expressa o modo de ser da diferença. É como já dito, sempre um *sendo*, que afirma sempre o deslocamento, o limite (não uma unidade plena e fechada); expressa a eterna repetição do devir imposto por estas mesmas relações que estão sempre em conflito. Não pode ser, desse modo, designado como um estado de coisas ou por uma substância. Segundo Foucault (2000b):

> O acontecimento não é um estado de coisas que poderia servir de referente a uma proposição (o fato de estar morto é um estado de coisas em relação ao qual uma asserção pode ser verdadeira ou falsa; morrer é um puro acontecimento que jamais verifica nada). [...] mais do que encerrar o sentido em um núcleo noemático que forma o cerne do objeto cognoscível, deixemo-lo flutuar no limite das coisas e das palavras como aquilo que se diz da coisa (não aquilo que lhe é atribuído, não a própria coisa) e como aquilo que ocorre (não o processo, não o estado) (FOUCAULT, 2000b, p. 236-237).

É esta *maneira de ser* do acontecimento que pode definir, no pensamento foucaultiano, uma ontologia, mas uma ontologia histórica, na

---

[12] Pensar a noção de acontecimento nos estoicos é fundamental para nossa definição de acontecimento como maneira de ser.

medida em que se trata do *sendo*, e uma ontologia do presente, posto que problematiza nossa atualidade e, dessa forma, nos impõe como problema a liberdade.

Ontologia do presente e as práticas de liberdade

Em *O que é a Crítica?* e *O que são as luzes?*,[13] Foucault encontra Kant entusiasmando-se com o fato, segundo ele, de que o filósofo alemão instaurara uma novidade na nossa maneira de pensar ao colocar a questão da atualidade de forma inovadora. Para ele, no texto sobre o iluminismo[14] Kant faz da atualidade um acontecimento no qual a novidade da história pode ser pensada, ou seja, ela não é o mero presente enquanto continuidade do passado e anúncio do futuro, mas diferença em relação ao passado. Foucault (2000b) explica:

> No texto sobre a *Aufklärung*, a questão se refere à pura atualidade. Ele não busca compreender o presente a partir de uma totalidade ou de uma realização futura. Ele busca uma diferença: qual a diferença que ele introduz hoje em relação a ontem? [...] Em todo caso, a *Aufklärung* é definida pela modificação da relação preexistente entre a vontade, a autoridade e o uso da razão (FOUCAULT, 2000b, p. 337).

Kant se refere a *Aufklärung* como "a saída do homem de sua menoridade [...], menoridade é a incapacidade de fazer uso de seu entendimento sem a direção de outro indivíduo" (KANT, 2005, p. 63), ou seja, a questão kantiana deve ser entendida como uma atitude que se refere a uma ferramenta de análise da atualidade, impondo duas condições para quem a pensa, saber que faz parte dessa atualidade – em que medida sou ela –, e que não é mero espectador, mas sujeito que pode transformá-la. É por isso que, para Foucault, ela se refere à questão do saber, do poder e do si, ou melhor, a questão se refere à noção de acontecimento singular enquanto condição para uma problematização filosófica particular – história crítica de nós mesmos. Esta, segundo o autor francês, é

---

[13] *Qu'est-ce que la Critique? (Crítica e Aufklärung):* Corresponde à palestra feita por Foucault em 27 de maio de 1978 na *Société Française de Philosophie.* Foi publicada em *Bulletin de la Société Française de Philosophie,* n. 2, Avril-Juin, 1990. Não foi incluída na coletânea de quatro volumes *Dits e Écrits*, publicados em 1994; *Qu'est-ce que les Lumières?* Texto de 1984 publicado no *Dits e Écrits.*

[14] *Resposta à pergunta: O que é o Iluminismo?* Artigo publicado no *Mensário Berlinense* (jornal da Sociedade dos amigos da Ilustração) em 1784, que vinha travando um debate sobre o casamento civil, cujas linhas principais inquiriam a respeito da participação ou não da religião na consumação do casamento.

herdeira dessa atitude. Isto significa que ela não pode abstrair-se de sua atualidade, pois esta é a condição para sua existência, para encontrar seu lugar de pertencimento[15] nela e, como isso, determinar que modo de ação se pode praticar no seu interior.[16]

Para Foucault, Kant não levou o seu próprio lema – "tenha coragem de servir-se de si mesmo sem a direção de outrem. *Sapere aude!* Tem coragem de fazer uso de teu próprio entendimento" (KANT, 2005, p. 64) – às últimas consequências. A história crítica de Foucault busca atualizar esta ousadia, perguntando-se pelas relações de poder, pelas relações de governo, que produzem saber e sujeições da subjetividade. Seu questionamento é: "Quem somos nós? [...] Não se trata de perguntar "quem somos nós enquanto sujeitos universais", mas enquanto sujeitos, ou singularidades *históricas*. Qual é esta historicidade que nos atravessa e nos constitui?" (GROS, 1995, p. 177). Não se trata de buscar as condições apodíticas que constituem uma identidade – quem somos nós? Ou as condições de legitimidade do nosso conhecimento, mas buscar afirmar quem somos nós como acontecimento (composto de relações de saber, poder e si), ou seja, questão que parte da análise das relações de poder constituintes de práticas de saber e por estas legitimadas e justificadas buscando a constituição do sujeito na atualidade e a transgressão desses mesmos limites ao mostrar sua contingência. Nesse sentido, a história crítica de nós mesmos abre o espaço para as práticas de liberdade:

> A crítica é certamente a análise dos limites e a reflexão sobre eles. Mas, se a questão kantiana era saber a que limites o conhecimento deve renunciar a transpor, parece-me que, atualmente, a questão crítica deve ser revertida em uma questão positiva: no que nos é apresentado como universal, necessário, obrigatório, qual é a parte do que é singular, contingente e fruto das imposições arbitrárias. [...] como pesquisa histórica através dos acontecimentos que nos levaram a nos constituir e a nos reconhecer como sujeitos do que fazemos, pensamos, dizemos. [...] não deduzirá da forma do que somos o que para nós é impossível fazer ou conhecer; mas ela

---

[15] Lugar significa situar-se em relação ao conjunto de relações que determinam a atualidade como acontecimento.

[16] Os textos sobre Kant não pretendem cultuar o Iluminismo ou uma defesa desse período, mas a ativação de uma atitude, da atitude de problematizar a modernidade. Foucault "volta" aos gregos, aos iluministas, na medida em que pensa a atualidade da modernidade como expressão de um composto de forças que já se instalou e que continua atuante e, assim, ela (atualidade) deixa de ser pensada como mero momento transitório para ser vista como acontecimento que deve ser pensado. O atual se refere, então, à atualização de forças e a desatualização do presente, ou seja, não se refere à fidelidade a uma doutrina, mas à re-ativação de um modo de ser diante da atualidade.

deduzirá da contingência que nos fez ser o que somos a possibilidade de não ser mais, fazer ou pensar o que somos, fazemos ou pensamos (FOUCAULT, 2000b, p. 347-348).

Dessa forma, a história crítica de nós mesmos enquanto questão que faz da atualidade um acontecimento pertence a este como elemento que dele resulta, mas também como força ativa que promove um desenvolvimento das estratégias de poder e saber que o constituem, ou seja, promove uma reinvenção das forças que tendem à solidificação de uma forma de domínio. Ela designa uma prática de liberdade que busca fazer do acontecimento um composto de relações contingentes, arbitrárias, possibilitando que sejamos diferentes do que somos e interpela como a liberdade pode realizar-se ao buscar espaços de ação, de ferramentas para ela. Por isso, deve ser entendida como experiência de nós mesmos, do acontecimento da atualidade e, neste sentido, ensaio com o saber, com o poder e *con-Si-go*, ou seja, experiência que se dá num triplo sentido. Segundo Gros (2011):

> As três dimensões – do Saber, do Poder e do Sujeito (ou antes: da veridicção, da governamentalidade e dos modos de subjetivação), pelas quais Foucault havia caracterizado sua empreitada, estão presentes aqui, portanto. Mas essas três dimensões não são como as três partes distintas que era preciso estudar cada uma por vez, como se fossem três domínios separados. Foucault insiste na ideia de que a identidade do dizer filosófico está, justamente, desde sua fundação socrático-platônica, numa estrutura de chamamento: nunca estudar os discursos de verdade sem descrever ao mesmo tempo sua incidência sobre o governo de si ou dos outros; nunca analisar as estruturas de poder sem mostrar em que saberes e em que forma de subjetividade elas se apoiam; nunca identificar os modos de subjetivação sem compreender seus prolongamentos políticos e em relações com a verdade eles se sustentam (GROS, 2011, p. 306).

Escandalizar (eis um dos aspectos da crítica de Foucault) o acontecimento, a atualidade, significa provocá-la, acontecimentalizá-la,[17] ou seja, atravessar aquilo que para nós é evidente retomando o acontecimento no

---

[17] Provocar o saber ao buscar neste criar estranhamentos, ir às suas margens, aos seus limites, aos seus porões promovendo novas práticas que expõem e se investem contra práticas instituídas. Por isso, a história crítica é "óculos que estão dirigidos para fora", pois não representa o exercício do sujeito dobrado sobre si mesmo fazendo emergir a própria subjetividade como verdade, mas busca estranhar, sacudir, desmanchar no ar aquilo que parece o mais concreto, mostrando que sua solidez foi forjada nas lutas que constituem o espaço do saber.

138 Coleção Estudos Foucaultianos

qual isto [evidência] se constituiu, vislumbrando possibilidades de sua transformação. Nesse sentido, esta possibilidade de subversão, de ampliação do campo de existência, está ligada à desestabilização do presente ao mostrá-lo como uma invenção entre outras, quando associa nossas evidências e sua legitimidade aos jogos de saber/poder/si. Dessa forma, Foucault faz da sua história crítica uma ferramenta política com a preocupação de problematizar o presente, cujo objetivo é desbloquear e ampliar espaços sujeitados, desqualificados, postulando a contingência de qualquer poder, de qualquer verdade e de qualquer identidade. A noção de liberdade deve ser entendida a partir dessas práticas que respondem, que reagem às práticas de sujeição, promovendo uma ampliação do pensamento, dos estilos de vida e, por isso, condicionando novas relações, nas quais há a possibilidade de novas posições de sujeito (liberdade não é liberação do sujeito, mas a ampliação de possibilidades para novas posições de sujeito ao ampliar o espaço do saber, do poder e do si). A liberdade não é algo a ser alcançado num transmundo, sendo ela própria algo adquirido na ultrapassagem das determinações históricas, mas um ultrapassar que se volta para trás, para as condições históricas, que possibilitaram as práticas que se fazem necessárias, mostrando sua contingência e ampliando nossa possibilidade de ação, de pensamento, de vida.

A história crítica faz de *nós mesmos* um acontecimento como campo relacional no qual a sujeição consiste em nos individualizarmos segundo as exigências de poder e saber, integrando-nos a uma identidade instituída e conhecida e na qual, como resistências, se desenvolvem práticas de liberdade. Ela deve ser entendida como atitude ética e política, posto que visa resistir às práticas de sujeição e, nisto, constituir-se como uma dobra da força sobre si mesmo amplificando o espaço de relações (de força). Atitude política sempre localizada num campo estratégico como reação a toda relação de poder (resistência ao governo dos outros); atitude ética que implica uma ampliação do espaço de luta ao si entendido como espaço perpassado por relações de poder, no qual estas relações podem ser reativadas e recriadas (dobra da força), diminuindo a intensidade da força de sujeição ao proliferar o espaço de relações que a ele faz frente. Percebe-se, a partir dessa dupla dimensão, que a história de nós mesmos constitui-se como uma prática de liberdade num campo de poder, no qual ela se estabelece e do qual ela tem que se ocupar. Segundo Candiotto (2010):

> Na ética do sujeito, recusa-se pensar a liberdade como objeto natural preexistente; tampouco ela designa o processo desistoricizado de autocriação pelo qual alguém se constitui como sujeito livre. A liberdade não se opõe ao poder; pelo contrário, somente é viável pensar em relações de poder quando as ações de governo são exercidas sobre sujeitos livres no sentido de que eles

dispõem de um campo de possibilidades plurais que se entendem da aceitação da condução dos outros à constituição de resistências em ser conduzido desse ou daquele modo. Sujeitos livres assim são designados somente quando agem livremente e no momento em que agem (CANDIOTTO, 2010, p. 154).

O acontecimento enquanto espaço estratégico de relações de poder é o pano de fundo dessa história. Assim, ela não busca um além [do poder], mas busca entrar em seu terreno – "podemos considerar um procedimento diferente. Ele poderia tomar como entrada para a questão da *Aufklärung* não o problema do conhecimento, mas sim o do poder" (FOUCAULT, 2000c, p. 182) – para ampliar a luta, desividenciando-o e ampliando o espaço de escolha do indivíduo. Desestabilizar o presente enquanto subjetividade evidente, amplificando as lutas e possibilitando a criação de novas formas de subjetividade, dando um sentido a nós mesmos como desprendimento e criação constante de si mesmo. Foucault (2010) explica:

> Meu otimismo consistiria, antes, em dizer: tantas coisas podem ser mudadas, frágeis como são, ligadas mais a contingências do que a necessidades, mais ao arbitrário do que à evidência, mais a contingências históricas complexas, mais passageiras, do que a constantes antropológicas inevitáveis... Você sabe dizer: somos muito mais novos do que acreditamos não é uma maneira de diminuir o peso de nossa história sobre nossos ombros. É, antes, colocar à disposição do trabalho que podemos fazer sobre nós mesmos a parte maior possível do que nos é apresentado como inacessível (FOUCAULT, 2010, p. 358).

Este movimento de liberdade permanente é possível porque a história crítica de nós mesmos praticada por Foucault entende o acontecimento como um espaço estratégico e, por isso, extremamente frágil e permanentemente mutacional, no qual os jogos de poder são dinâmicas que se dão entre liberdades, como artimanhas que pretendem incidir sobre a conduta dos outros e sobre a conduta dos sujeitos consigo mesmos, provocando, por sua vez, subterfúgios que resistem e respondem a esses esforços. É neste campo que o presente deve ser subsumido, constituindo-se como um espaço tático de experiência de subjetivações, no qual conduções de condutas e suas reações são possíveis, assim como práticas de si sobre si. Ou seja, o presente é uma configuração de relações abertas, reversíveis, de poder que habitam a virtualidade da liberdade, não uma estrutura estável e imutável. Dessa forma, a história crítica passa a ver o acontecimento – o que somos? – a partir da perspectiva de um "hiperativismo pessimista", que se pergunta o que nas estratégias atuais de poder precisa ser mudado, quais os perigos que elas renovam constantemente. Ela [a história crítica] é uma prática de liberdade, na medida em que é um exercício constante de modificação das relações de poder desnecessárias (que pretendem ser evidentes), pois, seja no campo ético ou político, implica uma crítica das estratégias postas pela atualidade visando a sua transformação e, por isso, refere-se a um cuidado com a atualidade, no qual não se trata de conjurá-la como uma situação de completa sujeição, nem glorificá-la como situação de liberação,[18] mas um atentar-se ao campo estratégico de relações de poder para que não ocorra a solidificação de uma forma de domínio que limite as possibilidades de produção de novas formas de relações.

Foucault reaviva a questão Nietzschiana: "E se um dia ou uma noite um demônio se esgueirasse em tua mais solitária solidão e te dissesse: esta vida, assim como tu a vives agora e como a viveste, terás de vivê-la ainda uma vez e ainda inúmeras vezes [...]" (NIETZSCHE, 1999, p. 208), ao reacender o presente como acontecimento e o si como um de seus campos estratégicos, aliás, este passa a ser o ponto primeiro e último de resistência, de contra-ataque, de possibilidade de novas relações. Ou seja, a história crítica deixa de ver o sujeito como fundamento a ser libertado, e não o toma como totalmente disponível ao outro, mas refere-se a um cuidado de si, como administração da tensão que compõe (o si), no sentido de que o entende constituído em meio a relações de sujeição (é preciso minimizar os efeitos), e como, ao mesmo tempo, exercício sobre (si) de práticas insubmissas que determinam um governo (de si). Desse modo, a história crítica de nós mesmos produz-se como arte de viver atenta para a situação estratégica que o presente estabelece, a ela reagindo e intensificando a batalha (para o si). Em ambos os casos ela se refere a um cuidado com a liberdade, a tentativa de intensificação dos espaços, das alternativas e possibilidades de ação.

---

[18] "[...] poderíamos chamar de 'o paradoxo (das relações) da capacidade e do poder'. Sabe-se que a grande promessa ou a grande esperança do século XVIII, ou de uma parte do século XVIII, estava depositada no crescimento simultâneo e proporcional da capacidade técnica de agir sobre as coisas e da liberdade dos indivíduos uns em relação aos outros. Além disso, podemos ver que, através de toda a história das sociedades ocidentais (talvez ali se encontre a raiz de seu singular destino histórico – tão particular, tão diferente [dos outros] em sua trajetória e tão universalizante, dominante em relação aos outros), a aquisição de capacidades e a luta pela liberdade constituíram os elementos permanentes. Ora, as relações entre crescimento das capacidades e crescimento da autonomia não são tão simples para que o século XVIII pudesse acreditar nelas. Pode-se ver que formas de relações de poder eram veiculadas pelas diversas tecnologias (quer se tratasse de produções com finalidades econômicas, de instituições visando a regulações sociais, de técnicas de comunicação): como exemplo, as disciplinas simultaneamente coletivas e individuais, os procedimentos de normalização exercido em nome do poder do Estado, as exigências da sociedade ou de faixas da população. A aposta é então: como desvincular o crescimento das capacidades e a intensificação das relações de poder?" (FOUCAULT, 2000b, p. 349).

A história crítica, portanto, é um eterno retorno a *nós mesmos* como reativação das forças, como reavivação da tensão. É o reconhecimento que o esclarecimento não mostra um fora do acontecimento que somos, mas é a tentativa de ampliarmos as forças em jogo, entendendo, mostrando que aquelas que nos constituem não são necessárias, evidentes; que a autonomia do sujeito não significa uma escolha livre de poder, posicionando-se fora do acontecimento histórico, mas ao contrário, que ela ocorre num jogo estratégico e que antes de pensar o além do poder, volta-se para ele, dobra-o para que se modifique indefinidamente.

Referências

ALVAREZ, M. C. Sociedade, norma e poder. In: BAGNO, M. *Linguística da norma*. São Paulo: Loyola, 2004. p. 200-216.

CANDIOTTO, C. *Foucault e a crítica da verdade*. Belo Horizonte: Autêntica; Curitiba: Champagnat, 2010.

DELEUZE, G. *Foucault*. Tradução de Claudia Sant'Anna Martins. Preparação de texto de Renato Ribeiro. São Paulo: Brasiliense, 2005.

DREYFUS, H. L.; RABINOW, P. *Michel Foucault: uma trajetória filosófica; para além do estruturalismo e da hermenêutica*. 2. ed. Tradução de Vera Portocarrero e Gilda Gomes Carneiro. Rio de Janeiro: Forense Universitária, 2010.

FOUCAULT, M. *A Arqueologia do saber*. 7. ed. Tradução de Luiz Felipe Baeta Neves. Rio de Janeiro: Forense Universitária, 2009.

FOUCAULT, M. *Ditos e Escritos*. Organização e seleção de textos de Manoel Barros da Motta. Tradução de Elisa Monteiro. Rio de Janeiro: Forense Universitária, 2000b. v. II.

FOUCAULT, M. *Ditos e Escritos*. Organização e seleção de textos de Manoel Barros da Motta. Tradução de Elisa Monteiro e Inês Autran Dourado Barbosa. Rio de Janeiro: Forense Universitária, 2006. v. V.

FOUCAULT, M. *Ditos e Escritos*. Organização e seleção de textos de Manoel Barros da Motta. Tradução de Ana Lúcia Paranhos Pessoa. Rio de Janeiro: Forense Universitária, 2010. v. VI

FOUCAULT, M. *Em defesa da sociedade. Curso no Collège de France (1975 – 1976)*. São Paulo: Martins Fontes, 1999.

FOUCAULT, M. *História da sexualidade: o uso dos prazeres*. Rio de janeiro: Graal, 1998b. v. II.

FOUCAULT, M. *Microfísica do poder*. 13. ed. Tradução de Roberto Machado. Rio de Janeiro: Graal, 1998a.

FOUCAULT, M. O que é Crítica (Crítica e Aufklärung). In: *Michel Foucault: histórias e destinos de um pensamento*. Organizado por Flávia Biroli e Marcos César Alvarez. Marília, SP: Unesp/Marília, 2000c. p. 169-188.

FOUCAULT, M. *As palavras e as coisas*. São Paulo: Martins Fontes, 1992.

FOUCAULT, M. *Segurança, território, população. Curso no Collège de France (1977-1978)*. Tradução de Eduardo Brandão. São Paulo: Martins Fontes, 2008.

FOUCAULT, M. *Vigiar e punir*. 23. ed. Tradução de Raquel Ramalhete. Petrópolis: Vozes, 2000a.

GIACÓIA, O. *Filosofia da cultura e escrita da História*. 1990. Notas sobre as relações entre projetos de uma Genealogia da Cultura em Foucault e Nietzsche. Disponível em:

<www.oquenosfazpensar.com/foucault/n3oswaldo.pdf>. Acesso em: 11 abr. 2014.

GROS, F. Foucault e a questão do quem somos nós? *Tempo social*, São Paulo: USP, p. 175–178, 1995.

GROS, F. Situação do curso. In: FOUCAULT, M. *A coragem da verdade: o governo de si e dos outros II. Curso no Collège de France (1983-1984)*. Tradução de Eduardo Brandão. São Paulo, Martins Fontes, 2011.

KANT, I. *Textos seletos*. 3. ed. Tradução de Raimundo Vier e Floriano de Sousa Fernandes. Petrópolis, RJ: Vozes, 2005.

NALLI, M. Édipo foucaultiano. *Tempo social*, São Paulo: USP, v. 12, n. 2, p. 109-128, 2000.

NALLI, M. Sobre o conceito foucaultiano de discurso. In: ORLANDI, L. B. L. (Org.). *A diferença*. Campinas, SP: Ed. da Unicamp, 2005. p. 151-169.

NIETZSCHE, F. *Os pensadores*. Tradução de Rubens Rodrigues Torres Filho. São Paulo: Nova Cultural, 1999.

ORLANDI, L. B. L. Combater na imanência. In: RAGO, M.; VEIGA-NETO, A. (Orgs.) *Para uma vida não-facista*. Belo Horizonte: Autêntica, 2009. p. 201-208.

PROTEVI, J. *Political Physics: Derrida, Deleuze and the Body Politic*. London, New York: The Athlone Press, 2001.

PARTE III

DESDOBRAMENTOS POLÍTICOS

Foucault e Hayek: lei republicana e sociedade civil liberal[1]

Miguel Vatter

Neoliberalismo como estrutura da Biopolítica

Em *O nascimento da Biopolítica,* Foucault se refere ao pensamento de Hayek como o mais claro exemplo do que ele chama de um "projeto neoliberal: introduzir princípios do Estado de direito na ordem econômica" (*BB*, 159)[2]. De acordo com Foucault, nas versões hayekianas e ordoliberais do neoliberalismo alemão, o que torna possível o controle de expectativas e de estimativas alcançado pelo mercado livre é o fato de uma "ordem natural" do mercado ter sido radicalmente impregnada e moldada por uma "certa ordem legal" onde se tornou impossível o reconhecimento abstrato da diferença entre as dimensões jurídicas e as dimensões econômicas das relações de produção. Foucault concebe essa inovação crucial do neoliberalismo como a constituição de um "estado de direito econômico [*État de droit économique*]". Ao mesmo tempo, ele afirma que o neoliberalismo deve ser entendido como "a forma genérica" da biopolítica (*BB*, 22[32]). Uma das ideias mais notáveis usadas por Foucault para descrever o núcleo biopolítico do neoliberalismo é a noção de que o "estado de direito econômico" neoliberal introduz uma nova forma de individuação que exige de todos que se assumam como "empreendedores" de sua própria vida biológica (*BB*,

---

[1] Uma versão mais longa deste artigo encontra-se em meu livro *The Republic of the Living. Biopolitics and Civil Society* (Fordham, 2014). Originalmente publicado em: Lemm; Vatter (Fordham, 2014). (O presente texto foi gentilmente cedido e a tradução foi autorizada pelo autor. Tradução de Gabriel Pinezi.)

[2] As siglas utilizadas neste capítulo referem-se aos seguintes textos de Michel Foucault: *The Birth of Biopolitics* (*BB*); *Dits et Écrits: Tome II, 1976– 1988.* (*DE*); "The Ethics of the Concern of the Self as a Practice of Freedom" In: *Ethics: Subjectivity and Truth: Essential Works of Michel Foucault* (*ECS*); *The Hermeneutics of the Subject* (*HS*); "'Omnes et Singulatim': Toward a Critique of Political Reason", In: *Power: Essential Works of Foucault* (*OES*); "The Subject and Power", In: *Power: Essential Works of Foucault* (*SP*); *Security, Territory, Population* (*STP*); *The History of Sexuality: Volume I, an Introduction. The Will to Knowledge* (*WK*).

144-150, 172-177). Este artigo tenta dar conta desta simultânea juridificação e biologização da esfera política, que Foucault foi o primeiro a identificar como uma significante característica da ordem normativa neoliberal.

Para alcançar esse objetivo, eu me concentrarei no pensamento jurídico e econômico de Hayek. Isso porque, de acordo com minha hipótese, tanto a dimensão jurídica quanto a dimensão biológica da "ordem normativa" estão presentes naquilo que Hayek (1973) chama de "ordem social liberal". Na verdade, seu núcleo é constituído por ambas. A descoberta de Hayek é a dependência de ordens sociais "espontâneas" (cujo exemplo é o mercado livre) a certas regras jurídicas: a coordenação das expectativas de indivíduos detentores de saberes diferentes só é possível porque se assume que todos seguem as regras abstratas de uma lei. Daí ser o liberalismo de Hayek o carro-chefe da juridificação da economia e, em última análise, também da política na era do neoliberalismo hegemônico. Encontra-se, ainda, em Hayek, uma compreensão biológica da ordem normativa. E não me refiro aqui meramente à sua concepção evolucionista do progresso do conhecimento,[3] mas mais precisamente à ideia de que ordens sociais espontâneas criam suas próprias formas de subjetividade normativa: um mercado livre funciona graças à liberdade, à criatividade e à responsabilidade dos indivíduos, e não apesar destas características normativas.[4] Para Hayek (1973), liberdade e responsabilidade são em si mesmas normativas, ou seja, são capazes de criar novas normas. O indivíduo normativo produzido por esta liberdade econômica é chamado de empreendedor. O empreendedor conduz sua vida de modo biopoliticamente normativo porque constantemente se defronta com situações em que é preciso decidir onde investir ou não suas energias e seu capital; ele decide o que deve ser selecionado, fortalecido, reproduzido e o que deve ser esquecido, ignorado e abandonado à morte.

---

[3] Para outra leitura de Hayek a partir de categorias foucaultianas, conferir Spieker (2013). O autor se concentra na "explicação evolucionária da ordem" (p. 311), onde se entende o mercado livre como o resultado de um processo de "seleção natural" entre agentes "disciplinados" e "não-disciplinados". Mas esta noção de "disciplina" não está relacionada ao discurso de Hayek sobre a lei. Spieker se concentra de fato mais na ideia do poder como guerra, exposta por Foucault no curso *Em defesa da sociedade,* do que propriamente sobre as aulas que tratam da governamentabilidade. Spieker opera uma leitura hobbesiana de Hayek, diferente da minha, que se concentra em um kantismo (modificado).

[4] Claro que a tese de Foucault é a de que o sujeito "livre e responsável" criado pela ordem do mercado não passa de uma condição para o seu funcionamento "normal" (*BB*, 144-50, 172-77). Conferir em Lemke (2008), a respeito deste tipo de normatividade na concepção foucaultiana de biopoder.

Assim como o surgimento da normatividade biológica encontrada no neoliberalismo, a juridificação da economia conduz a um incomparável crescimento de novas legalidades e ordens normativas, muitas das quais escapam ao horizonte do Estado soberano: isto é o que conhecemos hoje como o surgimento de uma sociedade "civil" e, agora, "mundial". Surpreendentemente, Foucault acredita que o neoliberalismo é uma era de "regresso jurídico": "as Constituições erguidas no mundo inteiro a partir da Revolução Francesa, toda uma atividade legislativa permanente e ruidosa não devem iludir-nos: são formas que tornam aceitável um poder essencialmente normalizador" (*WK*, 144).

Esse comentário pode surpreender, já que se costuma ensinar que Foucault é um inimigo da lei. Neste artigo, pretendo desmistificar essa leitura. Minha tese é que, pelo contrário, a concepção do neoliberalismo como "regressão jurídica" se deve à convicção foucaultiana de que a dependência entre lei e ordem no neoliberalismo esconde uma outra realidade: a de que a política econômica neoliberal sequestrou a concepção republicana de lei (constitucional) na intenção de despolitizar a sociedade civil. Em acréscimo, mostro que, para criticar a governamentabilidade biopolítica e resistir ao neoliberalismo, Foucault se põe a favor de um conceito republicano de estado de direito.

Foucault e a antinomia entre lei e ordem

Uma leitura comum é a de que Foucault escreveu sobre o poder, mas negligenciou o tema da lei.[5] Acredito que este seja um equívoco. Em um dos seus últimos artigos, Foucault afirma que a racionalidade política moderna, ou seja, a governamentabilidade, está presa à *antinomia entre lei e ordem*. Por definição, a lei é sempre referida a um sistema jurídico, enquanto a ordem é referida a um sistema administrativo, a um comando específico do Estado."[6] Tal afirmação, que toma como garantida uma justa separação entre a lei e o Estado, pode soar surpreende, já que, como se sabe, Foucault ficou famoso por ter inaugurado "uma analítica do poder que não toma mais a lei como modelo, como código" (*WK*, 90). Em *História da sexualidade*, lê-se que, em vez da representação do "poder como lei", a modernidade presenciou a emergência de um novo tipo de poder, o "poder sobre a vida" (*WK*, 139), cujas duas formas são o poder disciplinar e o biopoder. Esta nova representação do poder opera

[5] Conferir a discussão deste tópico em Valverde (2011).

[6] Foucault, "The Political Technology of Individuals" (In: *DE*, p. 417).

por meio de "normas" em vez de "leis": as normas tanto geram como são geradas por ordens (*WK*, 144).[7] E mesmo assim, o próprio fato de Foucault falar de uma "antinomia entre lei e ordem" sugere que, para ele, o poder-como-lei nunca é tão simplesmente um modelo que foi ou poderia ter sido superado por novas tecnologias de poder disciplinar e biopoder.[8]

Se se levar a sério essa "antinomia" entre ordem e lei, três teses a respeito da concepção de lei em Foucault são sugeridas. Primeiro, o neoliberalismo enquanto racionalização do biopoder funciona por meio da integração entre as esferas da lei e da ordem. Neoliberalismo é uma forma de racionalidade política que, segundo Foucault, tenta "conciliar lei e ordem".[9] Uma ordem neoliberal é impossível sem um fundamento jurídico, mas, ao mesmo tempo, uma concepção neoliberal de lei é altamente corrosível ao Estado de lei, em seu sentido republicano, pois transforma o aspecto constitucional da lei em um epifenômeno de ordens normativas (no duplo sentido do termo acima discutido) e seus efeitos normalizadores. Isto é o que sustenta o olhar crítico e negativo de Foucault sobre a "sociedade civil" que emergiu no liberalismo e neoliberalismo.

Minha segunda tese é que Foucault rejeita qualquer tentativa de conciliação entre lei e ordem: tal projeto, diz ele, "tem sido o sonho [de liberais], [e] deve permanecer um sonho. É impossível reconciliar lei e ordem porque a única forma de fazê-lo é por meio de uma integração da lei com a ordem do Estado".[10] Foucault aparece aqui como um defensor da autonomia da lei em relação à soberania do Estado, posicionamento normalmente associado ao constitucionalismo republicano, até mesmo kantiano. De fato, existe uma associação interna entre a obra de Foucault sobre a governamentabilidade liberal e seu retorno a uma ideia kantiana de crítica como resposta a essa governamentabilidade. Foucault se volta aqui à autonomia da lei como forma de defender uma concepção positiva de "sociedade civil", mas uma concepção que é contrária ao neoliberalismo em maneiras que pretendo detalhar mais à frente. A

---

[7] Sobre a concepção de normas em Foucault, conferir Legrand (2007) e Napoli (2003). Ambos os trabalhos, no entanto, não consideram a possibilidade de que Foucault recupera um discurso da lei num sentido afirmativo em oposição a um discurso da norma, tal como o meu argumento aqui.

[8] Para outro argumento, com o qual eu concordo amplamente, a respeito do entendimento alternativo e afirmativo de Foucault sobre lei, conferir Fitzpatrick e Golder (2009, cap. 9).

[9] FOUCAULT, "The Political Technology of Individuals" (In: *DE*, p. 417).

[10] FOUCAULT, (In: *DE*, p. 417).

racionalização da política pretendida pelo neoliberalismo ultrapassa os limites impostos pela antinomia entre lei e ordem, e é isto o que faz da racionalização neoliberal profundamente irracional. A crítica de Foucault ao neoliberalismo segue, então, um esquema kantiano: criticar uma forma de racionalidade é o mesmo que revelar as suas antinomias. A irracionalidade não é determinada pela existência de uma antinomia, mas muito mais pela ignorância de sua inevitabilidade.

A terceira tese é que Foucault nunca descarta inteiramente a representação do poder-como-lei, pois não existe um modo alternativo de compreender a legitimidade.[11] Para ele, o biopoder apenas é "aceitável", ou seja, legítimo, porque atribui a si mesmo uma forma jurídica. Ao longo de suas genealogias da governamentabilidade liberal, Foucault sempre se esforça para desenvolver uma alternativa conceitual ao poder-como-lei, criar um conceito que subverta o biopoder moderno, porque pretende reestabelecer a antinomia entre lei e ordem, entendida como o horizonte intransponível de qualquer forma de governo. Alguns comentadores chegaram a afirmar que Foucault não possui uma filosofia jurídica própria (GEHRING, 2007). Outros argumentaram que se, para ser aceito, o biopoder ainda depende da lei, então talvez ele seja apenas a nova máscara do poder soberano, não marcando, portanto, uma verdadeira descontinuidade em relação à soberania (AGAMBEN, 1998; ESPOSITO, 2004). Ainda outros viram em seus últimos escritos sobre a governamentabilidade liberal uma reconciliação foucaultiana com ideias liberais, em defesa de novos direitos aos indivíduos na era do biopoder, aquilo que hoje se chama de "cidadania biológica" (PATTON, 2005; FASSIN, 2009).

Do meu ponto de vista, nenhuma dessas leituras é suficiente: no último Foucault, a lei não é exatamente a expressão de um poder soberano, mas, antes, de um ideal de automaestria, ou seja, um ideal de independência política que na tradição do Ocidente corresponde à ideia republicana de que um indivíduo livre é alguém dotado (pela natureza) de um status *sui iuris,* ou seja, alguém que, por ser capaz de julgar ou de formar sua própria opinião sobre questões que dizem respeito a todos, é "capaz" de (criar) lei.[12] Em seus últimos cursos dedicados a *O governo de si e dos outros,* Foucault (2011) se interessou pela genealogia dessa conexão entre automaestria, a capacidade de (criar) a lei, e a liberdade

---

[11] Nem mesmo naqueles textos que Foucault chega perto de identificar lei com ideologia, como em *Vigiar e punir.*

[12] Para a concepção de liberdade enquanto *sui iuris* no republicanismo mais antigo, conferir Skinner (2002), capítulos 11-12; também *Liberty before Liberalism* (1998). Para a concepção kantiana de *sui iuris,* conferir Vatter (2011).

de formar opinião, ou aquilo que os gregos chamaram de *parrhesia* (fala franca). A genealogia foucaultiana da capacidade jurídica (o status de *sui iuris*) torna possível uma nova leitura de sua crescente simpatia pelo discurso dos direitos civis, bem como seu apoio ao *Solidarność* e a outros movimentos de dissidência na Europa Oriental; mais exatamente, esta genealogia sugere uma sofisticada tentativa de apoiar o discurso republicano contra o liberalismo e o neoliberalismo. Para Foucault, somente um conceito republicano de lei mantém intacta a antinomia entre lei e ordem, resistindo, portanto, à redução da política (*Politik*) aos problemas da governamentabilidade ou da polícia (*Polizei*).[13] Em resumo: no entendimento de Foucault, apenas um conceito de lei independente de tecnologias de poder pode reestabelecer a antinomia entre lei e ordem como o horizonte intransponível de toda e qualquer forma de governamentabilidade. Neste sentido, o retorno à lei oferece a Foucault uma surpreendente fonte de resistência às subjetivações do biopoder. (*SP*, 331)

Para que haja uma antinomia entre lei e ordem, é preciso que cada uma dessas instâncias possua uma origem distinta. É isto, de fato, o que supõe a genealogia foucaultiana da governamentabilidade moderna. Em *História da sexualidade*, Foucault apresenta uma de suas mais completas caracterizações do poder-como-lei. Trata-se de uma forma de poder que apenas diz "não", forma cujo poder reside na "função do legislador" (*WK*, 83); esse poder pode tanto ser obedecido como desobedecido por um sujeito que se mantém livre para decidir se segue ou não a lei. Essa representação jurídica do poder se originou supostamente na Idade Média, quando a lei se tornou o instrumento crucial nas mãos do Estado e da soberania nascentes. O poder-como-lei surge junto à formação das novas monarquias que buscavam um princípio de direito capaz de passar por cima de todos os clamores heterogêneos; um princípio de direito "com a tríplice característica de se constituir como um regime unitário, de identificar sua vontade com a da lei e de se exercer por meio de mecanismos de interdição e de sanção" (*WK*, 87). No texto de 1976, que recapitula as noções de lei de seus escritos recentes, Foucault afirma que mesmo as mais tardias críticas ao monarquismo utilizaram o mesmo pensamento jurídico que acompanhou o desenvolvimento

---

[13] Eu não pretendo dizer aqui que Foucault é um "republicano" no sentido que o termo é usado, por exemplo, no discurso político francês contemporâneo, um uso que foi recentemente criticado por Rancière (2009). Foucault pode ser considerado um "republicano" no sentido mais anarquista do termo, elaborado por Rancière (1995), e que eu também discuto em "Pettit and Modern Republican Political Thought" (VATTER, 2005).

da monarquia: "A representação do poder permaneceu marcada pela monarquia. No pensamento e na análise política, ainda não cortamos a cabeça do rei" (*WK*, 88).

Foucault opõe, a essa "monarquia jurídica", duas novas tecnologias de poder, chamadas por ele de governamentabilidade de disciplina e governamentabilidade de segurança (OES). Nestas formas de governamentabilidade, o poder não adota a forma da lei, mas a da norma. A concepção de norma em Foucault deriva do trabalho de seu professor Georges Canguilhem, filósofo da ciência francês que defendia a tese de que o fenômeno da vida deve ser compreendido a despeito da polaridade normal-patológico, pois cada ser vivo é um conjunto de partes que funciona de acordo com suas próprias normas internas. Além disso, Canguilhem mostrou que, por ser capaz de criar para si mesmo novas normas que determinam aquilo que é sua "saúde", cada ser vivo é em si mesmo um ser "normativo" (Canguilhem, 1996, 1994).

Canguilhem distingue duas formas de normatividade: uma biológica e outra social (Canguilhem, 1994, p. 351–384). Enquanto a normatividade de um ser vivo é uma regulação interna entre partes de um organismo que é "vivido sem problemas" (Le Blanc, 1998, p. 87), a normatividade social impõe normas arbitrárias sobre os indivíduos vivos a partir de intenções normativas e decisões normalizadoras (Canguilhem, 1998, p. 370; Le Blanc, 1998, p. 83). Aqui, o sentido de "norma" é o mesmo que em Latim: *norma* é um ângulo reto [straight angle] usado por alguém para "endireitar" [straighten] alguma coisa. É este sentido de normatividade social que se mantém na base dos famosos estudos de Foucault sobre o poder disciplinar e seus efeitos normalizadores.

A teoria da ordem normativa de Canguilhem parte da diferença entre as normatividades biológica e sociológica. Para Canguilhem, um indivíduo vivo é normal, mas nunca normalizado. Ao mesmo tempo, Canguilhem está interessado em uma qualidade da normatividade sociológica que faz da sociedade mais do que uma mera máquina. De acordo com sua fórmula bem conhecida, "uma sociedade é tanto uma máquina quanto um organismo" (Canguilhem, 1994, p. 376; Le Blanc, 1998, p. 87). Isto quer dizer que, quando uma sociedade tenta organizar a si mesma, quando tenta planejar suas operações, simultaneamente transcende e adequa-se a uma forma mecânica. Sua auto-organização tecnológica é simplesmente a tentativa de regular a si mesma de um modo análogo ao de um ser vivo a fim de satisfazer suas próprias necessidades:

> É preciso considerar, antes de tudo, as tentativas de planificação
> como experiências de constituição de órgãos por meio dos quais

uma sociedade poderia presumir, prever e assumir suas necessidades em vez de se limitar a registrá-las e constatá-las por meio de contas e balanços. De modo que aquilo que, com o nome de racionalização – espantalho que é agitado, com satisfação, pelos partidários do liberalismo, variedade econômica do naturismo – e apontado como uma mecanização da vida social talvez exprima, ao contrário, a necessidade secreta que a sociedade experimenta de tornar-se o sujeito orgânico de necessidades reconhecidas como tais (CANGUILHEM, 1994, p. 374).

Foucault baseia sua teoria do biopoder – ao contrário de sua teoria do poder disciplinar – na descoberta de Canguilhem de que a sociedade tenta imitar a normatividade biológica dos indivíduos que a compõem: "a regulação social tende à regulação orgânica e a imita, sem que isso a impeça de compor-se mecanicamente" (CANGUILHEM, 1994, p. 377).[14] Assim como Canguilhem defende que o indivíduo vivo sempre "dará vida" a normas sociais quando delas se apropriar de forma criativa (CANGUILHEM, 1994, p. 370; LE BLANC, 1998, p. 91), também Foucault irá defender que o biopoder se manifesta na forma da subjetividade do empreendedor, que está sempre "inovando" e assumindo riscos com base nas expectativas garantidas pela normalização social.

Ao dizer isso, não pretendo minimizar o fato de que a tese de Canguilhem sobre a normatividade social detém um sentido biopolítico positivo, que ele mesmo corretamente opõe de modo explícito ao ataque (neo)liberal à atividade reguladora do Estado. Canguilhem sugere que, ao contrário do que sustentam os neoliberais, a tentativa do Estado de planejar a produção econômica está longe de ser uma rígida barreira mecânica à criatividade empreendedora; na verdade, ela aponta para o esforço do Estado em superar sua própria condição mecânica para, enfim, transformar-se num "corpo" político mais "vivo", caracterizado por aquilo que eu chamo de um "excedente" vital ["surplus" of life]. Tal corpo político seria aquele em que as normas não mais funcionam como controles disciplinares, abrindo espaço para aquilo que Agamben (1998) chama de "forma de vida", uma coincidência entre *bios* individual e *zoé* social. Esta sugestão de uma coincidência mais profunda e fundamental entre planejamento e (excedente) vital abre a possibilidade de uma concepção afirmativa de biopolítica, pós-marxista, que se opõe à apropriação neoliberal da normatividade biológica, que inevitavelmente tende a minar a capacidade política de planejamento econômico (estatal). Meu argumento a seguir é que, para compreender a governamentabilidade

---

[14] Para uma excelente leitura de Foucault nesta linha, conferir Muhle (2008).

154   Coleção Estudos Foucaultianos

neoliberal, Foucault não adota apenas a concepção negativa do biopoder, mas também esta concepção afirmativa, não liberal de biopolítica.

Por enquanto quero apenas indicar quão próximas são as reflexões de Canguilhem e a concepção de ordem social espontânea em Hayek – a despeito da crença de Canguilhem de que sua noção de normatividade social não era compatível com a crítica liberal ao planejamento social (o que talvez se deva em parte à confusão a respeito do significado dos termos "organização" e "planejamento" nas diferentes tradições em que Canguilhem e Hayek se inserem). Como pretendo discutir detalhadamente na próxima seção, Hayek (1973) polemiza contra o "planejamento" da sociedade porque isto concede à toda ordem social um caráter de "organização", reduzindo os indivíduos a meras "engrenagens" a mover a gigantesca máquina da sociedade. Para Hayek, a organização social não reconhece o potencial criativo de todos os indivíduos e falha ao não perceber que a melhor maneira de coordenar esta criatividade é potencializando-a por meio de ordens espontâneas de troca e comércio, aquilo que ele chama de *catallaxy,* cujo exemplo é o mercado livre. Apenas estes tipos de ordens são capazes de tornar a sociedade o mais próxima possível de uma coisa "viva" – ou, nos termos de Hayek, uma "Grande Sociedade".[15]

Foucault se apropria das intuições de Canguilhem e define norma como o tipo de regulação da sociedade que transforma seu modo-de-ser mecânico em um modo-de-ser orgânico (quase) vivo: a norma é a regulação que busca "uma maximização ordenada das forças individuais e coletivas" (*WK*, 24). As normas, a regulação da governamentabilidade, correspondem então à biologização da lei; correspondem à lei moldando a normatividade interna da vida, com o resultado de que a "sociedade civil" apareça como "autorregulada". Mais precisamente, enquanto a lei proíbe certos *atos* deixando o sujeito intacto, a norma, ao contrário, *produz uma individualidade.* Foucault nos dá o exemplo das regulações da sexualidade moderna que transformam alguém que comete o ato da sodomia em "um personagem... um tipo de vida, uma forma de vida e uma morfologia, detentor de uma anatomia indiscreta e possivelmente uma fisiologia misteriosa... o homossexual tornou-se agora uma espécie" (*WK*, 43). Em outras palavras, tecnologias de biopoder normalizadoras

---

[15] O atual governo Conservador-Liberal do Reino Unido é inteiramente baseado neste ideal de transformar o país numa "Grande Sociedade", no sentido hayekiano. É preciso lembrar que Hayek (1973) também rejeita todo tipo de organicismo – geralmente oposto a organização – mas o faz de um modo que não afeta substancialmente a afinidade entre sua ideia de ordem espontânea e a noção de normatividade interna da vida em Canguilhem.

são produtoras de subjetividades, entendidas aqui enquanto "um modo específico de indivíduo". As normas transformam cada indivíduo em uma espécie e, inversamente, grupos de seres humanos tornam-se espécies nesta e por esta individualização.[16] Este é o modo com que o biopoder soluciona a tarefa de coordenar o indivíduo e a comunidade por meio do governo de "condutas" e "populações".

A racionalidade política moderna diz respeito à normalização, e normalização quer dizer geração e governo de "condutas" das populações (ou subespécies) que maximizam tanto forças individuais quanto coletivas, integrando o indivíduo na vida do coletivo. O biopoder é, portanto, um conjunto de normas que estabelece a "conduta das condutas" (*DE*, 237). Pode-se entender esta famosa formulação de governamentalidade como uma extensão lógica da intuição de Max Weber de que a racionalização consiste em uma "autônoma" conduta de vida (*Lebensführung*), de acordo com a secularização da ideia de vocação. Foucault concebe aqui o biopoder como uma explicação de como ações individuais podem ser coordenadas na ordem social, tornando possíveis expectativas e intenções estáveis. Ora, de acordo com Hayek, coordenação é o problema central da economia. Tanto para Foucault quanto para Hayek, então, a ordem social alcança o ápice de sua racionalização quando o comportamento dos indivíduos for conduzido por uma autorregulação análoga à da vida: num jogo de palavras, a diferença entre Weber, de um lado, e Foucault e Hayek, do outro, é a diferença entre uma "Lebens-*führung*" (a conduta enquanto "ética" de uma vida individual, uma *bios*) e uma "*Lebens*-führung" (a conduta enquanto "governo" de uma vida de espécies, uma população dotada de "zoé"). Enquanto em Weber o "espírito do capitalismo" depende da "ética protestante", que obriga o indivíduo a assumir uma vocação para sua vida (*bios*), em Foucault e Hayek é a própria vida (*zoé*) que provê as normas que constituem a individualidade ou a subjetividade exigida pela economia capitalista. A diferença é que Hayek aceita esta racionalização, enquanto Foucault a critica. Em outros termos: a teoria foucaultiana do biopoder oferece um novo fundamento para a crítica da economia política, além de ser a única – como mostrarei em seguida – que situa a si mesma enquanto uma ontologia do econômico, pois trata do "problema" econômico fundamental da coordenação de expectativas, bem como da "solução" oferecida pelo mercado livre e competitivo.

---

[16] Falta-me espaço aqui para discutir com maior fôlego como esta noção de individualização por meio de especiação, e vice-versa, depende de uma relação próxima entre normatividade biopolítica e a constituição de um "meio social" ou "ambiente" (Umgebung/Umwelt) em que a espécie possa maximizar sua "vida padrão". Conferir a discussão sobre o "meio social" em STP.

Na genealogia da governamentabilidade desenvolvida depois do primeiro volume de *História da sexualidade* (*WK*), Foucault reconhece a origem da oposição entre lei e ordem num estágio muito mais antigo que o surgimento do poder soberano e da "monarquia jurídica". A forma de biopoder que estabelece "condutas" aos indivíduos para que possam "naturalmente" coordenar-se, alcançando então a ordem social ou mesmo uma verdadeira "sociedade civil", se origina a partir daquilo que Foucault chama de o ideal do poder pastoral, uma tecnologia de poder e de normas que ele associa com a tradição judaico-cristã da teocracia e da providência divina, onde Deus é para o homem o mesmo que um pastor é para seu rebanho. Foucault opõe ao poder pastoral o que chama de "poder político". Não se trata aqui de um poder "soberano", mas, antes, de um poder que faz da lei o único fundamento legítimo para a constituição da ordem social. Sem dúvida, tal concepção de poder se origina com a tradição republicana e democrática da Grécia e da Roma antigas, retomada pelo Ocidente graças a pensadores como Marsílio de Pádua, Maquiavel, Spinoza e Harrington.

Se o poder pastoral pretende "governar os homens", o poder político, ao contrário, diz respeito fundamentalmente à criação de leis (ou a dar às pessoas uma constituição) para que nenhum homem precise ser governado (*STP*, 115-121). Sem citá-lo, Foucault está aludindo aqui à famosa menção de Cícero de que quem se sujeita à lei o faz para não obedecer a outra pessoa, ou seja, o faz para que ninguém o domine (confirmando dessa forma seu *status* natural de *sui iuris*). Por contraste, a noção pastoral do "governo dos outros não é certamente uma ideia grega, e penso também que não seja uma ideia romana" (*STP*, 122). Foucault traça aqui uma clara oposição entre o poder político e o poder pastoral: "o pastor não é fundamentalmente um homem de lei... O cidadão grego... está preparado apenas para ser comandado por duas coisas: pela lei e pela persuasão... a categoria geral de obediência não existe nos gregos" (*STP*, 173). Inversamente, o poder pastoral é, em essência, o estabelecimento de uma relação de "completa subordinação" entre duas pessoas (*STP*, 175). A completa subordinação ou dependência é antitética à lei porque estabelece uma "relação de submissão de um indivíduo a outro indivíduo": "a obediência cristã não é obediência à lei... é antes a subordinação a uma pessoa justamente por ser uma pessoa" (*STP*, 175). O poder pastoral cristão parece ser então o exato oposto do princípio republicano de que leis (constitucionais) criam liberdade. Leis e opiniões (persuasão) são a base do poder político, enquanto o governo das condutas é o fundamento do poder pastoral.

Na tradição greco-romana, a lei está intimamente relacionada ao valor da independência, ou àquilo que Foucault chama de "domínio de si [maîtrise de soi sur soi]" (*STP*, 184); já a ordem gerada por normas possui uma íntima relação com o valor da dependência. O domínio de si, portanto, está intimamente relacionado à liberdade de formar uma opinião a respeito de assuntos públicos ou políticos. Nos seus últimos cursos, Foucault se dedica à tarefa de explicar que tipo alternativo de "técnica de si" ou *ethos* é necessário para exercer esta liberdade de opinião (ou *parrhesia)* e alcançar assim o domínio de si, que é por sua vez a única condição para ser governado por leis e não por homens, ou seja, a única condição daquilo que é chamado de um ideal republicano de liberdade política. Foucault buscou suas respostas nas práticas da *parrhesia* na democracia grega e na filosofia socrática, pois, "quando alguém se submete a um professor de filosofia, na Grécia, é apenas para em algum momento tornar-se mestre de si mesmo, ou seja, para reverter essa relação de obediência e tornar-se seu próprio mestre" (*STP*, 177): "O dizer socrático 'cuida de ti mesmo' [quer dizer] 'faça da liberdade o fundamento do teu domínio de si" (*ECS*, 301). Assim, a oposição fundamental no pensamento tardio de Foucault é entre um "cuidado de si" político-filosófico que se opõe a um ideal divino de providência e governo em que o indivíduo precisa depender de uma ordem transcendente sobre a qual "abandona" a própria necessidade "nas mãos de outro". A tarefa principal, então, é rastrear estas duas formas de "cuidado de si" nas concepções de estado de lei republicanas e liberais, respectivamente. Quando fala em "transformar-se em seu próprio mestre", Foucault está claramente se referindo à tradição republicana de Roma, onde a expressão significava tornar-se *sui iuris,* tornar-se capaz de viver sob regime das leis por ser capaz de criar a lei, ou seja, deter o poder de um cidadão. A crítica de Foucault à governamentalidade é orientada pelo ideal político republicano, não pelo liberal.

O problema da coordenação e a reconciliação entre lei e ordem em Hayek

Tendo como horizonte a compreensão acima exposta da oposição entre o poder político greco-romano e o poder pastoral cristão, a reconciliação entre lei e ordem que define a governamentalidade neoliberal é, segundo Foucault (*BB*), nada mais que a tentativa de desenvolver um conceito de lei que se apropria do *status* republicano de ser *sui iuris,* colocando-o a serviço da economia política capitalista. A juridificação da política no neoliberalismo tem a intenção de regular legalmente o comportamento de todos os indivíduos, conduzindo-os a uma nova situação de dependência e insegurança e a uma ordem espontânea social que nenhum indivíduo é capaz de dominar ou mesmo de compreender. Esta situação proveria as necessidades dos indivíduos apenas na medida em que eles não sejam capazes de controlá-la ou mesmo de mensurá-la. Tal concepção de uma ordem espontânea invisível que se desenvolve alheia aos interesses pessoais dos indivíduos, uma ordem de que os indivíduos absolutamente dependem sem que possam dominá-la, é chamada por Hayek (1973) de *catallaxy* ou "mercado livre".

Seria essa concepção de mercado livre uma versão secularizada da providência divina, como recentemente notou Agamben?[17] Seria a economia política o último refúgio do governo divino e do poder pastoral, ou seria, antes, a prova definitiva de que "Deus está morto"? O destino da ideia de providência divina na modernidade abre um problema enorme e complexo na história das ideias, o qual está longe de ser resolvido. Em minha opinião, o discurso neoliberal de Hayek depende muito menos da adoção de ideias cristãs em torno da providência do que da proeza retórica de apresentar o ideal secularizado do poder pastoral por meio do vocabulário da lei (*nomos*) encontrado na tradição republicana greco-romana. É evidente que o neoliberalismo deve sua origem às polêmicas da escola austríaca de economia contra os defensores da economia planejada que surgiram entre o começo da década de 1930 e a década de 1950. Von Mises e Hayek compararam o ideal de uma economia planejada ao desejo de organizar e planejar a sociedade tomando como base aquilo que uma consciência sabe sobre todas as outras consciências, e não a partir de uma concepção do saber enquanto algo que é distribuído em meio aos indivíduos que compõem a sociedade. Esta economia planejada exigiria a crença em uma consciência divina capaz de prever quaisquer acidentes e variações, podendo então planejar de acordo com tais previsões; ela também exige a crença em um grupo de filósofos humanos que compartilham a visão desta mente divina e podem, então, imputar uma verdadeira "consciência de classe" no resto dos mortais comuns. Assim, durante estes anos, Hayek misturou a crítica ao providencialismo e ao antiplatonismo com a crítica ao materialismo histórico de Marx. Retoricamente, os pensadores neoliberais opuseram esta (suposta) confiança na (versão secularizada da) providência divina ao ardiloso evolucionismo de uma ordem espontânea, cujas bases seriam a interação inconsciente

---

[17] Conferir Agamben (2009) a respeito da providência divina na escolástica, onde a coordenação por meio de causas secundárias conduz a uma ideia da "natureza das coisas" que, segundo seu argumento, ampara a "naturalização" da economia na economia política do século XVIII.

entre diferentes consciências e a seleção das melhores ideias por meio do mecanismo da competição.[18]

Um dos exemplos mais claros dessa tentativa de sequestrar a tradição republicana encontra-se no uso da expressão *nomos* por Hayek em sua última obra de peso, *Law, Legislation and Liberty,* escrita na década de 1970. Hayek argumenta que a palavra grega *nomos* não deveria ser traduzida por *lex* (esta, a tradução de Cícero), mas sim por *ius* (o equivalente de *Recht*, no sentido de uma "ordem normativa" tal como expus anteriormente). Neste sentido, o antigo ideal de "estado de direito" (*nomos basileus*) está ligado ao que Hayek chama de "jurisprudência" [judge-made law] e está explicitamente oposto à legislação por procedimentos políticos, tal como a legislação parlamentar, que por sua vez é baseada no conceito de separação de poderes e, em última instância, no constitucionalismo (HAYEK, 1973). Neoliberalismo é aquele discurso de governamentabilidade que coloca o poder político, isto é, o poder de fazer a lei, à mercê da "economia política". O sentido de "política" em "economia política" é bastante preciso: refere-se a esta transformação retórica da lei republicana em normas liberais e à consequente justaposição da *jurisprudência* [judge-made laws] sobre a *cidadania* [citizen-made laws] como a base da constituição da ordem social.[19]

[18] Para exemplos, conferir os artigos "Two Pages of Fiction" e "The Use of Knowledge in Society" contidos em Nishiyama e Leube, *Essence of Hayek* (1984). Sobre o problema da evolução no pensamento de Hayek, da passagem daquilo que Mirowski chama de a fase do "abuso da razão" para a fase "evolucionista protocibernética", conferir Mirowski (2007). Mas Mirowski minimiza a importância do pensamento jurídico no desenvolvimento das ideias de Hayek, deduzindo-o inteiramente a partir da biopolítica. Mirowski chegou a reconsiderar este último tópico recentemente após ler a obra de Foucault sobre a governamentabilidade, como se evidencia em Mirowski e Plehwe (2009).

[19] Miguel Vatter se utiliza aqui de um jogo de palavras de difícil tradução. Para opor o modo republicano de legislar — que preserva a antinomia entre lei e norma — ao modo liberal de legislar — em que a norma sobrepõe-se à lei criada pelo cidadão —, ele opõe o termo "judge-made laws" (leis feitas pelo juiz) a "citizen-made laws" (leis feitas pelo cidadão). É importante ressaltar que, no vocabulário jurídico de língua inglesa, a expressão "judge-made law" é sinônimo de "jurisprudência", ou seja, o procedimento pelo qual um juiz não baseia seu veredicto rigorosamente sobre o que diz a lei, mas sim de acordo com a norma estabelecida por casos precedentes. Portanto, o termo "jurisprudência" cabe como tradução para "judge-made law", pois ambos apontam para este fenômeno em que a norma se sobrepõe à lei democrática. No entanto, parece-nos que, aqui, tal ideia deve ser tomada num sentido lato, bem além de um procedimento jurídico específico. O modo com que Vatter interpreta a expressão "judge-made law" parece muito próximo daqueles de "estado de exceção", em Giorgio Agamben, e "força de lei", em Derrida. Assim, na falta de uma palavra perfeita para dar conta de todo o jogo semântico da expressão "citizen-made law", que aqui se opõe a "judge-made law" da mesma forma que a "norma" à "lei", decidimos traduzi-los, respectivamente, por "cidadania" e "jurisprudência", tomando aqui a cidadania em seu sentido republicano, ou seja, a prática

É chocante o grau com que o pensamento de Hayek se assemelha com a distinção foucaultiana entre lei e ordem. A inovação de Hayek consiste em distinguir entre dois modos fundamentais de compreender a regularidade de expectativas e intenções que caracteriza qualquer ordem social normativa: de um lado, existe uma regularidade *nomocrática*, que é alcançada por meio da criação deliberada de leis; de outro, existe uma ordem *espontânea*, que não é projetada por alguém e que não detém qualquer propósito externo (HAYEK, 1984, p. 366). O termo *catallaxy* é cunhado a partir do verbo grego *katallattein*, que significa um modo pacífico de "atrelar" pessoas, tornando possível que haja "trocas" entre elas. A ordem dos mercados livres, mas também a ordem da internet (World Wide Web), são exemplos de *catallaxy*.

Desde seus primeiros textos econômicos, Hayek acreditava que o problema central da economia consistisse em explicar a coordenação entre agentes racionais, cada um detentor da capacidade de planejar suas próprias ações segundo o objetivo de maximizar ganhos e minimizar perdas. Enquanto esteve preocupado com a economia, durante a década de 1920 e o começo da década de 1930, Hayek percebeu que a teoria clássica do equilíbrio comercial entre comerciantes e consumidores se sustentava sobre a suposição de que todos os agentes compartilham o mesmo conhecimento de uma situação objetiva. De acordo com seu biógrafo, Bruce Caldwell, foi no início da década de 1930 que Hayek veio a questionar esta hipótese, ao se dar conta de que o conhecimento de qualquer agente sempre foi subjetivo ou perspectivo e, portanto, variável e propenso ao erro. O fato de que o conhecimento de cada agente econômico pode falhar induz Hayek a abandonar a busca por uma explicação puramente econômica para a condição do equilíbrio de mercado, redirecionando sua atenção às causas políticas e jurídicas deste equilíbrio.[20] É neste estágio do desenvolvimento de seu pensamento que Hayek descobre no *nomos* um momento essencial da economia de mercado livre. Basicamente, Hayek transforma a economia no estudo de ordens normativas e nomotéticas: "A ideia central do liberalismo é que, sob a pressão de leis universais de justa conduta que protegem um certo domínio privado de indivíduos, é possível formar uma ordem espontânea de atividades humanas de uma complexidade muito maior, se comparado àquela que se produziria por meio de um

---

pela qual o cidadão dotado de capacidade para criar a lei (estado de *sui iuris*) legisla a partir da discussão política. (N.T.)

[20] Aqui eu acompanho Caldwell (1988), de acordo com a tese comum sobre a gênese do pensamento maduro de Hayek.

arranjo deliberado" (HAYEK, 1984, p. 365). O neoliberalismo é impraticável sem esta reapropriação criativa da ideia de *nomos* ou de uma permanente "ordem normativa", noção introduzida pela primeira vez no vocabulário do pensamento jurídico do século XX por Schmitt (*apud* AGAMBEN, 1998).

Nas formulações maduras de Hayek, o que estabelece uma oposição à ordem social espontânea, representada pelo mercado livre, não é a lei jurídica ou o *nomos,* mas sim a ideia de uma "organização política", isto é, a ideia de leis projetadas por homens com o intuito de unir indivíduos ao dar-lhes um propósito comum. A premissa central de Hayek é que a ordem espontânea do comércio é compatível *apenas* com a estrita concepção *nomocrática* de lei jurídica, a qual se opõe à *teleocrática*, em que a lei é entendida como uma organização ou constituição comunitária. Regras *nomocráticas* são aquilo que Hayek chama de "jurisprudência" [*judge-made law*] e que ele opõe à "legislação" parlamentar ou soberana [*sovereign and parliament-made laws*]. Enquanto a concepção *nomocrática* trata de regras de conduta individual que indicam aquilo que não se deve fazer, a concepção *teleocrática* trata de regras de organização que definem o que positivamente deve ser feito, isto é, regras que descrevem uma forma de vida em comum (HAYEK, 1994). Na retórica de Hayek, a jurisprudência nunca comanda alguém a tomar uma atitude, resguardando-se apenas a demarcar áreas de não-interferência: ela estabelece o que pertence a cada um, e não aquilo que todos possuem em comum. Para Hayek, apenas a ação de um indivíduo pode ser justa ou injusta, o que depende do ato estar ou não de acordo com a jurisprudência [*judge-made law*]. Mas, sendo que o modo com que o mercado distribui bens de consumo não obedece a nenhuma intenção pessoal, não há razão para dizer que o mercado é justo ou injusto. Para Hayek, a preocupação com a justiça distributiva, portanto com o desejo de interferir politicamente no funcionamento do mercado, é algo que deve ser responsabilizado exclusivamente a uma concepção teleocrática de lei enquanto uma organização estatal, ou seja, à lei pública entendida como uma constituição política:

> [...] a infiltração progressiva da lei pública sobre a lei privada no curso dos últimos oitenta ou cem anos, ou seja, a substituição progressiva das regras de conduta pelas regras de organização, é a principal responsável pela efetiva destruição da ordem liberal... Tal tendência foi vista e apoiada explicitamente pelo jurista favorito de Adolf Hitler, Carl Schmitt, que defendeu consistentemente a substituição do pensamento "normalizador" da lei liberal por uma concepção de lei cuja principal preocupação é a

"formação de uma ordem concreta" [*konkretes Ordnungsdenken*] (HAYEK, 1973, p. 190).

Hayek responsabiliza as regras que organizam os cidadãos em um Estado, aquilo que a tradição republicana chama de uma constituição política, pelo que ele acredita ser uma exigência irracional: a de que os efeitos do mercado sejam julgados segundo os princípios da justiça distributiva. Para piorar a situação, Hayek tenta desqualificar esta compreensão republicana e constitucional de lei ao compará-la à interpretação de Schmitt sobre o *nomos*. Com uma formulação sutil, Hayek nega que suas próprias ideias neoliberais tenham absorvido o entendimento de *nomos* em Schmitt e, ao mesmo tempo, acusa o republicanismo de tê-lo feito.

Se essa interpretação estiver correta, então a reconciliação entre a lei e a ordem espontânea do comércio só pode ser levada a cabo porque Hayek apresenta uma concepção truncada de lei que nega qualquer constituição, isto é, que nega implicações políticas ao sistema da lei, submetendo assim o direito público ao direito privado. Num certo sentido, Hayek inverte a ordem kantiana entre "direito conclusivo" e "direito provisional": para Kant, todo direito privado era tão somente provisional antes do direito público ter-se edificado sobre uma constituição republicana; só a partir desta constituição, aquilo que foi provisoriamente distribuído na forma de propriedade privada aos indivíduos naturais, pré-estatais, poderia então ser redistribuído de uma vez por todas aos cidadãos de uma república ou de uma organização federal de repúblicas. Para Hayek (1973), ao contrário, todo "direito conclusivo" ou direito constitucional não passa de um meio de estabelecer a propriedade privada como um direito "provisional" de consumidores e empreendedores. A estrutura jurídica do neoliberalismo exige que a lei seja entendida explicitamente em termos antirrepublicanos (utilizando-se, sempre, da retórica do republicanismo): no neoliberalismo, a lei não tem mais a intenção de organizar os cidadãos – entendidos como sujeitos capazes de criar lei – em uma sociedade livre (*civitas*). Ao invés disso, a lei favorece uma liberdade negativa ("livre arbítrio" e a "busca" dos interesses próprios) que, por sua vez, conduz os sujeitos a comportarem-se entre si seguindo as normas legais que estruturam a ordem espontânea do mercado livre (*societas*). Esta concepção neoliberal de lei se nega a perceber os cidadãos enquanto membros de um mesmo povo com direitos iguais diante da constituição. Ao contrário, eles são vistos como nada mais que espécimes de uma população que está sujeita a uma ordem normativa: uma ordem normativa da qual eles se tornaram inteiramente dependentes (*alieni iuris*).

Policiando a economia: o significado de *nomos* no neoliberalismo

Foucault afirma que na governamentabilidade neoliberal "a lei opera cada vez mais segundo o princípio das normas, e a instituição jurídica é cada vez mais incorporada ao contínuo de aparatos cujas funções são, na maior parte, regulatórias" (*WK*, 144). Ao perder seu sentido político ou constitucional, a "jurisprudência" [*judge-made law*] do liberalismo torna-se parte de ordens *administrativas* tanto nacionais quanto transnacionais: a lei se submete às normas daquilo que Foucault, seguindo von Justi, chama de *Polizeiwissenschaft* (ciência do policiamento público). A jurisprudência e o policiamento de ações estão intimamente relacionados. Foucault mostra que o espaço privado que o sistema judiciário liberal e neoliberal protege contra intervenções de natureza política ou estatal não é um vácuo normativo, e sim um espaço "seguro" proporcionado pela atividade normalizadora da polícia.[21] No entendimento de Foucault, polícia são todos os *dispositifs* ou arranjos que mantêm segura a livre circulação de objetos, pessoas e informações essenciais à existência de uma *catallaxy* ou de um mercado livre, provendo assim "garantias" contra acontecimentos imprevisíveis do mercado.[22] O governo neoliberal – cuja meta basilar é garantir mecanismos de mercado livre transparentes e competitivos em uma sociedade que se utiliza de estruturas jurídicas para regular a conduta dos indivíduos – exerce biopoder na medida em que "assegura as vidas" de indivíduos por meio de uma série de controles que operam sobre a sociedade (civil) e atribuem a cada indivíduo a tarefa de produzir um "excedente" de vida biológica.[23] Citando Foucault: "A finalidade da polícia é o permanente aumento da produção de algo novo que deve potencializar a vida dos cidadãos e a força do Estado. A polícia não governa pela lei, mas por uma intervenção específica, permanente e positiva sobre o comportamento dos indivíduos".[24]

Nesse sentido, não é exagero chamar de polícia, no neoliberalismo, todos os *dispositifs* que proporcionam um "seguro de vida" [*life insurance*], no mais vasto sentido do termo.

---

[21] É crucial que Hayek atribua ao governo apenas um papel: a execução de normas; por isso, a ação policial é para ele uma preocupação central. Todas as outras funções do governo, basicamente as de prover pelas carências que indivíduos e corporações não são capazes de proporcionar (por exemplo, serviços públicos), são para Hayek funções secundárias do Estado. Ambas estas funções, consideradas juntas, correspondem àquilo que Foucault compreende como *Polizei* (polícia).

[22] A respeito de segurança e seguro numa perspectiva biopolítica, conferir Dillon (2011) e Lobo-Guerrero (2010).

[23] Para este conceito, me refiro a Vatter, "Biopolitics"; e também Cooper, *Life as Surplus*.

[24] Foucault, "The Political Technology of Individuals" (In: *DE*, p. 415).

Esse seguro de vida é necessário porque as liberdades liberais ou negativas que resultam dos limites impostos pelo sistema judiciário e pelo sistema da economia política, em acordo com a soberania do Estado, não transformam, em si mesmas, o espaço privado em um espaço seguro. É claro, as leis do Estado têm a intenção de prevenir que os indivíduos "prejudiquem" uns aos outros, mas o liberalismo entende como ilegítimo legislar com o fim de "assegurar" as vidas ou a felicidade dos indivíduos. Isto fica evidente quando se pensa que o "princípio do dano" [*harming principle*], o único critério para a legislação estatal que, segundo Mill, não deve desconsiderar todos os tipos de experimentação e, portanto, todos os tipos de insegurança que dizem respeito à forma de vida de qualquer um, independentemente se o resultado acabe por prejudicar ou beneficiar o próprio indivíduo. Como aponta Hayek:

> [...] descobre-se não apenas que nem todas as expectativas podem ser protegidas por meio de regras gerais, mas também que a chance de assegurar a maior quantidade possível de expectativas será mais bem aprimorada se algumas expectativas forem sistematicamente frustradas. Isto também quer dizer que não é possível ou desejável prevenir todas as ações que prejudicarão outros indivíduos, mas apenas alguns tipos de ações (HAYEK, 1973, p. 102).

Na sociedade civil, é a vida biológica dos indivíduos que se expõe a um novo campo de "insegurança" gerada pela própria imprevisibilidade e espontaneidade que caracterizam ordens espontâneas.[25] A questão não é apenas a óbvia insegurança a que são lançados os trabalhadores;[26] do lado dos detentores dos meios de produção, a hegemonia do capital financeiro e a chamada democratização do crédito conduziram ao uso de instrumentos financeiros como os derivativos, cuja intenção é generalizar o risco de um investimento para "garantir" um retorno – sem falar em teorias como a de Hyman Minsky, cujo postulado é que a instabilidade financeira é um pré-requisito para estratégias de investimento. No geral, a radical ausência de garantia que os investimentos transformam em lucro é exigida pela ideia neoliberal de "competição" que, diz-se, caracteriza a forma ou *eidos* de uma economia de mercado livre.[27] Precisamente,

[25] Adiciono a este contexto a importância da interpretação de Lemke a respeito da relação entre Foucault e o projeto de uma crítica da economia política. Conferir Lemke (2004, 2008).

[26] Basta pensar em como esta insegurança da classe trabalhadora, seu declínio a condições miseráveis de pobreza e trabalho, são pensadas de Malthus e Ricardo até Marx. A respeito da nova insegurança do capitalismo neoliberal, conferir Boltanski e Chiapello (1999).

[27] Conferir *BB*, 118–121, a respeito da regulação neoliberal da competição. Geralmente, risco e seguro caminham juntos – só faz sentido assegurar-se quando um risco é reconhecido.

a garantia ou o seguro contra riscos se torna fundamental na normatividade neoliberal porque as regras de justa conduta somente protegem o indivíduo na medida em que o expõem a mais danos. Na ausência de justiça social, o neoliberalismo provê modelos que buscam tornar acessíveis coberturas de seguro para todos, o que reflete a exposição universal a riscos catastróficos.

Segundo minha leitura, o neoliberalismo é para Foucault um tipo de discurso que tenta assegurar a vida dos indivíduos, seja a biológica ou a da espécie, contra os "riscos" a que estão expostos na sociedade civil, isto é, em meio a uma sociedade que não mais precisa temer pelo poder soberano do Estado. As normas do poder policial ou do biopoder produzem esta "garantia" da vida biológica de cada indivíduo contra os riscos inerentes à sociedade civil. A polícia gera uma "mais-valia", não de capital, mas da própria vida biológica. Nas palavras de Foucault, as intervenções da polícia têm a intenção de "suprir [os homens] com um *pouco mais de vida* – e, ao fazê-lo, suprir o Estado com um *pouco mais de força*. Isto é possível por meio do controle das comunicações, ou seja, das atividades comuns dos indivíduos (trabalho, produção, consumo, alojamento)" (*OES*, 319). De acordo com esta hipótese, quando a vida biológica dos indivíduos for completamente vigiada e controlada (em meus termos: for "assegurada"), só então a liberdade negativa garantida aos sujeitos pela autolimitação da soberania não será mais uma fonte de insegurança. Trata-se, sim, da inibição de atividades, mas muito mais de um convite ao indivíduo para se tornar um empreendedor, para viver de um modo "livre e responsável" que possibilita aquilo que os economistas políticos chamam de "competição" e que se encontra no centro de toda a produção de mais-valia no capitalismo tardio. É por isso que Foucault pode dizer que o panóptico não é apenas um modelo de poder disciplinar, mas também se mantém como "a fórmula política geral" da biopolítica liberal (*BB*, 67). Assim, se a intervenção na economia política discutida acima aponta para a "juridificação" da ordem normativa neoliberal, então a geração de segurança e "seguro de vida" aponta para a "biologização" da ordem normativa neoliberal. Juntas, elas tornam possível a coordenação "espontânea" de condutas que caracteriza a economia política.

Lei como resistência: povo *versus* população em Foucault

A ideia de "mais-valia vital" me abre a possibilidade de trilhar uma conclusão provisória ao relacioná-la ao modelo biológico de ordem normativa de Canguilhem (1966) exposto no início deste texto. A sugestão de Canguilhem de que o planejamento da economia política pode ser entendido enquanto uma tentativa do Estado em tornar-se menos parecido com uma máquina e mais próximo a um organismo vivo implica na ideia de que a mais-valia vital não apenas é o resultado da desregulamentação da economia e do crescente policiamento da sociedade, tal como o neoliberalismo propõe, mas que também pode realizar um aumento da capacidade política para a auto-organização (ou constituição política) de um povo e de uma cidadania. Afinal, é um tema próprio ao pensamento republicano a noção de que uma constituição política concede ao corpo político uma organização que permite a cada fração de um povo engajar-se numa permanente reelaboração de si mesmo a partir de e por meio de suas ações políticas; esta permanente reelaboração de si mesmo é o conteúdo de sua própria "vida" política. Uma parte desta intuição se encontra na tentativa foucaultiana de abrir a possibilidade para uma biopolítica afirmativa que se aproveite da normatividade de seres vivos para resistir à normalização social e alcançar uma relação mais criativa para com as normas, uma criatividade normativa completamente oposta à normatividade do empreendedor. De acordo com esta hipótese, a resistência política se formaria a partir de uma apropriação comunitária daquilo que eu tenho chamado de "mais-valia vital", que é expropriada da vida econômica e política do povo pelo *nomos* neoliberal e particionada em várias subpopulações policiadas. De forma geral, esta é uma abertura proporcionada por pensadores associados à recepção italiana de Foucault, principalmente Giorgio Agamben, Antonio Negri e Roberto Esposito. Resta agora indicar por que a abertura foucaultiana à possibilidade de uma biopolítica afirmativa está presente numa tradição revolucionária de pensamento republicano.

A reconciliação ilusória entre lei e ordem na ordem normativa neoliberal é possível porque a lei é destituída de sua concepção original de auto-organização política de um povo (isto é, o ideal republicano do constitucionalismo), e transformada então em "jurisprudência" [*judge-made law*]. Simultaneamente, o *nomos* neoliberal concede à lei a função de policiar condutas e gerar segurança na forma de garantia e de seguro da vida biológica. O aumento da atividade legislativa e constitucional nos regimes neoliberais se deve ao fato de que apenas a lei torna "aceitável" o "poder essencialmente normalizador" da polícia.[28] Mas se, também no liberalismo, o poder-como-lei se mantém como o padrão de legitimação ou aceitação racional do poder, então a reconciliação neoliberal da

---

[28] Aqui, a análise de Foucault sobre o neoliberalismo está de acordo com a crítica de Walter Benjamin à *Gewalt* [violência] e ao desmascaramento da polícia como o "cerne pútrido" do sistema jurídico burguês.

antinomia entre lei e ordem gera inevitavelmente uma antinomia própria: quanto mais a lei é aplicada em sua função policial, menos ela é capaz de ser empregada em funções políticas, ou seja, enquanto meios de um povo se (auto)organizar. Neste sentido, todo excesso de segurança é necessariamente acompanhado por um déficit de legitimação política.

O custo da mais-valia vital, da qual depende a conduta empreendedora, é um crescente déficit de legitimidade do sistema legal e do poder legislativo do Estado. Recentemente, o neoliberalismo tentou apaziguar esta contradição ao projetar a conduta do empreendedor no âmbito da sociedade civil para dentro da esfera pública do Estado: por isso os sucessivos empreendedores que se tornaram primeiros-ministros e presidentes ao prometer conduzir o país tal como conduziam suas empresas. Mas esta tentativa também terá um efeito colateral: tomar o empreendedor como modelo a ser seguido pelo legislador só pode acelerar o processo de transformação do Estado em uma companhia privada, com desastrosas consequências à sua capacidade de gerar a mesma aceitação requerida por aquelas práticas policiais normalizadoras. A atual carência de "representatividade" dos legisladores é um mero sintoma do fato de que as "leis" que eles criam há muito tempo deixaram de ser leis no sentido republicano do termo. Portanto, seus clamores de que o povo deveria apoiá-los só poderia realizar-se pela tentativa, da parte do povo, de tomar de volta seu poder legislativo e tornar-se, de forma direta, aquilo que o republicanismo sempre o considerou: o poder constituinte da sociedade. A popularidade crescente de iniciativas por "democracia direta" na sociedade civil é um sintoma que responde à antinomia gerada pela jurisprudência neoliberal.

É esse tipo de antinomia que levou Foucault, nos últimos anos de sua vida, a retornar à lógica republicana de uma racionalidade política em que a soberania do Estado é limitada por um sistema jurídico que expressa a existência de um "direito inato" de ter direitos civis e políticos. No entendimento republicano do direito natural, o direito inato de ter direitos é um direito de pertencer, enquanto indivíduo, a um povo constituinte que dá a lei a si mesmo. O "direito inato" de pertencer a um povo é o *único direito que não pode ser julgado por uma jurisprudência [judge-made law]*. É por isso que Foucault insiste na manutenção da antiga categoria de povo: "generalizando, o povo é aquele conjunto que resiste à regulação de uma população, que tenta evitar o aparato pelo qual a população existe, é preservada, subsiste, e subsiste em um nível otimizado. Esta oposição entre povo e população é muito importante" (*STP*, 44). Foucault chama essa compreensão dos direitos de "revolucionária" e a opõe à concepção liberal de direitos. No modelo de direitos republicanos, a legitimidade do Estado advém da autolimitação da arte de governar diante de um novo "campo" de liberdades (direitos), cuja "natureza" o Estado não comanda. A questão então é: a que entendimento de natureza viva corresponde este direito "inato" de ter direitos? No fim do primeiro volume de *História da sexualidade*, Foucault afirma que, quando uma vida biológica se torna um problema político, como ocorre na governamentabilidade liberal, então as lutas políticas e as resistências ao poder normalizador tomam a forma de uma luta por uma série de novos direitos, tais como "o direito à vida, ao próprio corpo, à saúde, à felicidade, à satisfação de necessidades ... o direito de redescobrir o que se é e tudo o que se pode ser" (*WK*, 145). Não penso que Foucault tenha rejeitado aqui estas lutas por novos direitos: elas são a "resposta política" ao retorno do poder pastoral no neoliberalismo.[29] O que Foucault tenta elaborar em seus últimos anos é a compreensão de uma nova subjetividade que pode dar suporte a estes novos direitos biopolíticos. Esta pesquisa o conduz da questão crítica kantiana, que para Foucault é a questão "como posso ser menos governado", de volta à compreensão greco-romana do domínio de si enquanto técnica e trabalho que o indivíduo opera sobre si mesmo para colocar seu excedente de vida a serviço de um uso mais social, mais criativo. Mas isso também implica firmar o direito "inato" de ter todos esses novos direitos civis sobre as características da vida biológica que são compartilhadas por seres humanos, enquanto uma espécie viva, com outras espécies vivas, e que exploram os poderes da vida biológica de resistir à normalização imposta por normas sociais. O direito "inato" de fazer parte de um "povo" não pode se sustentar sobre uma construção prévia de um espaço público de mútuo reconhecimento estruturado por direitos civis e políticos, pois o povo precede tal espaço. É preciso agora pensar as raízes biopolíticas do direito natural de ter direitos, o direito de formar um povo, que necessariamente – já que é compartilhado por toda a raça humana – não mais será uma concepção territorial de povo. A tarefa de reconstruir um republicanismo cosmo-político que é adequado à era do biopoder após Foucault ainda não chegou ao fim.

Referências

AGAMBEN, G. *Homo sacer: Sovereign Power and Bare Life*. Translated by D. Heller-Roazen. Stanford: Stanford University Press, 1998.

---

[29] Neste sentido, concordo com Patton (2005, p. 270), sobre a existência de um discurso positivo em Foucault a respeito dos direitos, sendo que, para mim, a base desses novos direitos deve ser entendida a partir da distinção entre poder pastoral e poder político, tendo como ideal nuclear do poder político o domínio-de-si (*sui iuris*).

AGAMBEN, G. *Il regno e la gloria: per una genealogia teologica dell'economia e del governo.* Torino: Bollati Boringhieri, 2009.

BOLTANSKI, L.; CHIAPELLO, E. *Le nouvel esprit du capitalisme.* Paris: Gallimard, 1999.

CALDWELL, B. J. Hayek's Transformation. *Journal of Political Economy,* v. 20, n. 4, p. 513-541, 1988.

CANGUILHEM, G. *Études d'histoire et de philosophie des sciences.* Paris: Vrin, 1983.

CANGUILHEM, G. *A Vital Rationalist: Selected Writings from Georges Canguilhem.* Edited by F. Delaporte. New York: Zone Books, 1994.

CANGUILHEM, G. *Le normal et le pathologique.* Paris: PUF, 1966.

COOPER, M. *Life as Surplus: Biotechnology and Capitalism in the Neoliberal Era.* Seattle: University of Washington Press, 2008.

DILLON, M.; NEAL, A. (Eds.). *Foucault on Politics, Security, and War.* London: Palgrave Macmillan, 2011.

ESPOSITO, R. *Bios: biopolitica e filosofia.* Turin: Einaudi, 2004.

FASSIN, D. Another Politics of Life Is Possible. *Theory, Culture, and Society,* v. 26, n. 5, p. 44-60, 2009.

FITZPATRICK, P; GOLDER, B. *Foucault's Law.* London: Routledge, 2009.

FOUCAULT, M. The Birth of Biopolitics: Lectures at the Collège de France, 1978–1979. New York: Palgrave Macmillan, 2008. FOUCAULT, M. *Dits et Écrits: Tome II, 1976-1988.* Paris: Gallimard, 2001.

FOUCAULT, M. The Ethics of the Concern of the Self as a Practice of Freedom. In: *Ethics: Subjectivity and Truth: Essential Works of Michel Foucault, 1954-1984: Volume I.* Edited by P. Rabinow. New York: New Press, 2006. p. 281-301.

FOUCAULT, M. *The Hermeneutics of the Subject: Lectures at the Collège de France, 1981-1982.* New York: Palgrave Macmillan, 2005.

FOUCAULT, M. *The History of Sexuality: Volume I, an Introduction. The Will to Knowledge.* London: Penguin, 1998.

FOUCAULT, M. 'Omnes et Singulatim': Toward a Critique of Political Reason. In: *Power: Essential Works of Foucault, 1954-1984: Volume 3.* Edited by J. D. Faubion. New York: New Press, 2000. p. 298-325.

FOUCAULT, M. The Subject and Power. In: *Power: Essential Works of Foucault, 1954-1984: Volume 3.* Edited by J. D. Faubion. New York: New Press, 2000. p. 326-348.

FOUCAULT, M. *Security, Territory, Population: Lectures at the Collège de France, 1977-1978.* Translated by G. Burchell. New York: Palgrave Macmillan, 2007.

GEHRING, P. Foucault's "juridischer" Machttyp, die *Geschichte der Gouvernamentalität* und die Frage nach Foucaults Rechtstheorie. In: VOLKMER, M.; KRASMANN, S. (Eds.). *Michel Foucault's "Geschichte der Gouvernementalität" in den Sozialwissenschaften.* Bielefeld: Transcript Verlag, 2007. p. 157-80.

HAYEK, F. A. Nomos: The Law of Liberty. In:____. *Law, Legislation and Liberty.* London: Routledge, 1973. v. 1, p. 94-124. (Rules and Orders).

HAYEK, F. A. The Principles of a Liberal Social Order, Two Pages of Fiction: The Impossibility of Socialist Calculation, and The Use of Knowledge in Society. In: NISHIYAMA, C.; LEUBE, K. (Eds.) *The Essence of Hayek.* Stanford, Calif.: Hoover Institution Press, 1984.

LE BLANC, G. *Canguilhem et les normes.* Paris: PUF, 1998.

LEGRAND, S. *Les normes chez Foucault.* Paris: PUF, 2007.

LEMKE, T. "Marx sans guillemets": Foucault, la gouvernementalité et la critique du néoliberalisme. *Actuel Marx,* v. 36, n. 2, p. 13-26, 2004.

LEMKE, T. *Gouvernamentalität und Biopolitik.* Wiesbaden: VS Verlag für Sozialwissenschaften, 2008.

LEMM, V.; VATTER, M. (Eds.). *The Government of Life: Foucault, Biopolitics and Neoliberalism.* New York: Fordham University Press, 2014.

LOBO-GUERRERO, L. *Insuring Security: Biopolitics, Security and Risk.* London: Routledge, 2010.

MIROWSKI, P.; PLEHWE, D. (Eds.). *The Road from Mont Pèlerin: The Making of the Neoliberal Thought Collective.* Cambridge: Harvard University Press, 2009.

MIROWSKI, P. Naturalizing the Market on the Road to Revisionism: Bruce Caldwell's "Hayek's Challenge" and the Challenge of Hayek Interpretation. *Journal of Institutional Economics,* v. 3, n. 3, p. 351-72, 2007.

MUHLE, M. *Eine Genealogie der Biopolitik: Zum Begriff des Lebens bei Foucault und Canguilhem.* Bielefeld: Transcript Verlag, 2008.

NAPOLI, P. *Naissance de la police moderne: pouvoir, normes, société.* Paris: La Découverte, 2003.

PATTON, P. Foucault, Critique, and Rights. *Critical Horizons,* v. 6, n. 1, p. 267-287, 2005.

RANCIÈRE, J. *Hatred of Democracy.* London: Verso, 2009.

RANCIÈRE, J. *La mésentente: politique et philosophie.* Paris: Galilée, 1995.

SKINNER, Q. *Visions of Politics.* Cambridge: Cambridge University Press, 2002. v. II (Renaissance Virtues).

SKINNER, Q. *Liberty before liberalism.* Cambridge: Cambridge University Press, 1998.

SPIEKER, J. Defending the Open Society: Foucault, Hayek, and the Problem of Biopolitical Order. *Economy and Society,* v. 42, n. 2, p. 304-321, 2013.

VALVERDE, M. Law versus History: Foucault's Genealogy of Modern Sovereignty. In: DILLON, M.; NEAL, A. (Eds.). *Foucault on Politics, Security, and War.* Hampshire: Palgrave Macmillan, 2011. p. 135–50.

VATTER, M. Biopolitics: From Surplus Value to Surplus Life. *Theory and Event,* v. 12, n. 2, 2009.

VATTER, M. The People Shall Be Judge: Reflective Judgment and Constituent Power in Kant's Philosophy of Law. *Political Theory*, v. 39, n. 6, p. 749–76, 2011.

VATTER, M. Pettit and Modern Republican Political Thought. In: M. WILLIAMS, M.; MACEDO, S. (Eds.). *Political Exclusion and Domination: NOMOS XLVI*. New York: New York University Press, 2005. p. 118-163.

VATTER, M. *The Republic of the Living. Biopolitics and Civil Society*. New York: Fordham University Press, 2014.

Da biopolítica após Foucault: sustentabilidade dos sistemas e vidas insustentáveis

António Fernando Cascais

Michel Foucault decerto nunca poderia ter antecipado a enorme repercussão das suas reflexões seminais sobre a biopolítica, nem, por isso mesmo, a sempre reativada atualidade que a explica. Nada nos seus textos prova que sequer tivesse entrevisto aquilo mesmo que as suas extraordinárias intuições daquela época, relidas agora, nos põem diante do olhar, atônito pelo rumo que a biopolítica segue nos tempos que vivemos. Também é certo que Foucault descreve os primórdios de um processo histórico cujos desenvolvimentos últimos não poderia prever, sobretudo se lembrarmos que o seu desaparecimento é anterior à mudança global do quadro geopolítico subsequente à queda do muro de Berlim e à implosão da União Soviética, com as concomitantes mutações nas relações de forças entre países. São elas que estabelecem as coordenadas econômicas e político-sociais dos desenvolvimentos mais recentes da biopolítica que Foucault não poderia vislumbrar, mas sobre os quais a sua pioneira teorização da biopolítica lança uma tão surpreendente quanto atualíssima luz.

Muito antes da teorização da biopolítica em *A vontade de saber*, Foucault tinha adiantado algumas afirmações que são de extrema relevância para esclarecer e explorar até às suas mais produtivas consequências algumas das implicações dela. Em *A vontade de saber*, quando afirma que "(u)ma sociedade normalizadora é o efeito histórico de uma tecnologia de poder centrada na vida" (FOUCAULT, 1977, p. 148), Foucault mais não faz do que prolongar a descrição dos contornos da moderna sociedade disciplinar e normalizadora nos seus primórdios, empreendida em *Vigiar e punir*, agora com uma reflexão que já avança uma ideia completamente formada de biopoder e de biopolítica. Biopoder é "o conjunto de mecanismos por intermédio dos quais aquilo que, na espécie humana, constitui os seus traços biológicos fundamentais, vai poder entrar no interior da política, dito de outro modo, a forma como a sociedade, as sociedades ocidentais modernas, a partir do século XVIII, voltaram a levar em conta o fato biológico fundamental de o ser humano constituir uma espécie humana" (FOUCAULT, 2004, p. 3). Prosseguindo, ao afirmar que, a dada altura, as disciplinas atravessaram o limiar tecnológico (FOUCAULT, 2013, p. 257), Foucault estabelece o laço indissolúvel entre a arrancada epistemológica da modernidade, duplamente assente num afinamento das relações de poder e na multiplicação dos efeitos de poder graças à formação e à acumulação de novos conhecimentos, e o desenvolvimento, seu contemporâneo, das várias outras tecnologias agronômicas, industriais, econômicas, que estão na origem do crescimento da produtividade econômica. Por outras palavras, o que Foucault está dizendo é que este processo histórico só se pode compreender no quadro mais vasto da mobilização técnica generalizada que é coextensiva à modernidade:

> Se a descolagem econômica do Ocidente começou com os processos que permitiram a acumulação do capital, pode dizer-se, talvez, que os métodos para gerir a acumulação dos homens permitiram uma descolagem política relativamente a formas de poder tradicionais, rituais, dispendiosas, violentas e que, rapidamente caídas em desuso, foram substituídas por toda uma tecnologia minuciosa e calculada da sujeição. De fato, os dois processos – acumulação dos homens e acumulação do capital – não podem ser separados; não teria sido possível resolver o problema da acumulação dos homens sem o desenvolvimento de um aparelho capaz de os manter e de os utilizar; inversamente, as técnicas que tornam útil a multiplicidade cumulativa dos homens aceleram o movimento de acumulação do capital. [...] Cada uma delas tornou a outra possível e necessária; cada uma serviu de modelo à outra (FOUCAULT, 2013, p. 253-254).

Estes conteúdos serão recuperados por Foucault em um nível superior de complexidade na teorização da biopolítica, mas não sem antes proceder, em *A vontade de saber*, à articulação entre a sua teoria do poder – que é essencialmente produtivo – e a mobilização indefinidamente produtiva, autoproliferante, que é própria do biopoder.

Em *A vontade de saber*, antes mesmo de definir a biopolítica, conjuntamente com o biopoder e a bio-história, começa por a situar relativamente à sua teoria do poder tal como ele se exerce na sociedade somatocrática moderna e, designadamente, a uma das suas mais importantes lições, senão mesmo a mais importante: "O 'imposto' tende a não ser já a forma principal, mas apenas uma peça no meio de outras que têm funções de incitamento, de reforço, de controle, de vigilância, de crescimento e de organização das forças que submete: um poder destinado a produzir forças, a fazê-las crescer e a ordená-las, mais do que votado a vedá-las, a submetê-las ou a destruí-las" (FOUCAULT, 1977, p. 140-141). Por sua vez, o caráter produtivo, mobilizador, multiplicador deste poder conjuga-se com o fato de o biopoder se exercer no "nível da vida, da espécie, da raça e dos fenômenos maciços de população" (FOUCAULT, 1977, p. 142), que desloca o princípio do "poder matar para poder viver" do antigo domínio da guerra entre Estados, empreendida por meio da sua existência soberana, para o moderno domínio da existência biológica de uma população, o que faz com que a guerra moderna comporte sempre uma dimensão genocidária de eliminação física do adversário, o seu aniquilamento mais do que a sua simples neutralização militar, como ainda se pôde verificar com a guerra de limpeza étnica com o desmembramento da ex-Iugoslávia. É precisamente esta conjugação que se exprime e se resume na recorrentemente citada afirmação de Foucault – "Poderíamos dizer que ao velho direito de *fazer* morrer ou de *deixar* viver se substituiu um poder de *fazer* viver ou de *rejeitar* para a morte" (FOUCAULT, 1977, p. 142) – sobre cujo comentário se pode afirmar, grosso modo, que Giorgio Agamben irá erguer a sua tese segundo a qual a relação política originária é o abandono (AGAMBEN, 1998, p. 195-202).

No entanto, ao tempo em que Agamben segue os passos de Foucault para desenvolver a sua própria reflexão sobre a biopolítica, ainda não tinham vindo à luz os cursos do Collège de France, nos quais, como se veio a verificar, além de completar, esclarecer e aprofundar o que já tinha adiantado em *Vigiar e punir* e em *A vontade de saber*, Foucault oferecia perspectivas inéditas a partir de inflexões na sua pesquisa que mal se deixavam adivinhar na obra publicada em vida. *Nascimento da biopolítica* é a obra emblemática deste ponto de vista, pois revela um Foucault desconhecido que formula teses sobre a atual sociedade securitária a que a biopolítica deu origem. Ele situa-a no contexto do liberalismo económico e numa época, o século XX, que praticamente toda a sua obra publicada tinha preterido em relação aos primórdios da modernidade. Isto faz de *Nascimento da biopolítica* o texto foucaultiano que, menos centrado na biopolítica propriamente dita, de cuja exposição ele admite ter-se afastado logo nas primeiras páginas, mais contribui, no entanto, para a redefinir em termos diversos de *A vontade de saber*.

Nomeadamente, Foucault demonstra de forma definitiva e convincente que o famoso problema da descolagem econômica do Ocidente nos séculos XVI-XVII se deve a uma acumulação acelerada de capital humano, mais do que à de capital físico: "Criação da utilidade pública a partir da ocupação, da atividade, a partir do fazer homens" (FOUCAULT, 2004a, p. 330). Acontece que "a temática do homem, através das ciências humanas que o analisam como ser vivo, indivíduo trabalhador, sujeito falante, é preciso compreendê-la a partir da emergência da população como correlato de poder e como objeto de saber. O homem não passa, afinal, tal como ele foi pensado, definido a partir das ciências ditas humanas do século XIX e tal como foi refletido no humanismo do século XIX, este homem não passa, finalmente, de uma figura da população" (FOUCAULT, 2004a, p. 81). A população é um conjunto de elementos cujo regime geral é o dos seres vivos e que permite deixar de chamar aos homens o "gênero humano", para lhe passar a chamar a "espécie humana", de tal maneira que "o problema político moderno [...] está ligado absolutamente à população" (FOUCAULT, 2004a, p. 78). Com efeito, Foucault é porventura o autor que mais precoce e incontornavelmente se deu conta da captura tecnocientífica da população, enquanto multidão de corpos que são constituídos em matéria-prima indefinidamente manipulável que, por essa via, é colocada em circulação no sistema econômico. Tal foi possibilitado

> [...] por uma técnica de intervenção que consistia em aplicar, à sociedade e à economia, um tipo de racionalidade que se considerava válida no interior das ciências da natureza. Em suma, aquilo que chamamos a técnica. A tecnicização da gestão estatal, do controle da economia, a tecnicização também na própria análise dos fenômenos econômicos [...] essa espécie de vertigem tomada pela arte liberal de governar, vertigem que lhe faz procurar, na aplicação à sociedade do esquema de racionalidade próprio da natureza, um princípio de limitação, um princípio de organização que conduziu, enfim, ao nazismo. [...] tem-se assim o ciclo de uma racionalidade que comporta intervenções, intervenções que acarretam um crescimento do Estado, crescimento do Estado que acarreta o estabelecimento de uma administração que funciona, ela própria, segundo tipos de racionalidade técnica, que constituem precisamente a gênese do nazismo através de toda a história do capitalismo desde há dois séculos, em todo o caso desde há século e meio (FOUCAULT, 2004b, p. 118-119).

Essa é uma das muito esclarecedoras passagens de *Nascimento da biopolítica* sobre o pensamento de Foucault quanto ao lugar e à função do nazismo na modernidade, que dá um contributo decisivo para romper com as teses, longamente prevalecentes, que o apresentavam como exceção histórica absoluta, como interrupção atávica ou regressiva do curso linear e emancipador da racionalidade moderna e explicável apenas com base em circunstâncias excepcionais, circunscritas e irrepetíveis pela sua própria natureza. Se em *A vontade de saber* isto era já claramente sugerido, os cursos do Collège de France provam que não se tratava de intuições relativamente secundárias, apartes brevemente esquecidos no fio do raciocínio foucaultiano, o qual realmente fornece a interpretação mais presciente e com mais consequências para a nossa história e a nossa política de algo que, melhor do que ninguém, os próprios dignitários do regime muito bem sabiam: Rudolf Hess, que define o nazismo como o primeiro estado *biologisch* da história, e Heinrich Himmler, que tinha caraterizado a massa humana arrebanhada nos campos de concentração a que superintendia como *Menschenmaterial*, material humano.

O que Foucault faz com isso é traçar o percurso histórico do projeto moderno de ortogênese integral do corpo-espécie – não só crescer, mas sobretudo *crescer bem* – o qual começa por consubstanciar-se no darwinismo social dominante nas ciências sociais e nas políticas públicas dos Estados-nação democráticos na viragem do século XIX para o século XX, que culmina com as medidas de eugenia positiva e de eugenia negativa e a proposta de eliminação das vidas sem valor, as *lebensunwertens Leben* dos inspiradores da biomedicina nazi, mas que a precederam e se afirmaram antes do próprio regime. Nos regimes democráticos, isto já sucedia antes do nazismo e prossegue, inclusive, depois dele durante algum tempo. O que o nazismo fez foi consumá-lo e inclusive superá-lo, por via da seleção dos grupos biossociais que devem sobreviver e para os quais deve ser desviado o grosso dos recursos, e a discriminação daqueles outros grupos a quem tais recursos devem ser negados, ou aos quais são atribuídos tão-só os recursos indispensáveis ao custeamento da sua própria eliminação segundo regras que tanto são econômicas como biomédicas, ou, mais concretamente: sobrevivência dos considerados aptos, saudáveis, produtivos, ao preço da eliminação dos tidos por irrecuperáveis, improdutivos, insustentáveis e, por extensão, ou pela sua própria natureza, inimigos da saúde do corpo-espécie, no caso do eugenismo higienista-social dos países democráticos, ou do corpo-nação, do corpo-povo, do corpo-raça, no caso das políticas higienistas-raciais da medicina do Estado *biologisch* nazi. Por outras palavras, eis como a biopolítica se metamorfoseia sem esforço numa tanatopolítica e de que os campos de concentração nazis constituíram a epítome, quando neles se transformavam os corpos em material humano disponível, matéria-prima carnal indefinidamente mobilizável, e não só como força de trabalho escravo, mas como matéria-prima de experimentação e de manufatura totalmente disponível e a processar industrialmente tanto sob a forma viva como sob a forma de cadáver, o que por sua vez se inseria num sistema mais vasto que englobava toda a sociedade, com as suas políticas de higiene racial, e os concomitantes procedimentos de eugenia positiva e negativa, esterilização e eutanásia maciças.

Precisamente um quadro que adivinhamos, para não dizer que reconhecemos mesmo, com as necessárias anamorfoses e deslocamentos, na atual problemática da sustentabilidade e da gestão regulada dos sistemas de prestação de cuidados de saúde, hoje tão candente e na ordem do dia dos Estados democráticos, no quadro pós-colonial onde se confrontam com potências ascendentes no domínio dos mercados globais, como o eram para o Estado nazi no quadro da competição imperial entre potências por domínios territoriais (tematizado pelo expansionismo doutrinário nazi como a luta pelo *lebensraum*, o espaço vital). Assim o confirma Hermínio Martins (2003):

> Os grandes perigos já não advêm tanto da engenharia social holística, o alvo principal da crítica popperiana, como da engenharia natural holística, da escala, diversidade, latência, cumulatividade, longevidade e irreversibilidade prática dos seus efeitos, manifestos ou potenciais. E, de facto, neste caminho as grandes incertezas sobre os seus impactos estão bem patentes nas controvérsias sobre o efeito de estufa, o buraco da camada de ozono, a escala da extinção biótica, sem falar dos OGMs. Neste caso, também entram em jogo os interesses e perspetivas de diferentes disciplinas, dum lado a engenharia genética, do outro a ecologia e a genética das populações [...], sem falar das apetências tecno-científico-económicas, enfim, do que um analista chamou a "ciência pós-normal" (MARTINS, 2003. p. 391).

Foucault abre as portas ao entendimento de que as condições de possibilidade do nazismo e do processo concentracionário que culmina no Holocausto constituem a *nemesis* da modernidade. Nisto, e como muito justamente assinala Roberto Esposito, Foucault, tal como Hanna Arendt, terá aceitado o desafio intelectual de se confrontar com o mal radical, ambos conscientes de que só se podia regressar do fundo do abismo conhecendo-lhe as derivas e precipícios, como também crê que o teria feito Heidegger, mas que se aproximou tanto daquele vórtice que correu o risco de se deixar engolir por ele (ESPOSITO, 2010, p. 27). Com efeito, se a atenta reflexão de Foucault sobre a bioeconomia, a produção bioeconômica de capital humano, e a sua relação com a dinâmica biopolítica nazi permitiu lançar uma luz determinante sobre a integração do nazismo no processo histórico da modernidade, fez ainda mais do que isso. Abriu o caminho para a compreensão cabal de como o nazismo pode constituir a funesta e apocalíptica resposta para uma tensão coextensiva à própria modernidade. É a tensão gerada pelos efeitos da mobilização do material humano, do crescimento exponencial da sua produtividade, tanto do ponto de vista quantitativo como do ponto de vista qualitativo. De fato, ambos se combinam: quantitativamente, a questão que se põe é a de como lidar com os excedentes, estabelecendo quotas e limites para um crescimento de outro modo descontrolado; qualitativamente, a questão é a de conceber critérios de apuramento e seleção qualitativa do material humano com o concomitante expurgo e eliminação dos indivíduos inaproveitáveis, improdutivos ou insustentáveis que comprometem a ortogênese dele. A idade de ouro do eugenismo social-darwinista coincidiu com o ponto de saturação máxima daquela tensão e culminou com a biopolítica nazi, que dá o passo final que a transformaria numa tanatopolítica de rentabilização bioeconômica do extermínio industrial. Só para dar um exemplo ilustrativo, entre os eugenistas portugueses que faziam a recepção das concepções eugênicas da medicina *mainstream* mundial e que tinham na higiene racial do Terceiro Reich a sua realização modelar, o termo usado era, efetivamente, o de "ortogênese". Quanto à tensão a que nos referimos, ela traduzia-se de forma bastante precisa na contraposição do direito dos indivíduos a uma vida saudável, com o imperativo médico-político de a promover e cuidar, e da necessidade de impor limites à proliferação de patologias comprometedoras da saúde, do bem-estar econômico da sociedade e da desoneração do Estado relativamente aos custos da prestação de cuidados. Nos nossos dias, e como veremos melhor adiante, essa tensão reproduz-se, e ainda se exacerba, na contraposição dos direitos, liberdades e garantias individuais – *maxime*, do direito à saúde – à racionalidade da gestão econômica (o fardo econômico dessa saúde para todos), pondo à mostra os fundamentos biocráticos dos Estados democráticos de direito. Como já apontava Foucault, é neste quadro que

> [o] "direito" à vida, ao corpo, à saúde, à felicidade, à satisfação das necessidades, o "direito", para além de todas as opressões ou "alienações", a reencontrar o que se é e tudo o que se pode ser, esse "direito", tão incompreensível para todo o sistema jurídico clássico, foi a réplica política a todos estes procedimentos novos de poder que, também eles, nada têm que ver com o direito tradicional da soberania (FOUCAULT, 1977, p. 149).

Mas é também nesse quadro que, no momento da queda dos Estados totalitários do antigo bloco comunista, surgem as reivindicações nacionalistas baseadas na pertença "natural" a uma terra e a uma etnia, e se chega ao extremo da limpeza étnica, isto é, à eliminação da vida do Outro, que não é nem sacrifical, nem jurídica, e nem sequer bélica propriamente falando; pois uma operação de destruição de vida não combatente pouco terá já que ver com a guerra tradicional entre exércitos, como aliás não o teve o genocídio dos "inimigos da pureza da raça ariana" na Alemanha nazi.

O caso exemplar da genética contemporânea é sumamente esclarecedor a esse respeito. Foucault sublinhava que, se o problema da genética suscita hoje tamanha inquietação, é porque ela não se recodifica nos termos tradicionais do racismo, e sim em termos de valorização de capital humano. Sendo um dos interesses primordiais da aplicação da genética às populações humanas permitir reconhecer os indivíduos de risco, os indivíduos dotados de um bom equipamento hereditário e, logo, de baixo risco genético para a sua descendência e para a sociedade, tenderão a entrar em circuito ou cálculos econômicos como raridade valiosa. É assim que o mecanismo de produção dos indivíduos, de crianças, pode reencontrar uma problemática econômica e social inteira, a partir do problema da raridade dos bons equipamentos genéticos. E a partir do momento em que uma sociedade se põe o problema do melhoramento do seu capital humano em geral, não pode deixar de se tornar imperativo o problema do controle, da filtragem, do melhoramento do capital humano dos indivíduos em função das uniões e das procriações: "E é, portanto, em termos de constituição, de crescimento, de acumulação e de melhoramento do capital humano que se põe o problema político da utilização da genética" (FOUCAULT, 2004b, p. 235). Onde a antiga eugenia, antecessora da genética enquanto disciplina, se defrontava com os problemas da degenerescência das boas cepas hereditárias e com o perigo da sua miscigenação, a nova genética define como objeto de preocupação securitária a suscetibilidade ao desenvolvimento de patologias cujos danos se trata de prevenir, como bem observa Nicolas Rose, ao sublinhar que a noção de susceptibilidade constitui um termo terceiro entre o normal e o patológico, assim se podendo definir e diagnosticar – o que fazem médicos, conselheiros genéticos, investigadores em genômica e biobanqueiros – um estado de doença potencial, ou protodoença que torna a pessoa num protopaciente (ROSE, 2007, p. 84-85). Isto só vem confirmar um reparo comum entre os historiadores da biomedicina nazi, a saber, que, no pós-Segunda Guerra Mundial, nunca foi empreendido o necessário exame crítico da ciência racial eugênica, dos seus pressupostos e das noções fundadoras que assim ficam livres de se reatualizar inadvertidamente na ciência genética contemporânea, com uma renovada retórica, supostamente pura e isenta. Este fenômeno é particularmente patente na emergência de um eugenismo de consumo ratificado pelas preferências parentais e legitimado, mais do que pelo consentimento privado dos próprios, e nem sequer pela simples complacência de uma sociedade moralmente indiferente, mas, na verdade, pela procura e pela solicitação social que assim se substitui a uma figura ética qualquer do bem comum:

Os críticos tendem a afirmar que [...] os avanços contemporâneos da biomedicina, especialmente aqueles que envolvem a genética, darão corpo a uma concepção dos seres humanos que *individualiza* o valor humano, *essencializa* as variações das capacidades humanas, *reduz* os fenómenos sociais ao agregado das ações individuais e *discrimina, coage* ou *exclui* todos quantos sejam considerados biologicamente anormais ou defeituosos. [...] Ao mesmo tempo que muitos aceitam que isto não assumiria a forma de um grande plano imposto pelo Estado, falam da ascensão de um novo eugenismo individualizado, um eugenismo "pela porta do cavalo" alimentado por uma poderosa mistura das ambições comerciais das empresas de biotecnologia e pelos desejos que têm os pais, especialmente os pais ricos, de um filho perfeito numa época de consumismo manipulado e escolha reprodutiva (Rose, 2007, p. 50).

De resto, Rose (2007, p. 54 ss.) recorda que é o próprio Francis Galton que define a eugenia como a ciência do melhoramento da provisão genética, inscrevendo logo de partida o melhorismo no coração do projeto eugénico e, com ele, o dispositivo de apuramento/expurgo na sua própria formulação. Para Rose, trata-se essencialmente de esclarecer a especificidade do presente, para lá da retórica, e precisar a natureza da eugenia como estratégia biopolítica, perante as opiniões divergentes entre os autores que insistem na distinção das práticas da atual medicina preventiva, individualizadas, voluntárias, informadas, éticas e centradas na procura da saúde, e a eugenia clássica, e os autores que invocam o eugenismo para ligar as práticas presentes às passadas, assinalando que a biomedicina contemporânea, aliada à genética, continua a ajuizar do valor da vida humana, na medida em que intervém sobre ela com o intuito de eliminar as diferenças que são codificadas como defeitos. A este respeito, a posição de Rose é que, embora os problemas que enfrentamos hoje não sejam reativações do passado e os quatro termos que delinearam a eugenia – população, qualidade, território e nação – não caracterizem a biopolítica molecular atual, autores como Giorgio Agamben e Zygmunt Bauman, quando se referem ao *ethos* da biopolítica na sequência de Foucault, não deixam de ter razão quanto ao fato de a medicina preventiva não ser distinta da eugenia, a demanda da saúde da eliminação da deficiência, o consentimento da obrigatoriedade (Rose, 2007, p. 56-58).

Com efeito, ainda mais do que do lado negativo da seleção qualitativa do material humano, o expurgo, é do lado do seu apuramento que se exprime a retórica – e a efetiva prática – do melhorismo genético para que tendem, com um impulso cada vez menos resistível, os projetos da engenharia genética atual, mais do que a simples correção ou reposição terapêutica. Tendo a natureza e a vida deixado de constituir o horizonte normativo da intervenção técnica, isto é, de serem tomadas como dote fixo e inalterável, a individualidade somática abre-se à experimentação e ao jogo com os limites, os quais já não se pautam pelo claro binarismo que opunha e incompatibilizava a normalidade e a patologia. Por isso: "Deixou de ser possível manter a linha de diferenciação entre intervenções que têm por alvo a susceptibilidade à doença ou à fragilidade, por um lado, e as intervenções dirigidas ao melhoramento de capacidades, por outro" (ROSE, 2007, p. 40). É neste quadro que assentam as condições de possibilidade da decisão fatal, que ela própria não surge como uma alteração radical ou uma ruptura gritante com a ordem biopolítica e bioeconômica, mas que antes se percepciona como algo que decorre "naturalmente" da dinâmica vigente, a decisão fatal que de forma quase imperceptível transforma a biopolítica em tanatopolítica: "A partir do momento em que a técnica alargou a possibilidade de escolha à própria tessitura da existência vital, deparamo-nos com a inevitável tarefa de deliberar acerca do valor de diferentes vidas humanas – com as controvérsias respeitantes às decisões, com os conflitos acerca de quem deve e quem não deve tomar essas decisões" (ROSE, 2007, p. 40). E, com certeza, com o efeito direto dessas decisões, que é a seleção entre quem pode viver e quem deve morrer. Rose esclarece que estamos assistindo a uma transformação homóloga àquela Max Weber caracterizou quanto à relação entre ética protestante e espírito do capitalismo, com a atual ética somática que atribui uma virtude moral particular à procura de lucro através da gestão da vida, ao mesmo tempo que sujeita a condenações moralistas todos quantos sejam percebidos como causadores de danos à saúde em nome do lucro (ROSE, 2007, p. 8). Ainda nesta linha, Rose fornece o seu próprio entendimento do biopoder, que é mais uma perspectiva do que um conceito que serve para trazer luz sobre um conjunto de tentativas, mais ou menos racionalizadas, de diversas autoridades com o intuito de intervir sobre as características biológicas da existência humana, sobre os seres humanos enquanto seres vivos que nascem, amadurecem, habitam um corpo que pode ser treinado e melhorado e que depois adoece e morre (ROSE, 2007, p. 54). Não por acaso, alguma reflexão bioética contemporânea já começou a aventar a possibilidade de formular um "dever de morrer", assumido pelo próprio indivíduo – muito claramente, o idoso – que se encontre para lá de qualquer possibilidade de melhoramento ou de recuperação de faculdades perdidas e para quem a continuação da vida já se tenha tornado demasiado penosa, mesmo que nenhuma situação da sua saúde faça prever a morte eminente ou expectável a curto prazo. Trata-se, porventura, do exemplo extremo da reversão do princípio de autonomia na tomada de decisões sobre a própria saúde e sobre a própria vida que evidencia o lado mais funesto daquilo que Rose (2007) chamou a cidadania somática.

O outro polo maior do melhorismo biotecnocientífico, encontramo-lo nas neurociências e, de forma muito particular, nos projetos de neurotimização das capacidades humanas, que Nicolas Rose (2007) também notou de forma muito consequente. O que acontece com a neurotimização não é, nesse plano, diverso do que se passa com a engenharia genética melhorista e só contribui para ratificar as asserções de Rose, segundo as quais o campo da biopolítica contemporânea, ao invés de ser definido pela saúde e pela doença, ou sequer pelos parâmetros da sexualidade e da procriação, constitui um espaço de problemas que diz respeito à otimização da própria vida, a qual pode ser explorada a partir de duas questões interligadas, a suscetibilidade e o melhoramento. Enquanto que a suscetibilidade indexa a multiplicidade de projetos biomédicos que visam identificar e tratar as pessoas que presentemente não apresentam sintomas em nome da prevenção das doenças e patologias que possam vir a manifestar-se no futuro, o melhoramento refere-se às tentativas de otimizar ou melhorar praticamente toda e qualquer capacidade humana, corpórea ou psíquica, abrindo-a ao artifício e incluindo a respetiva gestão no âmbito das competências da biomedicina, do ensino à clínica e ao mercado (Rose, 2007, p. 82). É a este propósito que gostaríamos de formular a ideia de uma falácia artificialista, que se aplica ao pressuposto de que só têm verdadeira objetividade os produtos da manipulação tecnocientífica, e que doravante está em vias de se substituir à tradicional falácia naturalista. Nesta conformidade, o discurso tecnocientífico também não se limita à simples descrição de uma realidade preexistente – uma ontologia – ou que subsiste independentemente da intervenção tecnocientífica; ele incorpora esta na própria descrição, o que lhe confere o caráter de uma ontotecnologia, para usar o nosso próprio termo, onde Rose (2007) prefere falar de uma fenômeno-tecnologia, quando afirma que a lógica essencial do nosso atual empenho para com a ordem da vida não é conhecê-la, mas transformá-la por meio de intervenção técnica: "Em certo sentido, [...] a imaginação de futuros possíveis é intrínseca a todas as práticas que denominamos ciência: as ciências não são fenomenologias, mas fenomeno-tecnologias. Tentam inventar na realidade, por meios tecnológicos, aquilo que já congeminaram em pensamento" (Rose, 2007, p. 79). Conjugada com a vontade demiúrgica de expurgo ortogenético das bases biológicas da condição humana, encontramos, desse modo, uma linhagem subterrânea que, sem se reduzir ou coincidir estritamente com um [isto é, o polo tecnocientífico] ou com as outras [ou seja, as bases tecnológicas], tanto emerge no totalitarismo nazi como aflora nas políticas públicas democráticas pautadas pela preocupação da sustentabilidade. A vinculação subterrânea de que falamos permite, assim, perceber como existe um nexo fatal na interrogação sobre o valor da vida tal como era formulada na ideia da *lebensunwertens Leben*, a(s) vida(s) desprovida(s) de valor da higiene racial nazi e as vidas insustentáveis dos programas de racionalização econômica dos sistemas de prestação de cuidados de saúde que nesta hora de crise estão pondo em causa as bases do Estado-Providência. Eis porque os projetos que perseguem a singularidade ou a pós-humanidade, nas suas diversas variantes e no quadro daquilo que Rose (2007) chama uma forma de vida emergente, não deixam de estar assombrados por algo que não podia estar mais longe das intenções ou das previsões de Foucault quando previa o apagamento próximo da figura do homem própria da *episteme* moderna e, com ela, da ultrapassagem do antropologismo, humanista na crítica e na prática política:

> Alguns [...] sugerem que estamos, de algum modo, a tornar-nos "pós-humanos" [...] Mas alguma vez fomos simplesmente "humanos" – alguma vez foram as nossas capacidades assim tão naturais? Duvido: os seres humanos nunca foram "naturais" e, pelo menos desde a invenção da linguagem, expandimos as nossas capacidades por intermédio de tecnologias intelectuais, materiais e humanas. [...] É por isso que, ao invés de sugerir que nos tornámos pós-humanos, me pergunto até que ponto estamos agora a residir numa "forma de vida emergente" (Rose, 2007, p. 80).

Acontece que essa dinâmica de seleção qualitativa, na qual expurgo e apuramento são o verso e o reverso de um processo único, vota-se a um desenvolvimento em espiral que se alimenta da automática elevação das metas que se propõe, ou seja: nunca se apura ou otimiza o suficiente, tal como nunca se expurga ou se limpa quanto baste, em declive escorregadio, no qual as metas só se cumprem na medida em que se superam, ou não soubéssemos que uma dinâmica autoproliferante como esta só pode ser regida pelo princípio do *abyssus abyssum invocat*. Ao invés de se tratar de uma fábula moral, aquilo que nos desafia é o desencadeamento de um automatismo tecnopolítico incontrolável, porque se autodestrói na exata medida da sua própria persecução. Pense-se, quanto mais não seja, no confronto deste processo com os seus próprios limites, que consistem, precisamente, na contínua geração de franjas, sempre crescentes, de indivíduos que não são suscetíveis de ser melhorados e que assim vão sendo excluídos como descartáveis, até ao ponto em que a sua eliminação se afigura menos indolor, para os próprios e para o sistema, do que o fardo da sua sustentação. A atual situação de crise econômica autoriza pensar que não nos encontramos apenas diante da mera ficção distópica.

É nesse sentido que a "solução nazi" constitui uma possibilidade recorrente de abordar a tensão perene no seio da biopolítica moderna, o que significa que a modernidade está votada a um repetido confronto com os problemas aos quais o nazismo constituiu a réplica tanatopolítica e, portanto, votada por essa via ao perigo totalitário e genocidário, que o mesmo é dizer, à dinâmica autofágica que devorou o próprio regime que, se não pôs a biopolítica em marcha, pelo menos a levou ao paroxismo. Não é outro o nosso entendimento da afirmação de Foucault, quando se referia ao fato de a biopolítica nazi implicar ao mesmo tempo "o genocídio sistemático dos outros e o risco de se expor a si própria a um sacrifício total" (FOUCAULT, 1977, p. 153-154). Ou seja, trata-se aqui de duas coisas interdependentes: (o nazismo como) a passagem da biopolítica a uma tanatopolítica, e a possibilidade, sempre iminente, da reativação de uma idêntica tanatopolítica no contexto dos Estados democráticos de direito que gostaríamos de dar por garantido serem constitutivamente imunes a ela, isto é, dotados da capacidade intrínseca de oporem defesas eficazes ao seu desencadeamento, mais precisamente, jurídico-políticas ou éticas.

A questão da exposição de uma sociedade a um sacrifício total, enunciada dessa forma tão abstrata como assertiva por Foucault, retoma-a Agamben (2003) no final de *Homo sacer. O poder soberano e a vida nua*, depois de ter enunciado as suas três teses sobre o poder soberano contemporâneo, segundo as quais a relação política originária é o abandono, o ato fundamental do poder soberano é a produção da vida nua como elemento político originário e como limiar de articulação entre natureza e cultura, *zoé* e *bios*, e o campo de concentração, onde a biopolítica se transmuta continuamente em tanatopolítica, constitui hoje o paradigma biopolítico do Ocidente, que já não a *pólis* clássica. E Agamben retoma essa questão ao referir-se ao "limite que não pode ser ultrapassado sem que se corra o risco de uma catástrofe biopolítica sem precedentes" (AGAMBEN, 1998, p. 179), quando assevera que, para pensar tal limite, é mister ultrapassar a interseção da política e da filosofia, das ciências médico-biológicas e da jurisprudência a partir da qual foi possível conceber a produção de material humano, de vida nua, que significa dizer que a sempre iminente precipitação no abandono que marca a possibilidade, por isso também sempre aberta, da transformação da biopolítica moderna numa tanatopolítica. Com efeito, prossegue Agamben, trata-se de um problema que não pode ser abordado com um impraticável regresso recuperador às categorias teorético-políticas clássicas, justamente porque, e na exata medida em que, o movimento histórico da biopolitização do Ocidente é irreversível e, nesse sentido, irresistível a partir de algo exterior a ele – diríamos: algo como o "mundo dos valores" ou a esfera autônoma da ação. O mesmo diz, de resto, Roberto Esposito (2004), que, depois de também reconhecer que foi Foucault quem primeiro forneceu uma explicação biopolítica do nazismo cuja força, relativamente às demais possíveis leituras, reside no fato da distância que ela assume no confronto com todas as categorias políticas modernas (ESPOSITO, 2004, p. 115), avisa que a implosão do comunismo soviético nos entregou a um mundo integralmente globalizado, de tal modo que o corpo que experimenta cada vez mais a indiferenciação entre política e vida já não é o do indivíduo, nem o das nações, mas o do mundo, ao mesmo tempo dilacerado e unificado. A reflexão contemporânea não pode, por isso, entrincheirar-se ilusoriamente numa defesa tardia das categorias políticas modernas convulsionadas e viradas do avesso pelo biopoder nazi, na medida em que foi delas que nasceu a biopolítica, sem primeiro se revoltar contra a sua própria presença (ESPOSITO, 2010, p. 26). Eis porque toda a tentativa de repensar o espaço político ocidental deve fundar-se sobre a consciência clara de que, já nada sabemos acerca da distinção clássica entre *zoé* e *bios*, vida privada e existência política, o *óikos* e a *pólis*; quer dizer, aquelas categorias teorético-políticas já não nos conseguem restituir um entendimento, não só do deslize da biopolítica para uma tanatopolítica, como também, e sobretudo, de uma maneira de obviar a esse deslize por meio de uma diferente economia dos prazeres e das funções vitais – precisamente porque se revelam improfícuas para pensar o paradigma biopolítico concentracionário que perfaz as condições de existência de tal deslize:

> Tal como não pode ser simplesmente restituído à sua vida natural no *óikos*, o corpo biopolítico do Ocidente também não pode superar-se num outro corpo, um corpo técnico ou integralmente político ou glorioso, em que uma diferente economia dos prazeres e das funções vitais resolvesse de uma vez por todas o emaranhado de *zoé* e *bios* que parece definir o destino político do Ocidente (AGAMBEN, 1998, p. 178).

Não é certamente de um determinismo histórico no sentido mais fatalista e inamovível que fala Agamben, nem também Esposito, mas do horizonte de possíveis histórico-políticos em função do qual é possível e indispensável pensar. O que é bem diferente de um cooperativismo edênico originário que há que restituir utópica, messianicamente, pela ação política, que constituía a crença fundadora da tradição marxista em função da qual hábitos de pensamento muito arraigados continuam a fundar de forma inconfessável ou informulada os programas políticos contemporâneos que pretendem reafirmar uma inspiração de esquerda, cujo exemplo mais notável e abrangente se encontra em Toni Negri e Michael Hardt (2005). Com efeito, quando Agamben define o totalitarismo moderno, de forma genérica, como a instauração do estado de exceção (AGAMBEN, 2003, p. 11), abre caminho para se compreender como os processos de excetualização, de exclusão, de abandono ou "abandonização", em suma, de produção de vida nua, não exigem sequer a ruptura revolucionária da ordem democrática, e sim podem, inclusive, se servir dela e tomar partido dos seus mecanismos para, literalmente, "segregar" (entenda-se: como segrega uma glândula) práticas típicas do(s) totalitarismo(s) que, por mais que definam, isolem e se concentrem em grupos sociais ou em nações e povos particulares, envolvem nos mecanismos de exclusão e abandono o mundo globalizado – pense-se nos refugiados de conflitos bélicos ou nas vagas de imigrantes clandestinos à miséria econômica, inintegráveis, inassimiláveis, descartáveis, votados à aniquilação sempre iminente. Para utilizarmos uma imagem psicologizante: o mundo globalizado é "abandônico", sem que a ordem jurídica internacional e a ossatura jurídica formal dos Estados de direito fiquem com isso beliscadas. Na esteira de Foucault, Agamben (2003) demonstra como o abandono é possível precisamente como consequência, e na exata medida, da captura da vida pelo biopoder que apropria a saúde e a doença, o nascimento e a morte, e que assim gere as condições em que elas ocorrem, subtraindo-as progressivamente às garras da fatalidade na mesma proporção em que as vai submetendo a sociotécnicas que as constroem como fenômenos biossociais suscetíveis de controle. Abandona-se aquilo que, de alguma maneira, já se possui, e abandona-se segundo as condições, os termos, os meios que possibilitaram e moldaram a sua posse – reconfigurada nos sistemas jurídico-políticos que a formalizaram – o que significa que eles são reconhecíveis, inclusive, senão mesmo na sua máxima extensão, nos efeitos imprevisíveis, inesperados e inclusive inaceitáveis que lhes são consequentes. Tanto reitera Marcos Nalli (2013) no seu comentário sobre Esposito:

> Nesse sentido, o decaimento totalitário do sistema imunitário não se dá única e exclusivamente por sua força de exclusão, como fora o caso patente do nazismo, mas também por uma força de inclusão e assimilação que tanto visa apagar as fronteiras internas que diferenciam os indivíduos (por exemplo, sua submissão legal) a determinados padrões de vida em comunidade) quanto estabelece meios sutis – e não por isso menos insidiosos – de estigmatização e hierarquização governamental dos tipos culturais

inseridos, porém não necessariamente integráveis, à totalidade da comunidade (NALLI, 2013, p. 101).

A origem do dogma do carácter sagrado da vida humana, sobre o que Walter Benjamin se interrogava, residiria justamente, segundo Agamben (1998), nessa vida capturada na proscrição soberana, e a vida nua transformar-se-ia assim na prestação originária da soberania. O direito fundamental à vida reivindicado hoje contra o poder soberano exprimiria pois, originariamente, a sujeição da vida a um poder de morte. Se essa proscrição constituía exceção no mundo antigo, ela torna-se hoje regra na era do biopoder, que faz dos corpos e da vida deles, preocupação central do poder. Agamben corrige aqui, ou completa, a tese de Foucault, afirmando que o que está em causa na modernidade não é o simples fenômeno da inclusão da *zoé* na *pólis*, na verdade muito mais antiga do que os tempos modernos – mas o fato de, paralelamente ao processo em virtude do qual a exceção se torna hoje por toda a parte a regra, o espaço da vida nua, situado originalmente à margem da organização política, acaba agora por coincidir progressivamente com o espaço do político no qual inclusão e exclusão, interior e exterior, *zoé* e *bios*, direito e fato se fundirem numa zona de indiferenciação irredutível que constitui o estado de exceção. Sobre ele repousa o sistema político inteiro. Nele, o homem enquanto corpo vivo constitui-se quer como objeto quer como sujeito do poder político, em novo corpo biopolítico, e isto tanto pela vertente da sujeição àquele como pela vertente da emancipação em relação a ele, porquanto o sistema democrático moderno se apresenta como espaço de reivindicação emancipadora da *zoé*, fato, esse sim, impensável para os clássicos. Mas é precisamente aí que, para Agamben, reside o perigo sempre iminente do totalitarismo, do eterno retorno do totalitário no seio da democracia e que deste modo a liga sub-repticiamente ao seu mais encarniçado inimigo: a política, diz Agamben, não conhece hoje valor mais alto que o da vida, quando era precisamente um regime totalitário como o nazismo, que fez da decisão sobre a vida nua o critério político supremo. O totalitarismo moderno e a sociedade hedonista do consumismo de massas ilimitado convergiriam, pois, numa mesma biopolítica que só inclui a vida nua através da sua exclusão. Nesta conformidade, só uma política integralmente nova, já não fundada na *exceptio* da vida nua, poderá integrar a vida natural de outro modo que não pelo sangue e pela morte, ou então pela incessante satisfação das necessidades, também elas incessantemente criadas numa espiral de consumo ilimitada. No entanto, se há exemplo dessa espiral ilimitada, havemos de a reconhecer no recurso aos cuidados de saúde que, da forma mais eminente, representam, não os bens sumptuários e, por assim dizer, prescindíveis, mas precisamente aqueles de que, por meio da própria sobrevivência, não se pode abdicar, como muito bem o reconheceu Nicolas Rose (2007):

> Estas modificações nas racionalidades e nas tecnologias de governo também incluíram uma tónica crescente na responsabilidade dos indivíduos quanto à gestão dos seus próprios assuntos, ao assegurar da sua própria segurança com um olho prudente no futuro. Em lado nenhum foram elas tão prementes como no campo da saúde, onde os doentes são cada vez mais instados a tornarem-se consumidores activos e responsáveis de serviços médicos que vão dos produtos farmacêuticos às tecnologias de reprodução e aos testes genéticos [...] Este complexo de comercialização, autonomização e responsabilização confere um carácter particular à actual política da vida nas democracias liberais avançadas (ROSE, 2007, p. 3-4).

Além disso, a apologia do hedonismo consumista assentava nos pressupostos geminados de que o crescimento econômico e a prosperidade generalizada das sociedades democráticas do pós-Segunda Guerra Mundial seriam tão irreversíveis quanto os Iluministas acreditavam ser o progresso da civilização, e que, por isso, constituiriam o antídoto necessário ao desespero que alimentou todos os totalitarismos do século XX. A cimentar estes pressupostos, além de se esquecer que os totalitarismos tinham desenvolvido os seus próprios sistemas universais de proteção social equivalentes aos das democracias, havia ainda a fé que a progressiva sujeição da governança a mecanismos de decisão racional, de que o Estado-providência constituiu a epítome, permitiriam evitar a repetição das tragédias das crises econômicas passadas, com o seu estendal de horrores decorrentes da escassez de recursos para a satisfação das necessidades básicas das populações. Uma espécie de "boa" biopolítica na qual, no momento em que vivemos, é fácil reconhecer uma ilusão fatal.

Roberto Esposito revisita a questão da obsolescência das categorias políticas modernas para indagar se a "biopolítica precede, segue ou coincide temporalmente com a modernidade? Tem uma dimensão histórica, epocal ou primeva?" (ESPOSITO, 2010, p. 23-24). Esposito começa por notar que a resposta de Foucault não tinha sido totalmente clara, no sentido em que oscilava entre uma atitude continuísta e uma demarcação de limiares diferenciadores, tal como nunca se resolvera a fazer uma escolha de fundo entre uma interpretação radicalmente negativa e uma outra absolutamente eufórica da biopolítica para dar resposta à questão de saber porque é que uma política da vida ameaça sempre transformar-se numa obra de morte, ou seja, a questão da metamorfose nazi da biopolítica em tanatopolítica. Acontece que o nazismo, caracterizado pela absoluta indiferenciação entre a biopolítica e o seu reverso tanatopolítico, não pode ser inscrito nas dinâmicas de autopreservação, quer da primeira quer da segunda modernidade, porque continha "uma maneira paroxística de voltar contra o seu próprio corpo os dispositivos de proteção, como acontece precisamente nas doenças autoimunitárias" (ESPOSITO, 2010, p. 26). De certo modo, Esposito, com base nisto, não deixa de fornecer uma resposta alternativa, fundamentada, a uma antiga questão, a de saber porque é que os regimes totalitários apresentavam invariavelmente uma tendência para a autodestruição. Tratava-se do derradeiro argumento moral – porque o mal é por natureza autofágico, devora-se a si próprio, dizia-se – esgrimido com intuito derrogatório para demolir os argumentos da segurança, da ordem e do relativo bem-estar proporcionados pelos regimes totalitários a povos que de bom grado abdicavam da sua liberdade em troca do orgulho nacional comprometido pelo caos social e econômico das democracias europeias do pós-Primeira Guerra Mundial. Mesmo assim, não é esta a questão a que Esposito pretende dirigir-se com a sua ideia de imunização. Concretamente, e como bem notou Nalli (2012a, 2012b), ele quer ultrapassar a indecisão que atribui ao próprio Foucault, que, em sua opinião, não foi capaz de responder definitivamente à questão de saber se o regime de soberania e o regime da biopolítica se relacionam um com o outro à maneira de uma sucessão cronológica ou de uma sobreposição contrastiva, o que teve por consequência que os dois termos, vida e política, apesar da sua implicação recíproca, tenham sido pensados como originariamente distintos e sucessivamente ligados de maneira ainda extrínseca, permanecendo indefinidos nos seus perfis e nas suas qualificações (ESPOSITO, 2004, p. 38). Indagando o que são, precisamente, política e vida para Foucault e como é que as respetivas definições se refletem na relação entre elas (ESPOSITO, 2004, p. 38-39), Esposito conclui que Foucault, absorvido pela questão do poder, nunca articulou suficientemente nem o conceito de política, nem o conceito de vida, que, embora descrito analiticamente nas suas nervuras histórico-institucionais, econômicas, sociais, produtivas, permanece pouco problematizado quanto ao seu estatuto epistemológico, de tal modo que fica por saber se existe algo como uma simples vida, uma vida nua, descritível fora da relação com outras coisas que não ela, ou se é ela formada desde sempre por qualquer coisa que a ultrapassa e a faz extravasar para fora de si mesma.

Esposito acredita ter encontrado no paradigma da imunização a chave interpretativa (ESPOSITO, 2002, p. 3) que parece fugir a Foucault, explicitando a conexão, que em Foucault ainda estava implícita, entre governo da vida e imunização (ESPOSITO, 2002, p. 173). Ele começa por justificar o retorno à sua relação fundadora com o sistema imunitário, que constitui conjuntamente a condição transcendental e o modelo operativo, com a necessidade de captar a dupla possibilidade, destrutiva ou afirmativa, contida na biopolítica. Explicando que a ideia de imunidade se encontra na intersecção da esfera da vida e da esfera do direito, acrescenta que, no âmbito biomédico, ela se refere a uma condição refratária, natural ou induzida, de um organismo vivo a uma doença e, no âmbito jurídico-político, a uma isenção, temporária ou definitiva, de um sujeito relativamente a determinadas obrigações ou responsabilidades a que os demais se encontram obrigados. No paradigma imunitário, *bios* e *nomos*, vida e política, são ambas constituintes de um conjunto único, incindível e que existe apenas em função da relação entre elas. Ao contrário do paradigma biopolítico que supõe uma exterioridade do poder em relação à vida, aqui não há um poder externo à vida e a vida nunca se dá fora das relações de poder (ESPOSITO, 2004, p. 41). Do mesmo modo, a categoria de imunização não opõe a dimensão afirmativa e produtiva, subjetivadora, e a dimensão negativa e mortífera, objetivadora, ao contrário da biopolítica, em que elas são reciprocamente alternativas. Inspirada na concepção da *conservatio vitae* da filosofia política de Hobbes, a imunização é uma proteção negativa da vida, e tal, como a prática biomédica da vacinação no corpo individual, ela introduz no interior do corpo político um fragmento da substância patogênica contra a qual pretende protegê-lo, bloqueando e contradizendo assim o seu desenvolvimento natural (ESPOSITO, 2004, p. 42). É com Nietzsche que a categoria de imunização se encontra plenamente elaborada; ele, ao assumir que a alma é a forma imunitária que protege e aprisiona o corpo, permite que a civilização inteira seja interpretada em termos de autoconservação imunitária, de tal maneira que todos os dispositivos do saber e do poder desempenham um papel de contenção protetora nos afrontamentos de uma potência vital levada a expandir-se ilimitadamente. Esses afrontamentos são aqueles que opõem a norma, os valores, a ordem ao seu negativo e que funcionam como o impulso produtivo sem o qual a vida do indivíduo e da espécie não possuiria a energia necessária ao seu próprio desenvolvimento (ESPOSITO, 2004, p. 43). O elemento de novidade da elaboração sistemática do paradigma imunitário consiste, por um lado, na simetria contrastiva com o conceito de comunidade, e, por outro lado, na sua específica caracterização moderna. Percebe-se que Esposito pretende ir mais longe do que foi Agamben na sua reflexão sobre a comunidade. Etimologicamente, imunidade é a forma negativa ou privativa da comunidade como relação que, vinculando os seus membros a um compromisso de dádiva recíproca, põe em causa a identidade individual, enquanto que imunidade é a condição de dispensa de tal obrigação e, portanto, de defesa contra os seus efeitos expropriadores:

> O negativo da *immunitas* preenche agora todo o quadro: para se salvar de forma duradoura, a vida é tornada "privada" no duplo sentido da expressão – privatizada e privada daquela relação que a expõe ao seu traço comum. Qualquer relação externa ao fio vertical que vincula cada um ao mando soberano é cortada de raiz. É isto justamente que quer dizer "indivíduo": ser tornado indiviso – unido a si próprio – pela mesma linha que o separa de todos os outros. Mais do que pelo poder positivo do soberano, ele é protegido pela margem negativa que o entrega a si próprio: *não* outro. Poder-se-ia dizer que a soberania, em última análise, não é mais do que o vazio artificial criado em torno de qualquer indivíduo – o negativo da relação ou a relação negativa que medeia entre entidades sem relação (ESPOSITO, 2010, p. 94).

Sem negar a produtividade heurística de modelos explicativos consagrados da modernidade, como a racionalização de Weber, a secularização de Löwith ou a legitimação de Blumenberg, Esposito (2004) sublinha que, na medida em que a imunização implica a substituição, ou a contraposição, de um modelo individualista ou privatista a uma organização tradicional de tipo comunitário, é evidente a sua conexão estrutural com os processos de modernização, sem que isto signifique, contudo, uma interpretação da modernidade sob o prisma de um processo de imunização ou que o paradigma imunitário seja redutível à modernidade (ESPOSITO, 2004, p. 47). A vantagem do paradigma imunitário está em que conexão estrutural entre modernidade e imunização permite dar mais um passo em frente e assim ultrapassar a hesitação de Foucault no que se refere ao tempo da biopolítica, que é, pois, moderna porquanto nasce do fim da soberania (ESPOSITO, 2010, p. 82). Esposito acredita que a semântica da imunidade pode fornecer uma resposta, na medida em que insere a biopolítica numa grelha historicamente determinada, fora da qual se deveria falar de biopolítica desde o mundo antigo. Deste está ausente a conotação imunitária do biopoder moderno, o que, do ponto de vista histórico, dá legitimidade à oportuna abertura de um novo estaleiro de reflexão por Foucault, e mais ainda do ponto de vista conceptual, porquanto a eugenia grega se dirigia ao bem comum e à conservação da comunidade e não a uma imunidade étnico-racial (ESPOSITO, 2010, p. 83-85). A este propósito, Marcos Nalli apontou com inteira justeza que "a ambiguidade perversa que ele identifica na biopolítica é a mesma que se pode imputar ao seu paradigma da imunização" (NALLI, 2013, p. 89) e, pela nossa parte, interpretamos a virtualidade do paradigma imunitário – a incindibilidade de *bios* e *nomos*, vida e política, e a superação da oposição entre a dimensão afirmativa e produtiva, subjetivadora, e a dimensão negativa e mortífera, objetivadora – de uma forma que nem sempre acompanha Esposito, nomeadamente quanto ao enigma que ele acredita comportar a biopolítica e que diz respeito à emergência da autoimunidade no seio da comunidade e que, precisamente, se refere à questão que temos tratado, da transformação da biopolítica em tanatopolítica, isto é, naquilo que poderíamos eventualmente apelidar de biopolítica autoimunitária e que explica que a comunidade se autodestrua com recurso aos seus próprios mecanismos imunitários.

A Nicolas Rose (2007) cabe o nada pequeno mérito de, ao descrever as vias por que passam as mutações do espaço da biopolítica contemporânea – a molecularização, a otimização, a subjetificação, a perícia somática e as bioeconomias – ter mostrado de forma inteiramente convincente que:

> Se estão a ocorrer mutações na relação entre a vida e a política, não nos encontramos nem no seu princípio nem no seu fim, mas a meio. Sem dúvida que muitas esperanças se verão frustradas, muitos receios hão-de provar-se infundados, muitos estorvos e complicações hão-de bloquear ou infletir a sua "implementação" e algumas coisas bastante inesperadas ou imprevistas hão-de acontecer. Quando as inovações chegarem ao consultório ou à clínica, os processos e as intervenções que hoje nos parecem de uma ousadia radical, em breve hão-de parecer normais e tornar-se rotineiros. [...] a mudança biotecnológica será gradual, de preferência a revolucionária, gradual em vez de fraturante. Muitas das alterações que realmente terão lugar serão a nível prático e técnico, numa multiplicidade de pequenas modificações dos processos clínicos e terapêuticos. E estas mudanças tornar-se-ão em breve parte tão integrante das nossas maneiras de ver, pensar e agir que será difícil reconhecer a sua novidade (ROSE, 2007, p. 252).

Por outras palavras, Rose (2007) fornece indicações precisas sobre o modo como a ultrapassagem de limiares tidos por inaceitáveis e cuja simples antevisão esteve na origem de debates apaixonados sobre os regimes democráticos, e os atentados e as ameaças às liberdades não suscitam maiores sobressaltos agora que medidas e políticas públicas dantes temidas como fatais estão em pleno curso. Não existiu, porque não foi necessária, a ruptura catastrófica anunciada por sinais óbvios e espetaculares, suficiente para pôr de sobreaviso as consciências indignadas de cidadãos preocupados e instituições criticamente atentas. Quando – e se – nos demos conta, é porque já tinham sido dados os passos indispensáveis e irreversíveis. Daí que a redefinição a que Rose submete a herdada noção de biopolítica comporte o próprio horizonte de inteligibilidade em que ela é percepcionada, em que as políticas públicas são formuladas e postas em prática e, inclusive, sugeriríamos, em que a própria abordagem crítica ou reflexiva da biopolítica se vê envolvida e implicada:

> Dadas as intrínsecas conexões entre a gestão das populações e respetivas características e o governo dos corpos e respetivas condutas, usarei o termo "biopolítica" para referir as estratégias específicas trazidas à luz por esta perspetiva, estratégias que comportam controvérsias acerca das maneiras como a vitalidade, a morbilidade e a mortalidade humana deveriam ser problematizadas, acerca do nível desejável e da forma das intervenções requeridas sobre o conhecimento, os regimes de autoridade e as práticas de intervenção desejáveis, legítimas e eficazes (ROSE, 2007, p. 54).

Rose (2007) adianta que, doravante, se delineiam um novo espaço econômico, a bioeconomia ou a economia da vitalidade, e uma nova forma de capital, o biocapital, e que a biopolítica e a bioeconomia se tornam indistintas, de tal modo que as novas entidades biológicas são tanto mais objeto de controvérsia quanto mais cruzam os binarismos vida / não vida, humano / não humano, como os embriões, as células estaminais, e nomeadamente quando são comercializadas, patenteadas e possuídas como uma propriedade, o que em nada vem contribuir para a solução, mas tão só agravar o problema:

> A nossa própria compreensão daquilo que somos, das *formas-de-vida* que somos e das *formas de vida* que habitamos, voltaram a dobrar o *bios* sobre a *zoë*. Com isto quero eu dizer que a questão da vida boa – o *bios* – se tornou em matéria intrínseca dos processos vitais da nossa vida animal – a *zoë*. Uma vez que a forma do *bios* se encontra constitutivamente sujeita a contestação, a própria vida – não apenas a saúde que tornou possível uma vida boa, ou a doença cuja experiência poderia enobrecer-nos ou instruir-nos na ética do viver – está agora em causa na nossa política (ROSE, 2007, p. 83).

Não é outra a réplica de Rose (2007) à tese seminal de Foucault, segundo a qual "(o) homem, durante milênios, permaneceu o que era para Aristóteles: um animal vivo e, além disso, capaz de uma existência política; o homem moderno é um animal na política do qual a sua vida de ser vivo está em causa" (FOUCAULT, 1977, p. 147) e a que Agamben, por sua vez, tinha interposto que "nós não somos apenas, nas palavras de Foucault, animais em cuja política está em questão a sua vida enquanto seres vivos; pelo contrário, somos também cidadãos em cujo corpo natural está em questão a sua própria política" (AGAMBEN, 1998, p. 178).

Aqui chegados, podemos entender como um olhar biopolítico permite compreender, de forma muito produtiva, a dimensão constitutivamente biopolítica daquilo que se apresenta como a crise de sustentabilidade dos sistemas de prestação de cuidados de saúde. O fato de o crescimento exponencial dos custos da prestação de cuidados de saúde ser transversal aos diferentes modelos de sistemas de saúde, quer os que são maioritariamente privados e financiados pelos contributos dos clientes segurados, quer os que são predominantemente públicos e financiados pelos impostos dos contribuintes, só contribui para consolidar a conclusão de que o fator determinante daquele crescimento cumulativo deve ser procurado do lado do encarecimento constante da inovação tecnocientífica na biomedicina. É isso que faz com que cada utente ou cada paciente se torne sempre cada vez mais "caro" e a condição de sobrecarga dos sistemas de saúde se tenha tornado permanente. É o mesmo que dizer: muito mais se dissimula na crise de insustentabilidade dos sistemas do que pretende o vão idioma "economês" em que ela, a crise, é expressa. Não é hoje pensável uma exterioridade para a inserção da prestação de cuidados de saúde nas relações de mercado, nem mesmo nas sociedades em que ela cabe majoritariamente ao setor público, sem o risco de precipitar consequências catastróficas para a saúde das populações, ou seja, não é pensável essa prestação de cuidados fora do quadro da bioeconomia, perante o qual é irrelevante que ela seja pública ou privada. Por sua vez, aquilo que tem sido entendido, decerto que com razão, como a desregulação dos mercados num capitalismo liberal entregue à sua própria dinâmica sem qualquer controle estatal ou supranacional, por um lado, e o crescimento exponencial dos custos da prestação de cuidados, por outro, não se limitam a consubstanciar formas de irracionalidade econômica com consequências não menos gravosas, que efetivamente o são e que configuram a crise. O termo "irracionalidade" talvez exprima a incompreensão e a incredulidade que o fenômeno suscita do ponto de vista das categorias políticas clássicas comumente utilizado para as analisar. Numa perspectiva bioeconômica, há algo que aqui parece estar sendo experimentado, o que, a verificar-se, lança sobre esse fenômeno uma luz que o torna tanto mais crível quanto inquietante. Para dar um único mas eloquente exemplo, atente-se no ensaio de critérios de hierarquização de necessidades e priorização do acesso aos recursos que desenham novas categorias de "vidas insustentáveis". Já não se trata apenas da definição dos indivíduos ou dos grupos a serem discriminados, excluídos e expurgados, mas da definição dos candidatos elegíveis ao acesso à prestação de cuidados. Tais critérios são, para todos os efeitos práticos, critérios de abandono, os quais, por mais que o burocratizem, de modo nenhum lhe neutralizam o pendor tanatopolítico. Que os gestores governamentais (por exemplo, os governos dos países europeus sob tutela) e supranacionais (por exemplo, as instâncias da Comunidade Europeia ou do Fundo Monetário Internacional) das políticas de austeridade as legitimem com uma retórica de confronto com a verdadeira e inevitável realidade das condições econômicas longamente iludidas pelas políticas públicas e deliberadamente feitas ignorar aos cidadãos que assim teriam vivido acima das suas possibilidades e usufruído de serviços e cuidados de um Estado Social afinal incomportáveis, apenas ilude efetivamente a construção dessa mesma realidade da crise. Se recorrermos à definição clássica de catástrofe como queda do simbólico no real, então a catastrofização das condições de vida de pessoas, grupos e populações inteiras, muito para lá das retóricas economicistas que a justificam, e por mais performativas que estas até efetivamente sejam na cooptação das percepções e das expectativas das suas próprias vítimas, materializa a própria crise – dita de sustentabilidade – que assim se transpõe para o plano da gestão burocratizada, a qual pode, inclusive, implicar o estado de exceção, ou seja, a suspensão da ordem jurídica de nações inteiras, como já chegou a ser proposto na Europa do Sul. Ou seja, uma crise em autogestão que não necessita de um Estado-maior centralizado e identificável como tal, que antes consiste numa concatenação multipolar com um funcionamento reticular e estratégico identificável, mas sem que a nenhum dos seus agentes (governos, agências internacionais, organizações e instituições) se possa imputar uma responsabilidade global, ainda que seja possível determinar o desempenho de funções concretas em cada um deles. Em grande medida, é precisamente este o modo de funcionar dos totalitarismos. Cada instância pode não cooperar necessariamente de forma orquestrada com quaisquer das restantes, mas o certo é que as ações de todas se reforçam reciprocamente num jogo que comporta tensões e conflitos tanto como potenciação e reforço, tanto competição e concorrência como articulação e concertação estratégica. Nesta sequência, ao observador informado pela reflexão sobre a bioeconomia e a biopolítica, não pode deixar de se afigurar que a crise de (in)sustentabilidade do Estado social de modelo europeu, com a sua extremamente gravosa incidência nos países do Sul europeu sob tutela político-financeira, bem mais do que produzir indivíduos experimentais, está produzindo regiões, populações, senão mesmo países e povos experimentais inteiros nos quais se ensaia uma transformação maior que razoavelmente se pode racionalizar como um rearranjo e uma redisposição de forças (do sistema em que colaboram e competem múltiplos agentes com interesses ora divergentes ora convergentes em tensão criativa e produtiva, mobilizadora) no quadro histórico-político do pós-Guerra Fria e de reação aos efeitos do processo da globalização em plena marcha. Entre esses efeitos avultam, sem evidentemente se esgotarem, o surgimento e a redistribuição de potências emergentes, a produção de assimetrias geoestratégicas ameaçadoras e a reação a elas, os efeitos de *feedback* global da produção de pobreza e de conflitos armados localizados, a mobilização de massas de refugiados econômicos e bélicos, a recomposição das forças e fraquezas internas aos antigos e decadentes centros (envelhecimento, obsolescência de estruturas, multiplicação de fenômenos de exclusão, baixa de natalidade, diminuição de produtividade – tudo recoberto pela figura da "insustentabilidade" do Estado social). Na ausência de catástrofes globais de proporções apocalípticas (guerra nuclear, uma pandemia suscetível de causar hecatombe mundial, alteração climática de proporções bíblicas, colisão com um asteroide, catástrofe ecológica global, etc.), alimentadas e matizadas por recorrentes pânicos securitários, sanitários ou morais, o que prevalece é a produção de "pequenas" catástrofes, de crises localizadas que literalmente destroem os mundos, tal como eles são conhecidos, de populações e regiões inteiras, mas delimitadas e, até ao momento, geríveis e assimiláveis pelo sistemas que as provocam e lhes processam e limitam os efeitos de retorno, dessa maneira contendo as suas ameaças potenciais dentro dos níveis experimentalmente comportáveis. Neste sentido, a produção de crise não é senão bioeconomicamente rentável e assim se pode compreender igualmente a contínua e maciça produção – tanatopolítica – de vidas insustentáveis no quadro da produção de crises, elas, sim, de garantida sustentabilidade biopolítica.

Mas esses são caminhos a explorar sobre as bases reflexivas presentes de cuja pertinência só o futuro poderá a seu tempo emitir juízo definitivo.

Referências

AGAMBEN, G. *État d'exception. Homo sacer*. Paris: Éditions du Seuil, 2003.

AGAMBEN, G. *O poder soberano e a vida nua. Homo sacer*. Lisboa: Presença, 1998.

ESPOSITO, R. *Bios. Biopolítica e filosofia*. Lisboa: Edições 70, 2010.

ESPOSITO, R. *Bíos. Biopolítica e filosofia*. Torino: Einaudi, 2004.

ESPOSITO, R. *Immunitas. Protezione e negazione della vita*. Torino: Einaudi, 2002.

FOUCAULT, M. *Vigiar e punir. Nascimento da prisão*. Lisboa: Edições 70, 2013.

FOUCAULT, M. *Sécurité, territoire, population. Cours au Collège de France. 1977-1978*. Paris: Gallimard/Seuil, 2004a.

FOUCAULT, M. *Naissance de la biopolitique. Cours au Collège de France. 1978-1979*. Paris: Gallimard/Seuil, 2004b.

FOUCAULT, M. *Il faut défendre la société. Cours au Collège de France. 1976.* Paris: Gallimard/Seuil, 1997.

FOUCAULT, M. *A vontade de saber.* Lisboa: António Ramos, 1977.

HARDT, M.; NEGRI, A. *Multidão. Guerra e democracia na era do império.* Porto: Campo das Letras, 2005.

MARTINS, H. Verdade, realismo e virtude. In: SANTOS, B. de S. *et al.* (Orgs.). *Conhecimento prudente para uma vida decente. "Um discurso sobre as ciências" revisitado.* Porto: Afrontamento, 2003. p. 367-395.

NALLI, M. *Communitas/Immunitas*: A leitura de Roberto Esposito da biopolítica. Revista de Filosofia, Aurora, Curitiba, v. 25, n. 37, p. 79-105, jul./dez. 2013.

NALLI, M. A abordagem imunitária de Roberto Esposito: biopolítica e medicalização. *Revista Internacional Interdisciplinar INTERthesis*, v. 9, n. 2, p. 39-50, jul./dez. 2012a.

NALLI, M. A imanência normativa da vida (e da morte) na análise foucaultiana da biopolítica: uma resposta a Roberto Esposito. *O que nos faz pensar*, n. 31, p. 149-174, 2012b.

NEGRI, A.; HARDT, M. *Multidão. Guerra e democracia na era do império*. Porto: Campo das Letras, 2005.

ROSE, N. *The Politics of Life Itself. Biomedicine, Power, and Subjectivity in the Twenty-First Century.* Princeton; Oxford: Princeton University Press, 2007.

A biopolítica como biotécnica

Marcos Nalli

Sem querer desconsiderar a história da biopolítica, tão bem traçada por Roberto Esposito em seu livro *Bíos: biopolítica e filosofia* (2004; na mesma perspectiva, cf. CUTRO, 2010, p. 59-66), mas a tomando como pano de fundo, pode-se sustentar que as análises mais instigantes sobre a biopolítica têm se construído a partir das provocadoras e radicais reflexões produzidas por Michel Foucault sobre o tema. Ainda que o conceito e o tema da biopolítica não sejam novos e nem tenham se iniciado a partir dos trabalhos do filósofo francês, há de se admitir que Foucault lançou o tema em outro patamar, abrindo um campo todo novo a ser explorado a partir de suas sugestões historiográficas e conceituais. Nesse sentido, parece que o grande motivador que ele propiciou como legado teórico reside em sua interpretação do nazismo e do genocídio impetrado pelo III Reich à luz da biopolítica, aquilo que segundo a fórmula proposta por Esposito pode ser chamado de "o enigma da biopolítica" (ESPOSITO, 2004, p. 25, 26, 28, 33; 2010, p. 54, 56, 58, 64; cf. NALLI, 2012b, 2013): como pode a biopolítica, que tem como função e meta proteger a vida e promover a subjetividade, também instigar e produzir a morte, a dessubjetivação? Como a biopolítica pode – e o nazismo por sua condição política paroxística é um dos episódios exemplares – permitir, propiciar e mesmo desenvolver ações claramente mortíferas, travestidas de legitimidade jurídica, e de toda a racionalidade burocrática que dispunha, aparentemente contrariando seu objetivo maior? Se a simples lembrança das câmaras de gás nos campos de concentração choca, é preciso reconhecer sua coerência articulada ao próprio fim dos campos como locais de exceção e de "fabricação" da morte – e, por isso, definidos como o *nomos* de nossa modernidade política (AGAMBEN, 1997, p. 179; 2010, p. 162; 2007, p. 47).

A biopolítica como tema da filosofia política?

Ao modo como Foucault mesmo busca responder a essas questões, existem ao menos outras duas maneiras de respondê-las, valendo-se como ponto de partida da própria resposta foucaultiana. São as análises de Giorgio Agamben (1997, 2010), nas quais ele mostra como o princípio de soberania se sobrepõe ao princípio biopolítico, assimilando-o, e as interpretações de Roberto Esposito, que parece responder com uma espécie de argumento *ad hoc* pelo qual introduz a categoria de sistema imunitário para explicar como é possível entender aquele enigma (ESPO-SITO, 2010, p. 48). Obviamente, mais nas análises de Agamben do que de Esposito – ainda que esse traço lhes seja comum, variando apenas em grau – vê-se a ênfase nas considerações sobre a feição tanatopolítica da biopolítica, especificamente sobre a "violência *extraordinária* do totalitarismo" para se estabelecer o que há de comum com a "violência *ordinária* das modernas sociedades despolitizadas, em que o cuidado dos cidadãos pela coisa pública foi substituído pela administração tecnocrática dos interesses *vitais*" (DUARTE, 2004, p. 44).[1] Ou seja, o escopo geral da proposta parece consistir, para além de demarcar os pontos de contiguidade entre os Estados totalitários e os Estados democráticos, ou para ser mais preciso, num "regime liberal de tipo biopolítico", como diz Esposito (2010, p. 48), mostrar também o quanto tais pontos em comum acirram práticas políticas que culminam na *dessubjetivação*, seja pela morte propriamente dita, seja pela despolitização da ação e pela substituição por um modelo de gerenciamento da vida, mesmo que num regime político que assume o verniz de democrático ou liberal. Não há como negar que, ao se estabelecer esta linha de contiguidade, há que se mostrar que os modelos ditos democrático-liberais não são um *locus* privilegiado de exercício de liberdade, e mais que isso, apontando para estratégias variadas, muitas vezes dissimuladas de estratégias de defesa (interna e externa), que são inegavelmente totalitárias.

Parece, pois, haver dois aspectos importantes aqui: (a) primeiramente, as leituras pós-foucaultianas (e aqui tomamos para nossos

---

[1] Neste sentido, ainda que eu reconheça os méritos de se marcarem bem os pontos de contiguidade entre democracia liberal e os regimes totalitários, estou particularmente interessado na possibilidade de ênfase naquilo que Duarte definiu como violências ordinárias, próprias aos regimes democráticos, posto que, em geral, a despeito de seu cinismo prático e de princípio, são não apenas toleradas pelos indivíduos como até mesmo desejadas em prol da defesa dos direitos e da cidadania, pelas quais muitas vezes modulam-se as lutas pelas inclusões sociais que, mais do que respeitar as diferenças e as singularidades, promulga uma nova espécie de discurso e de práticas de servidão voluntária. Isto haverá de ser objeto de reflexão e consideração posterior.

propósitos as de Agamben e Esposito como exemplares, ainda que não exclusivas) da biopolítica exploraram apenas parcialmente a perspectiva aberta pelo filósofo francês, notadamente aquela mais próxima das análises realizadas pelas filosofias e pelas ciências políticas, isto é, em torno das expressões ortodoxamente consideradas nesses campos de investigação (tais como Estado, governo, participação e ação política, entre outros); talvez por isso, encontramos um esforço de tomar as categorias de biopoder e de biopolítica como correlatas, porém distintas, já mesmo em Foucault; (b) um segundo aspecto dessas leituras pós-foucaultianas consiste em tomar a biopolítica como um conjunto de estratégias políticas que, por impetrar mecanismos dessubjetivadores e mesmo decair em tanatopolítica, como no totalitarismo, acaba por minar e dar cabo de toda vida política, de tal modo que uma "boa" análise e crítica da biopolítica poderá propiciar uma espécie de retorno à política, obviamente não num sentido de retorno às velhas tradições políticas, anteriores ao apogeu das experiências totalitárias, mas na construção de modelos que possam resgatar valores anteriormente caros à vida, à cidadania e à ação política (cf. ESPOSITO, 2004; DUARTE, 2010; BROSSAT, 2010);[2] ou ao menos compreender o que se nos passa na realidade em que vivemos, naquele sentido preconizado por Arendt (2012, p. 12), isto é, possibilitando-nos meios de resistência à realidade vigente; ou ainda numa perspectiva foucaultiana,[3] contígua e complementar à de Arendt, a de podermos teorizar sobre nossa condição atual de modo a poder formular novos saberes estratégicos, implementadores e possibilitadores de novas práticas e novos exercícios de uma subjetivação política (CANDIOTTO, 2010, p. 98).

---

[2] O que tais perspectivas parecem perder de vista é que as análises genealógicas de Foucault sempre desfocaram a questão do poder diante dos discursos e das temáticas típicas das filosofias e ciências políticas. Seguramente aquelas análises se voltaram para tais nichos ortodoxamente tomados como objetos de investigação das filosofias e ciências políticas, mas sempre num quadro conceitual mais amplo em que abarcavam outros fenômenos até então não encarados como políticos. É, portanto, nesse quadro ampliado da genealogia como analítica crítica das relações de poder que se deve em princípio compreender a leitura foucaultiana da biopolítica.

[3] Compreender, diz Arendt a meio caminho da provocação e da surpresa, "Significa, antes de mais nada, examinar e suportar conscientemente o fardo que o nosso século colocou sobre nós – sem negar sua existência, nem vergar humildemente ao seu peso. Compreender significa, em suma, encarar a realidade sem preconceitos e com atenção, e resistir a ela – qualquer que seja". Num sentido diverso, mas certamente em consonância com esta tese, encontramos como Foucault (1994a, p. 427) define a importância do trabalho teórico: "O papel da teoria, hoje, parece-me [Foucault] ser justamente este: não formular a sistemática global que repõe tudo no lugar, mas analisar a especificidade dos mecanismos de poder, balizar as ligações, as extensões, edificar pouco a pouco um saber estratégico".

No entanto, talvez haja outra forma de explorar a questão da biopolítica, considerando prioritariamente sua lógica imanente, mais do que sua feição como governo e regime. Nesse sentido, diversamente do aspecto (a) os quais são alguns de seus efeitos (ainda que com maior evidência histórica que outros), bem como mostrando que se ocorre uma dissolução da política – da vida, da ação e de sua dignidade política –, isso não quer dizer realmente um ocaso, mas mais provavelmente a emergência histórica de um novo modelo; isto é, numa outra perspectiva que (b) que temos que criar novos meios, teóricos e práticos, para pensar e agir nessa nova realidade que é a biopolítica, que tem nas nossas vidas sua razão de ser e de exercício, como fim e valor.

Portanto, nossa proposta é que a biopolítica pode ser compreendida teoricamente como biotécnica, isto é, como um conjunto de estratégias e medidas que são ao mesmo tempo, políticas e técnicas, cujo fim último é a produção de uma série de fenômenos diretamente atinentes à nossa condição vital, inclusive a morte.

Biopolítica como biotécnica

Qual o sentido de pensar a biopolítica como biotécnica, ou dito de outro modo, qual a importância de se enfatizarem interpretativamente os traços tecnológicos da biopolítica?

A primeira razão dessa ênfase reside no fato de que: se a biopolítica transfigura e altera o sentido último, o *modus essendi* da política, ao ponto de alterar e talvez até comprometer aquilo que Arendt qualificava como a dignidade da política, isto é, que a biopolítica o faz a partir de uma perspectiva eminentemente tecnológica; e se a dignidade da política é comprometida, ela o é a partir da transfiguração semântica do próprio agir político e da transformação da natureza do homem em sua caracterização como agente político. Nesse sentido, as operações efetuadas pela biopolítica são símiles àquilo que Bachelard viu nas teorias científicas nascentes do começo do século passado, a saber, a química e principalmente a mecânica quântica, isto é, são *fenomenotécnicas* que por meio das inovações teóricas introduzidas e também pelos aparatos tecnológicos desenvolvidos para dar conta daquelas inovações, têm como principal efeito não a descoberta de verdades profundas e perenes, mas a criação de novos fenômenos alçados à condição de objetos científicos (BACHELARD, 2002, p. 18-22).[4] A biopolítica faz exatamente a mesma

---

[4] Há um problema adicional que se introduz aqui: Bachelard formula o problema da fronteira epistemológica, pelo qual a realidade fenomenotécnica não condiz necessariamente com a

coisa. Minha hipótese é que isto ocorre não por mera coincidência, mas sim que as *fenomenotécnicas* das novas teorias científicas, assim como as transformações introduzidas pela biopolítica nascente no fim do século XIX, são faces de um *metafenômeno* comum.

É possível que haja um limite da parte de Foucault ao lidar com a questão da biopolítica, provavelmente por ele não ter explorado para além da linguagem metafórica o traço tecnológico da biopolítica. É um traço que, se em Foucault aparece mitigado à condição metafórica, sequer aparece nos trabalhos de seus principais interlocutores, como Brossat, Agamben e Esposito; e quando aparece – por exemplo, no trabalho de Sloterdijk, ele aparece mais como uma contrarresposta ontológica a Heidegger, enovelando-a numa perspectiva metafísica porque essencialista, do que explorando sua efetiva – porque histórica – natureza tecnológica. A nosso ver, talvez a grande novidade da biopolítica, segundo as perspectivas histórica e filosófica, resida não exatamente numa caracterização que a aproxime de uma perspectiva ontologizante (como o debate Sloterdijk/ Heidegger), nem numa perspectiva exclusivamente política, na qual ela é, grosso modo, ajuizada como uma espécie de fim, de dissolução, da política (como na perspectiva de Brossat, Agamben e Esposito, que lutam por resgatar à ação política um sentido, novo e positivo). A sua novidade está em explorar o mais fundo possível sua natureza tecnológica, mostrando o quanto ela é irmanada das novas formas de se fazer ciência, desde os fins do século XIX. Provavelmente, a partir desse quadro tecnológico devidamente evidenciado se possa colocar o debate sobre sua natureza ontológico-metafísica; talvez também só a partir desse quadro se possa entender de que modo sua ação teve como consequência dramática o colapso da política, bem como só a partir daí se possa levar às consequências seriamente positivas daquela célebre proposição foucaultiana: "Ironia deste dispositivo: é preciso acreditarmos que nisso está nossa 'liberação'" (FOUCAULT, 1976, p. 211; 1988, p. 149). Portanto, a análise detida da biopolítica a partir de sua feição tecnológica – em particular, seu traço fenomenotécnico – pode nos propiciar pensar novas formas de

realidade primária, vivenciada cotidianamente e, por assim dizer, fora dos laboratórios e não modulada pelos conceitos científicos; algo como a já desgastada oposição entre senso comum e senso crítico. Com a proposta que buscamos alinhavar aqui, é de se perguntar se é cabível tal entendimento, seja quanto à natureza tecnológica da biopolítica (haverá algo como uma forma "comum" de política e, neste sentido, ingênua?), seja quanto à natureza tecnológica da vida (quer dizer, haveria uma forma de vida que escapasse aos modos de ser tecnológico que acabam por conformá-la?). Mas o mais importante aqui é reconhecer que a realidade científica do objeto é uma realidade racionalmente (porque cientificamente) informada, modulada. Isto, talvez, possa se aplicar bem à vida como objeto e valor da biopolítica.

subjetivação política que levem em conta a possibilidade de sua expressão e ação à luz das novas tecnologias, ou melhor, desses modos tecnopolíticos.

Aos leitores de Foucault não é estranho o recurso corrente – e que perpassa a sua produção teórica, independente das fases – às metáforas tecnológicas para efetuar suas análises de diversos fenômenos, desde a loucura até às técnicas de si, passando pelos hospitais como máquinas de curar ou pelas instituições disciplinares moduladas segundo o dispositivo panóptico (cf. BEHRENT, 2013). É possível que, na maior parte das vezes, Foucault não tenha passado dos limites das metáforas, ainda que, mesmo assim, sempre fora enfático ao considerar o poder não pelo viés de sua legitimidade, e sim por seus modos de funcionamento. Consideremos por hora apenas um exemplo dessa linguagem tecnológica que Foucault introduz: o hospital.

O hospital como instrumento terapêutico, isto é, como "máquina de curar", foi objeto de consideração para Foucault na conferência "A incorporação do hospital na tecnologia moderna", pronunciada no curso de medicina da UERJ, em outubro de 1974 – e publicada em 1978. O argumento do filósofo consistia em observar que, a partir do século XVIII, assistem-se a dois eventos que permitem a transformação e a medicalização do espaço hospitalar: primeiramente, houve um processo de eliminação dos efeitos negativos do hospital, que até o século XVII consistia num abrigo segregacional aos pobres e necessitados, que engendrava e acirrava as moléstias. O que se deu explica-se, principalmente, como uma arte disciplinar da repartição e distribuição espacial dos indivíduos, por um controle sobre o resultado de uma ação, por uma vigilância constante e contínua, bem como por um registro permanente sobre o indivíduo durante sua estadia nesse novo espaço disciplinarizado. Um segundo fator decisivo é que o sistema epistemológico da medicina do século XVIII se altera drasticamente em relação ao sistema vigente até então (que Foucault chama de "medicina da crise"): seu modelo de inteligibilidade passa a ser aquele herdado da botânica e das classificações, pelos quais as doenças passam a ser consideradas como fenômenos naturais, possibilitando, assim, uma melhor forma de intervir nelas e sobre elas. Foi, segundo Foucault (1994a), a articulação entre esses dois processos que possibilitou a emergência histórica da medicalização do hospital, transformado num meio artificial por sua arquitetura e por um controle minucioso dos fatores que lhe são inerentes de modo a intervirem terapeuticamente no doente. Ao mesmo tempo, o hospital também se torna "clínica", ou seja, um espaço de produção e de transmissão do saber médico, graças à introdução disciplinar dos sistemas de vigilância, e de coleta e registro cotidiano de dados sobre os doentes, que devem ser confrontados com as experiências médicas de modo a determinar as práticas curativas mais eficazes ou a um melhor controle das doenças epidêmicas.

Tais registros, quando comparados aos registros de outros hospitais de outras regiões, permitem o estudo dos fenômenos patológicos à população, no seu todo ou em suas partes. Assim, ainda que a medicalização hospitalar tenha se dado pelo intercurso da adoção de tecnologias disciplinares, ela mesma atende uma demanda biopolítica na medida em que permite investigações extremamente úteis para a intervenção médica na população. O hospital médico é constituído pela disciplina, mas ao mesmo tempo se configura como tecnologia biopolítica:

> Graças à tecnologia hospitalar, o indivíduo e a população se apresentam simultaneamente como objeto do saber e da intervenção médica. A redistribuição dessas duas medicinas será um fenômeno próprio ao século XIX. A medicina que se forma no curso do século XVIII é ao mesmo tempo uma medicina do indivíduo e da população (FOUCAULT, 1994b, p. 521).

Portanto, cabe reconhecer a natureza tecnológica, a tecnicidade própria da biopolítica, na medida em que bem mais do que agenciamentos políticos dos indivíduos e coletividades populacionais de uma sociedade, ela se projeta como *techné*, como Foucault (2001, p. 239) mesmo define: "uma arte, um sistema refletido de práticas referido a princípios gerais, a noções e conceitos", com a qual e pela qual se volta para algo (como objeto de suas considerações e ações), assim como se dirige para um fim. Nesse sentido, a tecnicidade da biopolítica diante de seu objeto por excelência – a vida – ao qual investe, faz daquela uma espécie de *a priori* histórico: todo um domínio de empiricidade tem seus limites demarcados e, pois, descritível e ordenável, isto é, "recorta na experiência um campo de saber possível, define o modo de ser dos objetos que aí aparecem, arma o olhar cotidiano de poderes teóricos e define as condições em que se pode sustentar sobre as coisas um discurso reconhecido como verdadeiro" (FOUCAULT, 1992, p. 173; cf. CUTRO, 2010, p. 85); e a vida alçada à condição de objeto e transcendental pelo qual se estudam os seres, na funcionalidade de seus órgãos e na sua coerência com o ambiente (cf. FOUCAULT, 1992, p. 290).[5]

---

[5] É interessante notar como Foucault reconhece o papel da biologia para a formação [arqueológica] das ciências humanas, definidos como "modelos constituintes": "[...] eles permitem formar conjuntos de fenômenos como tantos 'objetos' para um saber possível [...] É na superfície de projeção da biologia que o homem aparece como um ser que tem funções – que recebe estímulos (fisiológicos, mas também sociais, inter-humanos, culturais), que responde a eles, que se adapta, evolui, submete-se às exigências do meio, harmoniza-se com as modificações que ele impõe, busca apagar os desequilíbrios, age segundo regularidades, tem, em suma, condições

A vida como objeto técnico

Como observa Maria Muhle (2009, p. 145), Foucault trabalhava com um conceito de vida desprovido de estatuto ontológico, uma vez que é o efeito de uma complexa relação de saber e poder e que, por isso, assume feição diversa das perspectivas de Agamben (2010) ou de Esposito (2004), em que o primeiro parece ajuizá-la negativamente como "vida nua" e o segundo parece adotar uma perspectiva mais afirmativa a partir de uma reconfiguração semântica do conceito de biopolítica, de uma política *sobre* a vida para uma política *da* vida. Para Foucault, jamais se tratou de valorar previamente a vida, mas de reconhecê-la em sua emergência histórica, como o fizera em *As palavras e as coisas*, ou de tomá-la como efeito do dispositivo saber-poder (cf. Nalli, 2012)

De qualquer modo, parece-nos que Muhle (2009) apenas toca nas margens da questão, ao sustentar que a vida em Foucault é destituída de estatuto ontológico: argumentar que é assim, seja porque a vida é um efeito de dispositivo ou tem uma existência histórica, é não vislumbrar que a contraposição não é entre história e ontologia, mas sim entre história e metafísica no sentido de se postular um modo de existência trans-histórico e não sujeito aos rumores do tempo, e é também negligenciar que a vida, à medida que é produzida[6] ou enquanto efeito das relações de saber e poder, também assume um estatuto ontológico específico, diverso das coisas naturais, que é a dos modos de existência dos objetos técnicos (cf. Simondon, 2005).[7]

Quero com isso dizer que, diante das estratégias biopolíticas, a vida – como objeto e valor – não é primeira, não comporta uma forma *a priori*, ainda que se configure como um *a priori histórico* pelo qual se molda um campo de empiricidade: de investigação científica (tecnocientífica, para ser mais preciso), de ação política e de gestão administrativa. Como bem observa Esposito (2009, p. 160), se a vida mediante a biopolítica assume uma forma, é porque o que está em questão não são as formas que

---

de existência e a possibilidade de encontrar normas médias de ajustamento que lhe permitem exercer suas funções" (FOUCAULT, 1992, 374).

[6] É interessante observar ainda que Muhle (2009) assume uma postura ora metafórica, ora temerosa (ou as duas juntas), ao colocar o termo "produzida" entre aspas. Ela não reconhece que se trata exatamente disso: de que a vida, como invenção recente, historicamente situada a partir do século XVIII, foi construída como conceito, e projetada tecnologicamente como fenômeno (isto é, decorrente daquela tematização bachelardiana da fenomenotécnica).

[7] Não posso, todavia, querer imputar a Simondon uma dicotomia entre natureza e artificialidades, principalmente se levarmos em conta como esses elementos concorrem na individualização humana. Para tanto, conferir Guchet (2011).

assume, mas a própria vida. E é a vida mesma na medida em que ela já é como tal, inevitavelmente uma forma-de-vida, quer dizer, inseparável; e mais, que não há realmente como se isolar analiticamente, quase que como um resíduo ainda que fundamental, algo como uma vida nua (cf. AGAMBEN, 2007, p. 14; MUHLE, 2009, p. 149ss, 153); contudo, não porque abandonada à sua própria sorte, mas completamente aberta e exposta a toda e qualquer investida. Todos os fenômenos atinentes à existência vital de cada organismo, regidos em nossa contemporaneidade sob a égide do conceito polissêmico de "vida", correspondem a modos de ser que modulam e amalgamam a própria vida e são formas que a categorizam indelevelmente: não lhe são impostas; antes a caracterizam e a delimitam como formas de vida condicionando o seu modo de ser objetivo. E essa conformação da vida se dá a partir da correlação técnica e estratégica entre saber e poder; isto é, para ser mais preciso, a partir da tecnicidade inerente da biopolítica. Ou seja, a conformação biopolítica da vida é tecnológica: se os fenômenos vitais, se a configuração dos indivíduos, dos seres humanos, se dá modulada a partir do biológico, isto se deve a uma complexa rede de estratagemas tecnopolíticos que conformam e constituem as modalidades vitais, os modos de ser vivente de cada ser vivo, e não porque a vida é um valor primeiro, indelével e inalienável. Portanto, diante da biopolítica, a vida não assume uma forma-valor prévia – ainda que a partir dela se configure todo um campo epistêmico de empiricidade e de ação/gestão – e nem se mostra como um resíduo, objetivamente resistente a qualquer apreensão ou como dejeto, completamente desnecessário e dispensável, quando não indesejável.

Temos, portanto, um trinômio que precisa ser compreendido em seus modos de funcionamento, seu *modus operandi*, por assim dizer, para dar conta de entender seu modo de ser: vida-fenomenotécnica-biopolítica. É a partir desse trinômio que se pode entender o que significa vida, como forma-valor para uma biopolítica, bem como um objeto fenomenotécnico de uma biotecnopolítica.

Por uma questão de comodidade, podemos partir de uma sucinta história da vida, mais ou menos aos moldes daquela que Foucault já nos contara em *Les mots et les choses* (1966), ou ainda seguindo um modelo similar,[8] como o de Mendiola (2006, p. 78-105), em que tal história pode

---

[8] A rigor, a similaridade entre a leitura de Mendiola e Foucault se deve ao fato de que o primeiro segue as linhas gerais concebidas pelo segundo para narrar sua própria interpretação da história da vida, ou de seu conceito. Certamente, esta não é a única possível e sequer quero sustentar que a que descrevo aqui é a mais viável. Ela apenas atende nossos propósitos momentâneos. Outras leituras podem ser buscadas, por exemplo, nos trabalhos de Pichot (1993), Keller (2002), Ruffié (1982) e Mayr (1998).

ser dividida em três grandes momentos, a saber, inicialmente a História Natural ou, nos termos de Mendiola (2006, p. 79-84), de como a vida se ausenta, seguida de um segundo grande momento, caracterizada pela perspectiva evolucionista da vida, para culminar, por fim, na genetização da vida ou, mais uma vez segundo Mendiola (2006, p. 90-105), volta a se ausentar na medida em que se transforma em informação:

> O nicho substitui o jardim botânico, a vida biologizada, a vida inerte; sobre estes ilustres antecedentes irá emergindo uma nova forma de conceber a vida na qual a biologização se transmuta em genetização: o gene como fundamento e princípio diretriz da vida. Novos discursos, novas práticas surgem durante o século XX e, no entanto, podemos entrever que também aqui temos novas roupagens para velhos discursos, que determinados plante-amentos subsistem sob um não menos ordenado bando de dados genéticos; a metáfora do nicho continuará como legitimação da possibilidade de introduzir novos organismos que não alteram o existente; o planteamento evolucionista que reclama uma origem reaparecerá na figura do programa genético que porta cada ser vivo (MENDIOLA, 2006, p. 89).

Por outro lado, pelo menos desde a apresentação público-midiática, nos anos 50 do século passado, da estrutura molecular do DNA e de sua identificação com o código genético, ou de sua tomada como a base material do código genético de todo o ser vivo – autorizando a James Watson e Francis Crick de terem descoberto o segredo da vida –, abriu-se todo um flanco, um verdadeiro programa de pesquisas para se pensar e atuar diretamente sobre a base material da condição genética da vida, afetando-a não apenas como código, mas também em sua estru-tura molecular de base, isolando traços fenotípicos, recombinando-os, manipulando-os e produzindo, assim, novas quimeras (MENDIOLA, 2006, p. 95), novas espécies de seres vivos a habitar o jardim biotecnológico, seja como monstros ou anômalos. De qualquer modo, sua presença se dá controlada, sob a égide da normalidade e da racionalidade e, pois, sujeita à contingência a mais absoluta (MENDIOLA, 2006, p. 103-105). São sempre todas e quaisquer formas de vidas racionalmente concebidas e gestionadas, tecnocientificamente e biopoliticamente criadas.

Ora, na verdade, se acrescentarmos outras variantes históricas à história contada por Mendiola, podemos ajustá-la ao ponto de mostrar que a voga caracterizada pela genetização da vida não está numa linha de descontinuidade com a voga evolucionista da vida. E isto por diversos fatores, facilmente reconhecíveis na história das ciências. Por exemplo, a leitura atenta de *A origem das espécies*, de Charles Darwin (2002, p. 58-68;

cf. MAYR, 1998, p. 542-544), revela que, para apresentar a teoria da seleção natural, Darwin recorreu a uma longa digressão sobre como criadores e horticultores procedem para, artificial e engenhosamente, selecionarem as características visadas nas gerações futuras de animais e plantas de modo a afirmar categoricamente sobre a importância capital da seleção (neste caso, artificial e dirigida). Assim, o que Darwin fez consistiu, grosso modo, em reconhecer na natureza fatores determinantes para promover a seleção de caracteres mais benfazejos para a sobrevivência de uma espécie num determinado nicho ecológico. Por outro lado, a história da confluência do evolucionismo darwinista com a genética mendeliana, permitindo uma correção sobre o modo pelo qual se dá a transmissão de caracteres de uma geração parental para uma geração filial, abriu espaço para firmar a biologia evolucionista como paradigma ou programa de pesquisa extremamente forte ao ponto de estender seu modelo de inteligibilidade e cientificidade a quase toda a biologia.

Da mesma forma, tal incidência majoritária da biologia evolucionista não apenas se dá sobre a biologia, mas atinge também outros flancos do pensamento e da ação humanos, notadamente a política. Basta para isso considerarmos em que consistia, basicamente, a eugenia como projeto de intervenção social, racional e cientificamente dirigido. Como é bem conhecido, Francis Galton, primo de Darwin, cunha o conceito de eugenia pelo qual, basicamente, pode-se defini-lo como tendo por fim "[...] a melhoria progressiva da espécie, pelo fomento da 'boa geração', pela 'procriação hígida' consistindo, em suma, no enobrecimento físico e mental do homem. [...] Como ciência, tem por objeto a investigação da herança biológica; como arte, tem por escopo a boa procriação" (KEHL, 1935, p. 15; cf. NALLI, 2005). E qual a razão de se conceber tal projeto de ciência e arte (política)? Muitos são as justificativas e os fatores possíveis, mas de todos o mais contundente e corriqueiramente apresentado é o do impacto negativo da sociedade, da vida social, sobre a natureza humana: é o da degradação que a vida em sociedade impôs à vida natural. Como exemplo, citemos aquele que representa um dos nomes mais expressivos da eugenia – incipiente, é verdade (cf. NALLI, 2011) –, em França, o prêmio Nobel Alexis Carrel (1997):

> O homem devia ser a medida de tudo. De fato, ele é um estranho no mundo que criou. Ele não soube organizar este mundo para si, pois ele não possuía um conhecimento positivo de sua própria natureza. [...] O meio construído por nossa inteligência e nossas invenções não é ajustado nem à nossa medida, nem à nossa forma. Ele não nos serve. Nós somos infelizes nele. Nós degeneramos moral e mentalmente nele. São precisamente os grupos e as nações onde a

civilização industrial atingiu seu apogeu que se enfraqueceu mais. São neles onde o retorno à barbárie é mais rápido. Eles permanecem sem defesa diante do meio adverso que a ciência lhes forneceu. Em verdade, nossa civilização, como aquelas que a precederam, criou condições onde, por razões que não conhecemos exatamente, a vida mesma tornou-se impossível (CARREL, 1997, p. 74).

Aliás, em verdade, mesmo que não adotando expressamente tal pessimismo social, Charles Darwin também comungava de posição símile àquela – eugenista – defendida por Galton, como se pode ler em *A descendência do homem* (1871):

> Todos aqueles que não podem evitar uma abjeta pobreza aos filhos deveriam evitar se casar, pois a pobreza é não apenas um grande mal, mas tende a crescer e a incrementar um descaso no casamento. Por outro lado, como observou Sr. Galton, se as pessoas prudentes evitam o casamento, enquanto os descuidados se casam, os indivíduos inferiores da sociedade tendem a suplantar os indivíduos superiores da sociedade (DARWIN *apud* PICHOT, 2000, p. 181).

Contudo, traço marcante da eugenia em geral – não importa muito se estamos considerando aqui numa perspectiva britânica (Darwin e Galton), francesa (Carrel) ou brasileira (Kehl) – é que se todos esposam uma perspectiva pessimista sobre a incidência da vida social moderna sobre a natureza constitutiva, isto é, numa perspectiva evolucionista, do homem, todos compartilham uma perspectiva otimista sobre a possibilidade que o conhecimento científico sobre a base biológica e sua funcionalidade engendra para o aprimoramento – ainda que a partir da categoria polêmica de raça – da vida humana. Otimismo esse do qual, mais uma vez Carrel (1997) pode nos servir de bom exemplo:

> As ciências biológicas nos desvelaram o mais precioso dos segredos: as leis do desenvolvimento de nosso corpo e de nossa consciência. É este conhecimento que nos dá o meio de nos renovar. Enquanto as qualidades hereditárias da raça serão intactas, a força e a audácia de seus ancestrais poderão se revelar nos homens modernos. [...] A ciência, que transformou o mundo material, nos deu o poder de nos transformar a nós mesmos. Ela nos revelou o segredo dos mecanismos de nossa vida. Ela nos mostrou como provocar artificialmente sua atividade, como nos modelar segundo a forma que nós desejamos. Graças a seu conhecimento de si mesma, a humanidade, pela primeira vez desde o início de sua história, tornou-se mestra de seu destino (CARREL, 1997, p. 325-327).

O otimismo da declaração de Watson e Crick por ocasião da apresentação da estrutura molecular do DNA como base material da hereditariedade está em estreita linha de continuidade com o otimismo já encontrado em diversos discursos, dentro da biologia desde o século XIX, entre os quais o discurso eugênico é um dos mais contundentes, principalmente se considerarmos seu alcance social e político – do qual a política racial do III Reich é apenas a sua forma mais extremada, que de excesso virou exceção. Talvez a maior novidade introduzida pela perspectiva molecular é que ela propiciou à genetização da vida a possibilidade de encontrar, tal como um ponto arquimediano, o ponto de irrupção do orgânico no inorgânico, da vida na não-vida, o substrato inorgânico da vida, no qual e pelo qual, não apenas se entende a vida em sua dinâmica temporal e histórica, mas que também propicia a possibilidade de sua completa alteração na ordem do tempo, tornando a vida plenamente contingente (cf. MENDIOLA, 2006, p. 103). Não à toa, Gayon e Jacobi (2006) veem nos atuais avanços da genética molecular e na biotecnologia a possibilidade de um retorno, talvez eterno, da eugenia; ainda que possamos nos perguntar se de fato se trata de um retorno ou tão somente de sua continuidade apenas revigorada científica e tecnologicamente sem se comprometer tão abertamente com políticas, com modelos governamentais que se mostraram pelo terror introduzido tão desastrosos (cf. ARENDT, 2012; BROSSAT, 1996).

★

À guisa de conclusão, poderíamos retomar – certamente não da mesma forma e pelas mesmas razões e com os mesmos fins – a velha e quase agastada pergunta retórica de Lênin: *Que fazer?* Trata-se de pensar em termos de revolução? Mas como colocar a questão de o que se fazer em termos revolucionários se o que se coloca como desafio à ação política diz-nos mais respeito por sua cotidianidade na qual estamos inseridos e que não exatamente nos é imposta, mas pela qual e com a qual exigimos e desejamos como modo mesmo de nossa existência e vida? Afinal, o que está em jogo nas sociedades atuais, nas quais estamos imersos e enredados como indivíduos e agentes sociais, não é uma questão de jogos políticos tradicionais e de lutas marcadas pela exterioridade tipológica entre os grupos – como na teoria da luta de classes. Não é uma questão de ciência ou filosofia política, mas sim de uma filosofia do social numa perspectiva política: toda ação e toda vida é já política, do começo ao fim. Não por uma sorte de indistinção – e, por conseguinte, de uma espécie de indecisão quanto aos objetos em vista e às ações políticas (que para nós já é um truísmo), vigentes ou resistentes –, mas porque, como afirma Cutro (2010, p. 100), a vida se erige como o *principium individuationis* do sujeito político.

Nesse sentido, a partir daquele trinômio que acreditamos ter identificado e aqui apenas ter esboçado suas linhas mais gerais (e talvez até as mais extremas), a saber o trinômio vida-fenomenotécnica-biopolítica, que se pode compreender em que medida a biopolítica se configura majoritariamente como ações sobre a vida, governando-as. E só a partir de tal compreensão que se pode entender e conceber modos de resistência, como subjetivação política (cf. CANDIOTTO, 2010), e transfigurar a vida, de sua modalização como objeto de saber e poder para a sua modalização como norma irruptiva para novos modos de agir e ser-sujeito, por uma ingovernabilidade da vida.

Referências

AGAMBEN, G. *Homo sacer: le pouvoir souverain et la vie nue.* Paris: Seuil, 1997.

AGAMBEN, G. *Homo sacer: o poder soberano e a vida nua.* Belo Horizonte: Ed. da UFMG, 2010.

AGAMBEN, G. *Moyens sans fins.* Paris: Payot-Rivages, 2007.

ARENDT, H. *Origens do totalitarismo.* São Paulo: Companhia das Letras, 2012.

BACHELARD, G. *Études.* Paris: Librairie Philosophique J. Vrin, 2002.

BEHRENT, M. C. Foucault and Technology. *History and Technology*, v. 29, n. 1, p. 54-104, 2013.

BROSSAT, A. *Droit à la vie?* Paris: Seuil, 2010.

BROSSAT, A. *L'épreuve du desastre: le XXe siècle et les camps.* Paris: Albin Michel, 1996.

CANDIOTTO, C. *Foucault e a crítica da verdade.* Belo Horizonte: Autêntica, 2010.

CARREL, A. *L'Homme, cet Inconnu.* Paris: Plon, [1935] 1997.

CUTRO, A. *Technique et vie: biopolitique et philosophie du bios dans la pensée de Michel Foucault.* Paris: L'Harmattan, 2010.

DARWIN, C. *A origem das espécies.* Belo Horizonte: Itatiaia, 2002.

DORRESTIJN, S. Technical Mediation and Subjectivation: Tracing and Extending Foucault's Philosophy of Technology. *Philosophy of Technology*, v. 25, p. 221-241, 2012.

DUARTE, A. Modernidade, biopolítica e violência: a crítica arendtiana ao presente. In: DUARTE, A.; LOPREATO, C.; MAGALHÃES, M. B. de. *A banalização da violência: a atualidade do pensamento de Hannah Arendt.* Rio de Janeiro: Relume Dumará, 2004. p. 35-54.

DUARTE, A. *Vidas em risco: crítica do presente em Heidegger, Arendt e Foucault.* Rio de Janeiro: Forense Universitária, 2010.

ESPOSITO, R. A democracia, no sentido clássico, acabou. Entrevista a Antonio Guerreiro. *Jornal Expresso*, 19 jun. 2010, p. 46-49. Suplemento Atual.

ESPOSITO, R. *Bíos: biopolítica e filosofia.* Torino: Einaudi, 2004.

ESPOSITO, R. *Immunitas. Protección y negación de la vida*. Buenos Aires: Amorrortu, 2009.

ESPOSITO, R. *Termini della politica: comunità, immunità, biopolitica*. Milano: Mimesis, 2008.

FOUCAULT, M. *As palavras e as coisas*. São Paulo: Martins Fontes, 1992.

FOUCAULT, M. *L'Herméneutique du sujet*. Paris: Gallimard/Seuil, 2001.

FOUCAULT, M. *Histoire de la sexualité, I: la volonté de sacf*. Paris: Gallimard, 1976.

FOUCAULT, M. *História da sexualidade, I: a vontade de saber*. Tradução de Maria Thereza da Costa Albuquerque e J. A. Guilhon Albuquerque. Rio de Janeiro: Graal, 1988.

FOUCAULT, M. L'incorporation de l'hôpital dans la technologie moderne. *Dits et Écrits*. Paris: Gallimard, 1994a. tome 3, p. 508-521.

FOUCAULT, M. Pouvoirs et stratégies. *Dits et Écrits*. Paris: Gallimard, 1994b. tome 3, p. 418-427.

GAYON, J.; JACOBI, D. (Orgs.). *L'Éternel retour de l'eugenisme*. Paris: PUF, 2006.

GUCHET, X. Le corps social du sujet. *Cahiers Simondon*, Paris, n. 3, p. 71-94, 2011.

KEHL, R. *Lições de eugenia*. Rio de Janeiro: Francisco Alves, 1935.

KELLER, E. F. *O século do gene*. Belo Horizonte: Crisálida, 2002.

MAYR, E. *O desenvolvimento do pensamento biológico*. Brasília: EdUNB, 1998.

MENDIOLA, I. *El jardín biotecnológico: tecnociencia, transgénicos y biopolítica*. Madrid: Los libros de la Catarata, 2006.

MUHLE, M. Sobre la vitalidad del poder: una genealogía de la biopolítica a partir de Foucault y Canguilhem. *Revista de Ciencia Política*, Santiago (Chile), v. 29, n. 1, p. 143-163, 2009.

NALLI, M. A imanência normativa (e da morte) na análise foucaultiana da biopolítica: uma resposta a Roberto Esposito. *O Que Nos Faz Pensar*, Rio de Janeiro, n. 31, p. 149-174, 2012.

NALLI, M. Antropologia e racismo no discurso eugênico de Renato Kehl. *Teoria & Pesquisa*, São Carlos, n. 47, p. 119-156, jul./dez. 2005.

NALLI, M. *Communitas/Immunitas*: a releitura de Roberto Esposito da biopolítica. *Revista de Filosofia Aurora*, Curitiba, v. 25, n. 37, p. 79-105, jul./dez. 2013.

NALLI, M. Reflexões sobre o eugenismo à francesa: Alexis Carrel. In: BOARINI, M. L. (Org.). *Raça, higiene social e nação forte: mitos de uma época*. Maringá: EDUEM, 2011.

PICHOT, A. *Histoire de la notion de vie*. Paris: Gallimard, 1993.

PICHOT, A. *La société pure: de Darwin à Hitler*. Paris: Flammarion, 2000.

RUFFIÉ, J. *Traité du vivant*. Paris: Fayard, 1982.

SIMONDON, G. *Du mode d'existence des objets techniques*. Paris: Aubier, 2005.

Corpos dóceis: novos contornos

Joan Pujol Tarrés
Marisela Montenegro Martínez
Sonia Regina Vargas Mansano

Introdução

O começo do século XXI está sendo caracterizado, entre outras coisas, pela emergência de um novo ciclo de protestos nos quais diversas coletividades têm tomado as ruas e as praças dos centros urbanos – e também das chamadas redes sociais na internet – e dado voz a diferentes mal-estares frente a políticas econômicas e sociais caracteristicamente neoliberais que estão sendo impostas aos grandes grupos populacionais. Os movimentos 15-M e Indignados da Espanha, o *Occupy Wall Street* nos Estados Unidos, ou o Movimento Passe Livre no Brasil poderiam ser compreendidos sob esse prisma, pois é nas ruas que expressam seu furor e espontaneidade.

Nesse contexto, a raiva e a indignação emergem como "afetos problemáticos", ou seja, como tensões afetivas, cognitivas e materiais que se opõem à violência dos ajustes econômicos impostos à população, bem como às condições da democracia que desenham as medidas de austeridade. Trata-se de sentimentos por vezes amorfos de estupefação, descrédito ou impotência diante dos acontecimentos do presente e a projeção de um futuro incerto que difere das promessas de prosperidade implantadas nos corpos e na subjetividade.

As coletividades afetadas emergem no centro mesmo dos processos de governamentalidade das democracias liberais, colocando em questão suas bases: a legitimidade do Estado como articulador e garantidor do bem-estar do cidadão e o mercado como espaço autorregulado de produção e consumo de bens materiais e imateriais. As mobilizações respondem, assim, às promessas falidas do neoliberalismo contemporâneo, articuladas em torno dos binômios representação-bem-estar e desejo-consumo.

A compreensão desses fenômenos passa pela análise das sociedades em termos da produção dos corpos, desejos e subjetividades no contexto contemporâneo: trata-se de estudar as formas de poder impregnadas nas relações sociais e que dão passagem aos mal-estares do presente. Sustentamos que estas mobilizações mostram tanto as maneiras como estão sendo configurados os processos de disciplina e controle como as maneiras de resistir ou opor-se a eles por meio da expressão pública de tais insatisfações. Assim, as mobilizações emanam como resposta, resistência e/ou abertura de novas linhas de ação ao mandato do corpo desejante na atualidade, preso a uma matriz de produtos consumíveis.

Pensar o político, nos termos propostos por Chantal Mouffe (1999), como a impossibilidade de erradicar o conflito e propor um fecho definitivo de qualquer ordem social devido a sua contingência radical demanda ferramentas teórico-políticas que permitam elucidar as maneiras como foram operando os diferentes modelos de exercício de poder e como se consolidam atualmente, assim como as respostas, situadas historicamente, que emanam desse exercício de poder. Para isso, servimo-nos da noção de "corpo dócil", tal como pensada por Michel Foucault e desenvolvida nas teorias contemporâneas, que se torna um dos afetos, talvez o mais definitivo, dos mecanismos de exercício do poder e das transformações que eles tiveram nos últimos séculos.

Seguindo Michel Foucault (1975), a passagem das sociedades de soberania às disciplinares implica uma transformação radical nas formas de governo e passa a ser a vida – e não a morte – suscetível de gestão. A anatomopolítica – disciplinarização do corpo – e a biopolítica – administração dos fenômenos populacionais – emergem como tecnologias de poder que se alimentam mutuamente e que dotam de sentido os mecanismos de exercício do poder. O corpo dócil, disciplinado, emerge no emaranhado teórico foucaultiano como efeito desse exercício de poder. E os processos de resistência, móveis e transitórios, emergem nas amalgamas do poder gerando um vínculo de "dupla necessidade" entre resistência e poder. Assim, as resistências não estão em situação de exterioridade em relação ao poder que as dota de sentido (FOUCAULT, 1976).

No contexto dessa discussão, as análises de Gilles Deleuze (1992) buscam dar um passo além do que foi proposto por Foucault e postular a passagem das sociedades disciplinares às de controle. Trata-se de configurações das relações de poder cujas estratégias excedem as instituições disciplinares aludidas por Foucault. As formas de controle se fazem mais expansivas e intensivas, inundando todas as experiências da vida e das fendas da subjetividade. O exercício do poder pretende abranger, agora, a captura das potencialidades, o direcionamento e controle das trajetórias, a distribuição cuidadosa dos vistos e senhas para o acesso diferenciado às experiências.

Desse modo, as estratégias disciplinares e de controle atuam unidas para a configuração de corpos e subjetividades adaptadas aos preceitos e normas do capitalismo global e, no interior destes, emergem pedidos de inclusão, de participação e de materialização, na máquina desejante da nova ordem mundial.

Neste artigo, faremos um percurso teórico pela noção de "corpos dóceis", tomando em análise seus efeitos nas subjetividades desejantes contemporâneas para, em seguida, pensar as possíveis aberturas políticas no contexto atual.

O corpo dócil em Foucault

A descrição do regime penitenciário desde o século XVIII até o XIX, feita por Foucault em sua obra *Vigiar e punir* (FOUCAULT, 1975), analisa as formas punitivas como parte da tática política que se desenvolve dentro de um determinado contexto político-econômico. Trata-se de um período durante o qual emerge uma forma particular de gestão populacional baseada no desenvolvimento de tecnologias que são articuladas e possibilitadas pela transformação do sujeito em objeto de conhecimento e pelo plano de intervenção governamental. Nesse percurso, as relações de poder se veem radicalmente transformadas ao mover o ponto de aplicação da pena do castigo corporal à domesticação da alma.

As formas de exercício da pena mostram uma determinada economia jurídico-política. O suplício toma forma quando a lei provém do soberano. O sofrimento público do condenado restitui a soberania lesionada do rei num contexto em que o corpo humano carece do valor produtivo de uma economia industrial. A substituição do suplício pelo castigo assinala uma mudança jurídica na qual a lei emana do corpo social ao invés de advir do corpo do soberano. O delito constitui a ruptura do pacto social e a sociedade em conjunto se defende de tal ruptura. O direito à propriedade constitui um elemento nuclear do pacto social: o que torna necessário que o castigo não só seja exercido pontualmente em termos de "castigo exemplar", como também se distribua uniformemente no conjunto do tecido social. Trata-se de um castigo de menor severidade, mas com contornos de universalidade.

No contexto liberal, em que o corpo adquire progressivamente um valor produtivo, o castigo atua sobre o corpo para ascender à alma. O objeto de delito passa do "ato criminoso" ao "delinquente", desenvolvendo-se distintas formas disciplinares de poder-saber que permitem avaliar a intencionalidade e o grau de culpa do delinquente. A lógica disciplinar expande-se no conjunto do tecido social como um método que, através do controle minucioso do corpo, regula o seu potencial, transformando-o em um agente dócil para o exercício do poder e útil como instrumento produtivo. Assim, a disciplina necessita de um objetivo, uma norma, aos quais devem tender os corpos.

O corpo dócil é um dos elementos centrais na lógica disciplinar. O corpo converte-se no resultado de uma série de operações técnicas legitimadas politicamente. Foucault comenta que o livro do Homem-máquina (La Mettrie) foi escrito em dois registros: o anátomo-metafísico, que faz o corpo inteligível; e o técnico-político, que o faz útil (FOUCAULT, 1975, p. 82), conformando uma nova anatomia política. Para esta anatomia política confluem distintas tecnologias que foram se conformando em espaços como as escolas, hospitais, quartéis, escritórios e monastérios. À diferença de outras formas de ação sobre o corpo (escravatura, domesticação, vassalagem ou ascetismo), as técnicas disciplinares: (a) separam o corpo e atuam localizadamente em cada parte; (b) atuam constantemente durante a realização das distintas partes que constituem a atividade; e (c) se dirigem à realização de um resultado que se alia ao exercício e situa a disciplina em uma dimensão econômica. Pensar e atuar no detalhe são elementos centrais da ação corporal.

Além de sua ação sobre o corpo, a lógica disciplinar atua no espaço. Efetivamente, a disciplina requer processos de clausura (seja em fábrica, escola, cadeia ou manicômio), onde a ação sobre o corpo se exerça com a máxima intensidade. Trata-se de constituir um espaço analítico claramente compartimentado e funcional para uma eficaz distribuição e classificação dos corpos; uma classificação que nos permite diferenciar intervalos definidos de subjetividade. Cada tipo de corpo habita um determinado tipo de espaço: um delinquente perigoso deve situar-se em um lugar distinto de um delinquente comum; um moribundo deve estar distanciado de um doente leve; e cada estudante, em classe e nível que lhe correspondam. A eficaz docilidade corporal é conseguida a custas de um alto preço na intervenção espacial.

Paralelamente à intensiva intervenção espacial, a disciplina requer um alto nível programático. Cada ato deve ser elaborado, pensado e medido temporalmente. Para conseguir um corpo útil, é preciso pensar, elaborar e implementar uma multiplicidade de exercícios constantes que contribuam para melhorar e automatizar os comportamentos. A caneta tem de fazer parte da mão, o fuzil tem de ser uma extensão do braço. São exercícios que produzem novos autômatos em um uso econômico eficiente de um tempo que se converte em tanto mais escasso quanto mais se intensifica a ação disciplinar. À organização temporal dos corpos e dos espaços que os contêm, faz-se necessário acrescentar a implantação do sistema de marcação e direcionamento. É necessário um sistema de mando e sinais que dirija os corpos a um lugar adequado, que os envolva no exercício pertinente e que indique o próximo movimento a realizar. Um conjunto de procedimentos e tecnologias que, em montagem disciplinar, contribui para construir um novo monstro: o indivíduo.

Num tempo em que o corpo é fragmentado e delimitado, tanto espacial como temporalmente, produz-se uma nova recomposição, organizada a partir de emergentes formas de poder/saber. A vigilância constante dirige-se progressivamente dos pequenos exercícios compartimentados aos indivíduos. O olhar oculto em que se baseia o sistema de vigilância hierarquizado dirige-se ao conjunto do corpo recomposto mais que a cada uma das partes. Como se tratasse de um novo filho de Victor Frankestein, a disciplina consegue recompor as peças que compõem a máquina humana, mas, agora, com uma diferença fundamental: demos-lhe um nome. Ao nomeá-lo e organizá-lo em torno de uma imagem, o sistema disciplinar muda. A penalidade do minúsculo, que se dirige àqueles pequenos atos, àquelas ausências, descuidos e interrupções, passa agora a dirigir-se ao sujeito em seu conjunto. A inicial artificialidade da sanção, que servia primeiramente para confirmar e sustentar a docilidade do corpo, bem como para corrigir os pequenos desvios com mais exercícios, passa agora a apontar um sujeito, um sujeito delimitado e conformado por um ser.

Ao regime jurídico é superposto um regime disciplinar em que as sanções se dirigem aos atos que conformam um regime hierárquico de seres e intervalos. A observação exterior situada em uma arquitetura claramente definida transforma-se em uma observação interior presente em todos os espaços e tempos pelos quais se move o sujeito. A hierarquia e a valorização de atos que implica a tecnologia disciplinar passam progressivamente a converter-se em uma hierarquia e valorização da "natureza" dos sujeitos a partir da consolidação de uma norma que, inicialmente, gesta-se nos espaços claramente demarcados das instituições disciplinares, para passar, progressivamente, ao conjunto do espaço social. A norma, inicialmente concebida como princípio de coerção, estandardização e homogeneização, multiplica-se e diversifica-se. A homogeneidade subjetiva deixa de ter interesse para dar passagem à romantização do desvio controlado, do "ser você mesmo", a partir dos elementos pré-fabricados pelo poder. Assim, o exame, apresentação ritualizada do corpo, converte-se em instrumento em que se mostra tanto o sujeito como o conhecimento que foi gerado sobre ele. As cadeias do pode-saber abandonam as instituições para conquistar o espaço exterior. O exame deixa de ser a apresentação do corpo para converter-se em produção do sujeito e a ciência pedagógica dá passagem aos livros de autoajuda. Deixamos de ser casos do sistema disciplinar para converter-nos em variedades da sociedade pós-fordista.

Desse modo, a disciplina, dentro da perspectiva foucaultiana, não emerge da progressiva implantação piramidal de uma série de tecnologias corporais dos claros centros de poder ou surge de uma lógica histórica de caráter teleológico. Tal como assinala o autor em *Vigiar e punir*, trata-se de procedimentos disciplinares que já existiam em âmbitos como, por exemplo, os quartéis ou espaços de clausura. São tecnologias que, em processos históricos contingentes, chegam a constituir um dos muitos módulos possíveis para constituir, neste caso, formas de anatomopolítica. A maneira de explorar, desarticular e recompor o corpo que implanta a mecânica de poder anatomopolítica articula suas forças para oferecer-nos um corpo que incrementa sua utilidade, tanto que são potencializadas suas possibilidades e facilita-se o uso conveniente das mesmas. Sem dúvida, trata-se de um corpo adaptado a um trabalho como, por exemplo, a cadeia de montagem da fábrica. Mas, será que estamos falando de um corpo que pode transitar pelo circuito da produção pós-fordista?

Trabalho imaterial: novos traçados do corpo dócil

Como poderíamos compreender o corpo do trabalhador no contexto do capitalismo mundial avançado? Com os estudos de Hardt e Negri (2001) sobre as relações de trabalho contemporâneas, ficou clara a expansão de outras maneiras de organizar as atividades laborais que se voltaram mais frequentemente para a prestação de serviços e para a produção de conhecimentos e afetos. Trata-se do denominado "trabalho imaterial", que pode ser compreendido como um tipo de atividade que tem como resultado "um bem imaterial, como serviço, produto cultural, conhecimento ou comunicação" (NEGRI; HARDT, 2001, p. 311).

Nesse cenário diferenciado, onde novos valores, habilidades e exigências entram em cena, o corpo do trabalhador também sofre uma reconfiguração. Assim, o indivíduo passivo e obediente já não é mais desejado pelo mercado como mão de obra. Em seu lugar, novos traçados passaram a desenhá-lo, sem, com isso, abandonar o que Foucault (1975) tão bem diagnosticou como "corpo dócil". Ocorre que, em nossos dias, também a docilidade se transmudou e vem se reconfigurando com linhas que foram reelaboradas ou acrescentadas ao corpo do trabalhador.

Pode-se compreender essa mutação quando se concebe o corpo como uma superfície de inscrição que atesta a ação das forças sociais que circulam em um dado tempo histórico, sendo estas, portanto, variáveis. Assim, como diz Foucault (1975), uma análise sobre o corpo implica atentar para:

> Pequenas astúcias dotadas de um grande poder de difusão, arranjos sutis, de aparência inocente, mas profundamente suspeitos, dispositivos que obedecem a economias inconfessáveis, ou que procuram coerções sem grandeza, são eles entretanto que levaram à mutação do regime punitivo, no limiar da época contemporânea. Descrevê-los implicará na demora sobre o detalhe e na atenção às minúcias: sob as mínimas figuras, procurar não um sentido, mas uma precaução; recolocá-las não apenas na solidariedade de um funcionamento, mas na coerência de uma tática (FOUCAULT, 1975, p. 120).

Aqui, buscaremos acompanhar algumas das linhas que desenham as mutações precipitadas pela produção capitalista e que, em nosso entendimento, dão novos contornos a esse corpo que continua docilizado, mas por outras vias. Para acompanhar essa reconfiguração, buscamos tomar em análise alguns enunciados que circulam no social e que dizem respeito às novas exigências laborais que são atualmente colocadas para os trabalhadores.

Comecemos pela chamada criatividade. Termo presente não só na mídia como também nas empresas, nas escolas de formação técnica e nas universidades, a criatividade é tida hoje como um dos requisitos apresentado ao profissional, seja qual for a área em que ele está atuando. É avaliado como trabalhador criativo aquele capaz de resolver problemas adversos de maneira rápida e eficiente, fazendo com que o cliente sinta-se satisfeito no contato com ele e, por extensão, com a empresa que representa. Ora, até aí, a criatividade é um exercício antigo e cotidianamente praticado em qualquer situação da vida que exija uma resolução mais contundente. Entretanto, o diferencial do nosso tempo histórico é que a criatividade torna-se um imperativo a ser executado de maneira prescritiva, independentemente da temporalidade e da dificuldade colocadas por cada circunstância. É como se o profissional pudesse "encarnar" a criatividade em qualquer momento como um traço pessoal e identitário a ser, simplesmente, executado conforme os ditames do mercado e das negociações financeiras.

Há muito tempo a Psicologia Social, em sua vertente mais crítica, vem mostrando a importância do contato e das trocas sociais como condição para produção dos modos de vida. A criatividade não está fora desse processo de produção incessante. E, cabe lembrar, a criatividade é facultativa, ou seja, nem sempre é possível colocá-la em curso. Tomá-la simplesmente como um traço identitário e pessoal que pode ser acionado ou adquirido a qualquer momento implica desconsiderar o humano em sua dinâmica variável, o que, por si só, já é uma falsificação da vida.

Entretanto, quando isso aparece como uma exigência de mercado, os efeitos gerados sobre o corpo do trabalhador são significativos. Entre eles, está a tendência em procurar em si esse traço identitário, responsabilizando-se pela sua ausência – que é avaliada como um defeito a ser consertado em cursos técnicos e de formação. Retoma-se, assim, uma das características do sujeito disciplinado: aquele que toma para si a responsabilidade por cumprir o que foi definido como importante pelo outro, sendo este outro, no caso aqui analisado, a empresa. A criatividade, prescrita a um corpo docilizado e fiel aos valores de mercado, passa a ser avaliada como um requisito que atesta o diferencial de qualidade profissional e pessoal.

Que outras capturas subjetivas docilizadoras são colocadas em curso? Que outras formas de se apoderar do corpo, em suas potencialidades, estão sendo engendradas nos dias de hoje? Pode-se dizer que a docilização se desdobra em outro enunciado muito comum em nossos dias: o chamado "Eu S/A, que rende lucros às grandes empresas, que são os clientes do autoempresário" (GORZ, 2005, p. 10). Assumindo para si a responsabilidade de acompanhar as exigências do mercado, sem disponibilidade (e tempo) para questioná-las, ainda que minimamente, esse indivíduo empenha-se sem trégua na busca de qualificação técnica, contatos profissionais, bem como no investimento em autoimagem e apresentação pessoal, dependendo para isso de dinheiro e, principalmente, de seu tempo livre.

Com a ameaça permanentemente colocada de "ficar para trás" ou "perder seu posto de trabalho", o trabalhador segue perseguindo aquilo que Deleuze chamou de uma "qualificação permanente" (DELEUZE, 1992, p. 221), sem questionar ou analisar a sua utilidade ou o tipo de vida que está produzindo para si no encontro com as novas exigências laborais. É interessante notar que tanto a criatividade quanto a formação permanente assumida pelo "Eu S/A", apesar de acionarem elementos subjetivos mais ativos e prospectivos, são exercidas de maneira naturalizada e desvinculada de uma leitura crítica. Essa dissociação colabora para desenhar outra linha contemporânea da docilidade: a do indivíduo ao mesmo tempo obediente e desejante, uma vez que acolhe como condição de inclusão no trabalho a formação permanente, dedicando-se a este empreendimento de maneira apaixonada.

Nessa linha que ganha contornos mais desejantes, encontramos outro enunciado bastante comum que diz respeito ao vínculo do sujeito com a atividade laboral. Assim, com frequência, escutamos: "eu faço o que gosto". Implícito nesse enunciado está a difusão da ideia de que o trabalho é uma fonte de prazer acessível a todos desde que se "descubra" a atividade "correta" a ser realizada. O risco, neste caso, está novamente em associar o trabalho a uma característica natural do humano. Sobre essa vinculação com o trabalho, Foucault fez a seguinte consideração: "Sim, desejamos trabalhar, queremos e gostamos de trabalhar, mas o trabalho não constitui nossa essência. Dizer que queremos trabalhar e fundar nossa essência sobre nosso desejo de trabalhar são duas coisas muito diferentes" (FOUCAULT, 2003, p. 263). São tão diferentes que tal enunciado dissemina uma expectativa de continuidade entre prazer e trabalho tanto em quem, por vezes, experimenta essa satisfação quanto naqueles que não conseguem atualizá-la, afirmando, então, que ainda não encontraram seu "verdadeiro dom".

O trabalho não faz parte da essência humana pelo simples fato de que ela não existe. Porém, associar trabalho e prazer gera efeitos subjetivos muito marcantes que interessam de maneira especial ao mercado. Trabalhadores satisfeitos são amplamente procurados pelas instâncias que organizam as atividades laborais. E, quando possível, a disseminação dessa equivalência (entre trabalho e satisfação) já é feita desde a infância com a disseminação da ideia de uma "escolha profissional correta que dure para toda vida".

Outro enunciado bastante comum que circula na esfera laboral, especialmente entre aqueles que já estão empregados, é a coexistência da cooperação com a competição. A expectativa colocada para o trabalhador é de que, em certo momento, é preciso cooperar, trabalhar em equipe, alcançar metas coletivas que fazem o grupo experimentar uma sensação de partilha, vinculação e troca. Em seguida, são explicitadas as metas individuais, diante das quais é preciso se destacar perante o grupo, mostrando uma habilidade superior aos demais, seja na produção individual, no cumprimento de metas ou na preferência dos clientes. E aí a competitividade entra em cena.

Entre a competição e a cooperação, também podemos encontrar o sujeito docilizado; mas, agora, dissociado, tendo de transitar entre um mundo (de confiança, cumplicidade coletiva e troca) e outro (de avaliação, competição e rivalidade), assumindo atitudes que, por vezes, colocam os dois extremos em xeque. Porém, como essa exigência é socialmente compartilhada, isso é realizado de maneira praticamente obediente, sendo comum o enunciado "Eu estava cumprindo ordens", como uma maneira de justificar as possíveis agressões ao coletivo em nome do desempenho individual.

É assim que outra linha ganha contornos nesse novo corpo dócil: as habilidades sociais de contato com os demais trabalhadores e, principalmente, com o cliente, ganham importância. Sob os ditames do imperativo "Deve-se tratar cada cliente como um novo cliente", ao trabalhador é prescrita uma série de atitudes e afetos que, sob o ponto de vista do mercado, caracterizam o "bom atendimento": cordialidade, atenção, empatia, respeito, paciência e bom humor. Entretanto, por vezes, o que o trabalhador recebe são ofensas, grosserias, indelicadezas e agressões. A sutileza dessa relação nem sempre é evidente, uma vez que basta um olhar, um tom de voz, uma palavra mais áspera para que os afetos sejam recebidos e produzam efeitos em ambos, trabalhador e cliente. Quando os efeitos são adversos, sob o ponto de vista do mercado, precisam ser anulados para não comprometer o atendimento e a negociação financeira. Porém, cabe questionar o quanto o corpo suporta essa situação de absorção passiva sem poder demonstrar os afetos experimentados (FAZZANO; MANSANO, 2013). Ora, de qual corpo estamos falando aqui se não daquele que é docilizado por uma espécie de formatação afetiva?

Chegamos assim à tão recorrente definição de metas. A maneira como se efetuava o trabalho material, com seus amplos estudos de tempo e movimento, já utilizava as metas para controlar e aumentar a produção. No cenário contemporâneo, elas também se fazem presentes, mas já não são facilmente quantificáveis, como outrora. As metas colocadas ao trabalhador consistem em conquistar a confiança, a preferência e a simpatia de seus clientes, atributos que não necessariamente podem ser medidos. Um exemplo disso pode ser encontrado no fato de que é cada vez mais comum o aumento do contingente de profissionais que executam atividades de venda. Um gerente de contas de banco, que tem por função acompanhar as movimentações financeiras de seus clientes, assumiu, mais recentemente, a tarefa de fazer com que este consuma os serviços oferecidos pela instituição financeira. Assim, para além do acompanhamento e aconselhamento econômicos, ele também vende serviços e precisa alcançar metas. Elas se disseminam por diferentes contextos laborais, chegando à área da saúde (onde os profissionais têm número predefinido de pacientes para atender no decorrer do dia), ao setor de comunicação (amplamente monitorado nos índices de audiência) e também à área de educação (com a quantificação de publicações e participação em eventos). Nota-se que os índices de produtividade estendem-se por atividades que outrora priorizavam as relações sociais e a produção de conhecimento.

Se o corpo dócil estudado por Foucault (1975) tinha na anátomo-política sua base de sustentação, o corpo pós-fordista, em certa medida, também fragmenta e seleciona habilidades a serem requisitadas para o processo produtivo. Mas, agora, não é a minúcia da anatomia e do movimento corporal que estão em jogo. São os processos relacionais e comunicacionais que envolvem o afeto, o sorriso, o acolhimento, a simpatia, a paciência, enfim, habilidades subjetivas que estão mais ligadas à socialização e que são articuladas para uma produção em rede.

As novas formas de exploração afetiva colocadas em curso neste tempo histórico, que reconfiguram o corpo dócil contemporâneo, acionam dimensões subjetivas que simplesmente não são passíveis de controle, apesar de todas as tentativas de captura, formatação e conformação. É precisamente nestas brechas que os processos de resistência se ensaiam cotidianamente e acionam o corpo para exercitar potências que são inalienáveis: os processos de criação e experimentação que se diferenciam por não ter como norteadora a prática mercantil.

Obviamente, as tentativas de reconectar o trabalhador aos processos de acúmulo de capital e de produtividade são frequentes. Mas, tendo em vista que tanto a sujeição quanto os movimentos de criação e resistência não são passíveis de totalização em um desses polos, cabe-nos acompanhar a multiplicidade de linhas que compõe e decompõe esse novo corpo dócil, na tensão que é permanentemente atualizada entre a sujeição e a resistência. Como um campo tensionado, ele não permite uma resolução definitiva nem rápida, uma vez que o que está em jogo é precisamente a criação e experimentação de maneiras de viver e de trabalhar.

Considerações finais

A descrição efetuada até aqui mostra as transformações sócio-históricas das maneiras como se conformam os corpos dóceis na contemporaneidade. Ao corpo dócil das sociedades disciplinares acrescentam-se formas de governamentalidade mais sofisticadas em que as capacidades criativas, afetivas e relacionais são cooptadas para produção capitalista (Virno, 2003). Nos diferentes processos de expansão e intensificação das lógicas do mercado, o conhecimento, a informação e as relações tornam-se meios de produção e mercadorias suscetíveis de quantificação (Expósito, 2007).

Os sujeitos necessariamente "devem" possuir as habilidades para desenvolver e desprender-se de afetos e informações. Devem ser adaptáveis, flexíveis, versáteis, capazes de reinventar-se pelas exigências das rápidas mudanças nas formas de produção (Ferreiro, 2010). É o que o coletivo *Espai en Blanc* (2008) chamou de "colocar a vida a trabalhar", que consiste em gerir a própria existência: vidas privatizadas mobilizadas para reproduzir a realidade forjada pelo capitalismo. Cada vida deve ser gerida e posta a funcionar para formar-se a si mesma e ser incluída na sociedade atual. As novas tecnologias de governo assentam-se no próprio sujeito para sua reprodução, em seus próprios desejos, que são compartilhados com outros corpos e subjetividades também desejantes.

A ação política desenvolve-se no interior dessa lógica de cooptação da máquina capitalista, no sentido de que as expressões de mal-estar são interpretadas nos próprios termos em que a sociedade modela as subjetividades. As mobilizações atuais colocam em cena, justamente, as capacidades criativas e afetivas de seus participantes: basta observar a grande quantidade de *slogans* críticos que foram gerados e a profusão de afetos que se desenvolveram. E é aqui que emerge a tensão entre a força criativa que se expressa – útil para o dispositivo de captura do capitalismo – e a crítica do sistema que se exibe: uma tensão propriamente política no sentido da luta pela hegemonização de significados sobre os sujeitos, o trabalho, as relações sociais e a configuração da vida como um todo. A mobilização de afetos, capacidades cognitivas e de expressões surgem a partir das materialidades e significações que aparecem como as condições de possibilidade para a emergência das singularidades conectadas no sistema rede. São os novos contornos de máquinas-corpos-redes que surgem no centro mesmo do neoliberalismo e nos processos de governamentalidade das democracias liberais.

As reivindicações que expressam o mal-estar, em muitos casos, podem ser interpretadas como um chamado à inclusão: um grito para desfrutar dos recursos de consumo oferecidos pelo capitalismo global em conveniência com os estados liberais sobre os quais se assenta. Um dos *banners* do movimento 15-M, no estado espanhol, por exemplo, dizia: "Não somos antissistema, é o sistema que está contra nós"; o que pode ser interpretado em termos de reivindicação de uma forma de organização social que está dando as costas a seus cidadãos, expulsando-os da possibilidade de acesso ao bem-estar. Parece não haver espaço para corpos, subjetividades e afetos de 99% da população a quem se fez acreditar que, colocando sua vida à disposição do trabalho, gozariam das "bondades" do capitalismo.

O exercício da soberania contemporânea, segundo Achille Mbembe (2003), consiste precisamente na delimitação dos espaços, no estabelecimento de fronteiras, na criação de mecanismos de inclusão e exclusão, através da biopolítica como uma necropolítica. Esta última referida às tecnologias de destruição – no sentido literal de distribuir a vida e a morte – conformam "mundos de morte" (*death worlds*) como formas de existência social nas quais grandes grupos populacionais estão sujeitos a condições de sobrevida que lhes confere o estatuto de "mortos vivos".

Enquanto a biopolítica ocupa-se em gerir, ordenar e promover a vida para aqueles cidadãos que "merecem" sua proteção, de maneira concomitante, o poder necropolítico trabalha para produzir a morte para aqueles que estão destinados ao abandono, à violência e à negligência (LAMBLE, 2013).

As mobilizações contemporâneas parecem estar mostrando um desejo de inclusão, uma resistência ao "ficar fora do debate". Assim dizia um cartaz do movimento nos Estados Unidos: *61 years old. No health care, no savings, no pension. I am the 99%. Occupy Wall Street.* O corpo dócil está agora alimentado pelo medo desse espaço de abandono. Lazzarato, ao referir-se às reformas que estão sendo desenvolvidas pelos governos ocidentais neste momento, declara nesses termos:

> As reformas buscam distribuir os diferenciais de liberdade, tentando aumentar, nas classes superiores dos governados, a fidelidade ao emprego e à governamentalidade; e difundindo a incerteza e a precariedade nas classes inferiores. A estratégia geral que afeta tanto aos insiders como aos outsiders consiste em introduzir mais competição, mais incerteza, mais medo (LAZZARATO, 2012).

O corpo dócil no neoliberalismo contemporâneo é um corpo temeroso, inseguro e que apela para a segurança de um passado recente: "assumo meus deveres, devolvam-me meus direitos", como disse outro cartaz do movimento 15-M. O fortalecimento das atuais iniciativas de ação política passa por uma análise sobre as possibilidades de crítica a um contexto que está sendo capaz de governar a dissidência com tanta facilidade, que pode fagocitar os produtos culturais a seu desejo; em um tempo no qual as capacidades cognitivas e afetivas são colocadas a trabalhar para gerar maiores ganhos financeiros a companhias de telecomunicação e de softwares privativos; em um tempo no qual a crítica e o ser crítico também podem ser um produto de consumo.

Vivemos em um momento histórico no qual o medo de aniquilação física ou social é o afeto mais presente. Assim, o fortalecimento das iniciativas passa por ver que tudo isso que criticamos também reproduzimos; não para fustigar-nos como "filhos" do capitalismo, mas para ver nossos próprios limites e ensaiar caminhos de êxodo e transformação radical.

Referências

DELEUZE, G. *Conversações*. Rio de Janeiro: Ed. 34, 1992.

EL MALESTAR social en una sociedad terapéutica. La sociedad terapéutica. *Espai en Blanc*, Barcelona, n. 3-4, 2008. Prólogo. Disponível em: <http://www.espaienblanc.net/El-malestar-social-en-una-sociedad.html>. Acesso em: 10 nov. 2013.

EXPÓSITO, M. *La autonomía del conocimiento vivo en la universidad-metrópolis.* 2007. Disponível em: <http://www.universidadnomada.net/spip.php?article158>. Acesso em: 10 nov. 2013.

FAZZANO, L.; MANSANO, S. R. V. Afeto e conhecimento: analisando algumas transformações no trabalho contemporâneo. *Revista de Psicologia*, São Paulo: UNESP, v. 12, n. 1, 2013. Disponível em: <http://www2.assis.unesp.br/revpsico/index.php/revista/article/view/204/309>. Acesso em: 10 nov. 2013.

FERREIRO, X. Mercantilización y precarización del conocimiento: el proceso de Bolonia. En Edu-Factory y Universidad Nómada (Comps.). *La Universidad en conflicto. Capturas y fugas en el mercado global del saber.* Madrid: Traficantes de Sueños, 2010.

FOUCAULT, M. *Vigiar e punir: História da violência nas prisões.* Petrópolis: Vozes, 1975.

FOUCAULT, M. *Ditos & Escritos. Estratégia, poder-saber.* Rio de Janeiro: Forense Universitária, 2003.

GORZ, A. *O imaterial: conhecimento, valor e capital.* São Paulo: Annablume, 2005.

HARDT, M.; NEGRI, A. *Império.* Rio de Janeiro: Record, 2001.

LAMBLE, S. Queer Necropolitics and the Expanding Carceral State: Interrogating Sexual Investments in Punishment. *Law Critique*, v. 24, p. 229–253, 2013.

LAZZARATO, M. De los dispositivos de la crítica a la producción de subjetividad. Deleuze, James y Foucault. *Revista Observaciones Filosóficas*, 2012. Disponível em: <http://www.observacionesfilosoficas.net/delosdispositivos.htm>. Acesso em: 10 nov. 2013.

MBEMBE, A. Necropolitics. *Public Culture*, v. 15, n. 1, p. 11-40, 2003.

MOUFFE, C. *El retorno de lo político.* Barcelona: Paidós [1993], 1999.

VIRNO, P. *Virtuosismo y revolución.* Madrid: Traficantes de Sueños, 2003.

Viver e deixar morrer: biopolítica, risco e gestão das desigualdades

Sandra Caponi

Meu objetivo aqui é tentar compreender a operatividade do conceito foucaultiano de biopolítica como auxílio para uma problematização crítica de nosso presente. Acredito que esse conceito pode resultar em um instrumento eficaz para compreender de que modo operam esses processos de gestão das populações que perpetuam a existência de iniquidades ou desigualdades sociais injustas ao mesmo tempo em que reforçam e multiplicam mecanismos securitários de antecipação e prevenção de riscos.

Para compreender o alcance e a pertinência do conceito de biopolítica, iniciarei este escrito fazendo referência a um pequeno parágrafo do discurso que o presidente sul-africano Thabo Mbeki ministrou na conferência internacional sobre AIDS no ano 2000. Ele afirma:

> No espaço de um dia, os passageiros que viajam de Japão a Uganda deixam seu país que tem a esperança de vida mais elevada do mundo, quase 79 anos, para aterrissar em um país onde o nível de esperança de vida é o mais baixo do mundo, somente 42 anos. Um dia de distância por avião, mas a metade de uma vida de diferença sobre o solo (*apud* FASSIN, 2006, p. 41).[1]

Essa afirmação, que poderia ter sido enunciada ontem, apresenta um exemplo radical do modo como essa tecnologia de poder, que Foucault denominou *biopolítica das populações*, penetra nos corpos, os define, os modela, os transforma ao ponto de interferir na duração da vida de uns e outros. Uma vida maximizada, com altas taxas de longevidade, efeito da conjunção de estratégias médicas, nutricionais, de boas condições de trabalho, de estruturas de proteção social, se opõe aqui à pura vida nua de indivíduos que vivem cotidianamente as misérias da exclusão e a guerra, chegando a atingir, penosamente, pouco mais de 40 anos de vida média.

---

[1] As traduções de obras citadas em língua estrangeira são da autora.

Essas vidas separadas pela distância de um dia de avião põem em evidência certa duplicidade inerente às estratégias biopolíticas analisadas por Foucault. Essa diferença não pode ser explicada por uma constituição biológica naturalmente destinada a viver mais ou menos tempo, não se deve ao acaso, nem pode explicar-se por intervenções de Estados mais ou menos eficazes. Essa diferença perante a vida e a morte envolve um conjunto de estratégias e técnicas de gestão; um modo peculiar de compreender o corpo e a vida; implica, em última instância, decisões sobre quais são as vidas que devem ser maximizadas e quais são as vidas consideradas sem valor.

Como afirma Fassin (2006),

> [...] governar é fazer escolhas, muitas das quais podem ser chamadas trágicas, como no caso de transplantes de órgãos onde a alocação de um bem escasso define diretamente a duração da vida de determinadas pessoas. Essa é uma experiência vivenciada e explicitada quando se analisa o discurso dos refugiados em França, e dos doentes de AIDS em África, ou daqueles que constatam, cotidianamente, o pouco valor que tem suas vidas nas sociedades que habitam (FASSIN, 2006, p. 43).

Ter presente a existência cotidiana dessas desigualdades, com os valores e decisões envolvidos, resulta essencial para compreender o alcance e a atualidade do conceito de biopolítica da população enunciado por Foucault.

Lembremos que o conceito de "biopolítica" foi enunciado pela primeira vez em uma conferência ministrada por Foucault, em 1974, na Universidade Estadual do Rio de Janeiro. Essa palestra foi publicada em 1977 com o nome de *O nascimento da medicina social* (1994a). O texto aponta um deslocamento significativo nas estratégias de poder: "o controle da sociedade sobre os indivíduos não se opera simplesmente pela consciência ou pela ideologia, mas começa no corpo, com o corpo. Foi no biológico, no somático, no corporal que, antes de tudo, investiu a sociedade capitalista. O corpo é uma realidade biopolítica" (FOUCAULT, 1989, p. 82).

Poucos anos mais tarde, em 1976, esse conceito foi retomado e analisado no último capítulo de *A vontade de saber* (1978) e posteriormente nos cursos ministrados no Collège de France *Em defesa da sociedade* (1997); *Segurança território e população* (2009) e o *Nascimento da biopolítica* (2004), onde desenvolve um estudo sobre a arte de governar no liberalismo e neoliberalismo como condição de possibilidade de existência da biopolítica. A publicação dos cursos ministrados por Foucault desde 1971 até sua morte em 1984, ainda inacabada, contribuiu para despertar um renovado interesse por seu trabalho, e muito particularmente pelo conceito de biopolítica, multiplicando-se nos últimos anos os estudos dedicados a esse conceito não somente na França, como também na Itália, nos Estados Unidos e na América Latina.

O conceito de Biopolítica

Foucault afirma que, a fins do século XVIII e inícios do século XIX, se produz uma transformação no modo de organizar e gerir o poder. A antiga potestade do soberano, seu direito sobre a vida e a morte dos súbditos, considerada como um de seus atributos fundamentais pela teoria jurídica clássica, deixará lugar a um novo modo de organizar as relações de poder. O velho *direito de deixar viver e de fazer morrer* próprio do soberano será substituído pelo direito ou pelo poder de *fazer viver e deixar morrer*, configurando-se, assim, o domínio dos biopoderes referidos aos corpos e às populações. Tudo ocorre como se o poder de soberania descobrisse sua inoperância para lidar com os fenômenos próprios da nascente sociedade industrial: a explosão demográfica, os problemas de urbanização, os novos conflitos derivados da industrialização.

Esse poder de soberania sofrerá um primeiro processo de acomodação com as tecnologias disciplinares estudadas por Foucault em *Vigiar e punir* (1979): estratégias que se dirigem aos corpos, e que estão destinadas a multiplicar sua força e sua capacidade de trabalho e a diminuir sua força política. Um segundo processo de acomodação surgirá um pouco mais tarde, fortalecendo-se ao longo do século XIX, sem excluir ou substituir a tecnologia disciplinar, mas integrando-a e utilizando-a parcialmente para dirigir-se a um novo objeto: a população e seus processos biológicos e biossociológicos.

A nova tecnologia que será posta em prática se refere à multiplicidade de homens, não como corpos individuais, mas na medida em que eles constituem uma massa global afetada por esses processos de conjunto que são próprios da vida, como os processos de nascimento, morte, reprodução, doenças, etc. (FOUCAULT, 1997, p. 216).

Temos, assim, duas estratégias de poder que se sucedem: a primeira, individualizante, a segunda, massificadora. A primeira referida ao homem enquanto possuidor de um corpo, a segunda referida ao homem enquanto faz parte de uma espécie biológica, a espécie homem.

Essa nova tecnologia de poder demanda a construção de novos saberes sobre as populações: os registros e as estatísticas referidas à proporção de nascimentos e mortes, às taxas de reprodução, de fecundidade, de longevidade. Um imenso conjunto de dados demográficos começará a ser coletado, inicialmente em nível local, para logo possibilitar comparações e estatísticas globais que serão centralizadas por organismos estatais como os registros nacionais de estatística e demografia.

Os indicadores quantitativos, na medida em que são pensados como um fiel reflexo da realidade econômica de um país, do poder de um Estado, ou do progresso dos povos, constituem a base privilegiada a partir da qual serão construídas estratégias concretas de intervenção sobre as populações.

Surgirão, assim, alguns espaços privilegiados de intervenção, entre eles: as políticas de controle de natalidade; o controle das morbidades e endemias (que substituirá o temor pelas grandes epidemias vistas como ameaça desde a Idade Média); o estudo e o controle da extensão e duração das patologias prevalentes, pensadas como fatores que debilitam a força de trabalho e implicam custos econômicos para todos; as intervenções sobre a velhice, os acidentes, as doenças e anomalias que excluem os indivíduos do mercado de trabalho; a gestão das relações entre espécie humana e o meio externo, seja em se tratando de problemas com o clima e a natureza (os pântanos, por exemplo), ou com o meio urbano. Nessas estratégias de intervenção se articulam diversos domínios do saber e da ação política. Por um lado, os conhecimentos elaborados pela higiene, a medicina social, a demografia e a estatística; por outro, as estratégias de poder que adotam a forma de esquemas de regulação, gestão, assistência, controle de riscos e mecanismos de segurança (Foucault, 2009).

Desse modo, a biopolítica se constitui como uma tecnologia científica e política que se exerce sobre as populações entendidas como uma multiplicidade biológica, que se refere especificamente aos processos vitais, e que tem como preocupação imediata antecipar os riscos. Assim, o conjunto de fenômenos que se apresenta como aleatório e imprevisível, quando se analisa como fatos que afetam a um determinado indivíduo, aparecerá como constante que é possível antecipar, quando é observado em perspectiva populacional.

Os estudos estatísticos permitirão analisar esses fenômenos em séries de curta ou longa duração e desse modo antecipar os riscos ou perigos aos quais essa população estaria submetida. Essas predições e estimações estatísticas referidas a fatos sociais (populacionais) e não a indivíduos permitem criar mecanismos reguladores destinados a manter um estado de equilíbrio ou atingir a média estatística desejada (baixar a mortalidade, alongar a vida, estimular a natalidade) (Foucault, 2004).

O objetivo último da biopolítica será instalar, para cada risco ou perigo que possa vir a ocorrer, mecanismos de segurança que têm certas semelhanças e certas diferenças com os mecanismos disciplinares. Ambos se propõem a aumentar e maximizar a vitalidade das populações, e então temos assim: "Uma tecnologia de poder sobre a população enquanto tal, sobre o homem como ser vivo, um poder contínuo, científico, que é o poder de fazer viver" (FOUCAULT, 1997, p. 220).

Assim e do mesmo modo que nas disciplinas se conjuga a maximização das forças produtivas com a diminuição da capacidade política, na biopolítica se conjuga a maximização da força e da vitalidade de determinadas populações com a exclusão ou o esquecimento de outras. Aquelas populações cujos indivíduos se mantêm fora do auxílio e da proteção estatal, aquelas cujos governos simplesmente "deixam morrer", fato que se traduz na limitada expectativa de vida, hoje de 52 anos, existente em países como Uganda. Como tentaremos mostrar, Foucault (1997) considera que um elemento essencial para compreender essa duplicidade é o papel exercido pelo racismo (em suas diversas formas), considerado como eixo privilegiado de articulação das estratégias biopolíticas nos Estados totalitários e colonialistas. Veremos que esse eixo articulador se deslocará, mais tarde, para os dispositivos securitários, de prevenção de riscos, que, de acordo com Foucault, caracteriza a biopolítica nos Estados liberais e neoliberais.

O certo é que analisar o surgimento dessas novas formas de maximização da vida que adota a biopolítica na contemporaneidade, e os modos de exclusão que ela implica, exige compreender de que modo se articulam os conceitos de "bios" e de "política" nessa tecnologia de poder. Centrar-me-ei aqui a analisar o modo como se relacionam esses conceitos exclusivamente na biopolítica tal e como foi analisada por Foucault, deixando de lado as abordagens dos diversos autores que posteriormente tematizaram esse conceito.

O bios como objeto de saber

Ainda que, nos Cursos do Collège de France, Foucault explore as diversas faces que adota a biopolítica na modernidade, não existe uma referência clara à noção de *vida* ou "bios", sobre a qual se constrói e se articula esse conceito. Alguns autores, como Didier Fassin, opinam que essa noção, que constitui o coração da biopolítica, não foi suficientemente explicitada por Foucault (FASSIN, 2006). É verdade que nos cursos não existe nenhum momento dedicado a analisar exclusivamente essa noção, porém, para poder compreender a especificidade desse *bios* que antecede a *política* torna-se necessário situá-lo em uma perspectiva mais ampla, lembrando que Foucault dedicou diversos textos e estudos à problematização dessa noção.

De fato, a problemática da vida acompanha Foucault desde seus primeiros escritos. Vemos reaparecer essa preocupação desde *O nascimento da clínica* (1987) e *As palavras e as coisas* (1983) até o último texto que envia para publicação pouco antes de sua morte, uma homenagem a Georges Canguilhem, denominado *A vida, a experiência e a sociedade* (1994b).

A centralidade da noção de vida nos estudos biopolíticos torna-se evidente na seguinte afirmação de Foucault:

> Parece-me que um dos fenômenos fundamentais do século XIX tem sido o que poderíamos denominar uma invasão da vida pelo poder: ou se vocês desejam, um exercício de poder sobre o homem enquanto ser vivo, uma sorte de estatização do biológico, ou pelo menos uma certa tendência ao que se poderia denominar uma estatização do biológico (FOUCAULT, 1997, p. 212).

Esse texto não só permite situar a noção de vida como articuladora de novos domínios de saber e de intervenção; ele delimita claramente o alcance dessa noção. O poder não se refere aqui à vida cotidiana, nem ao nosso dia a dia, nem à vida como fato existencial; trata-se de uma clara identificação da vida com o domínio do biológico; trata-se da vida enquanto objeto de estudo da biologia, da medicina, enfim, desses saberes denominados, justamente, ciências da vida.

E é nesse contexto que devemos situar a tese central em torno da qual se articula o conceito de biopolítica. Isto é, a afirmação de que o fato determinante na construção das sociedades modernas é o processo pelo qual a vida passa a ser investida por cálculos explícitos e por estratégias de poder: o momento em que o biológico ingressa como elemento privilegiado no registro da política. Assim, no *Nascimento da biopolítica*, afirma que seu objetivo é: "entender de que modo a prática governamental tentou racionalizar os fenômenos colocados por um conjunto de seres vivos constituídos como uma população: problemas relativos à saúde, à higiene, à natalidade, à longevidade, à raças e outros" (FOUCAULT, 2004, p. 27).

Para poder tematizar esse "*bios*", em torno do qual se estruturam as estratégias biopolíticas, será necessário fazer referência a um registro que é ao mesmo tempo científico e político, pois a vida se apresenta ao mesmo tempo como fato biológico e como objeto de intervenção e de poder.

Será necessário olhar para a construção de discursos e classificações científicas e, ao mesmo tempo, para as práticas concretas de intervenção que transformam a vida dos indivíduos e das populações. Certamente, para compreender essas redes de saber e essas tecnologias de poder referidas ao saber médico, à higiene, à medicina social e à psiquiatria,

234   Coleção Estudos Foucaultianos

deveremos lembrar o lugar de destaque que a figura de Georges Canguilhem tem no pensamento de Foucault.

Os estudos que Canguilhem dedica à medicina e à biologia, em particular sua crítica frontal ao modo como se estabelecem os parâmetros de normalidade e patologia nas ciências da vida pelo recurso a padrões estatísticos, não podem ser desconsiderados quando analisamos os alcances e limites da noção de "vida" em torno da qual se articula o conceito de biopolítica.

Canguilhem soube mostrar, com extrema clareza, a duplicidade constitutiva do conceito de normal. Por um lado, o normal define os valores de referência, as médias e as variações admissíveis para um determinado fenômeno biológico (seja a taxa de colesterol ou de suicídio), estabelecidos a partir dos valores estatisticamente mais frequentes. Por outro lado, trata-se de um conceito valorativo e normativo que define aquilo que deve ser considerado desejável em determinado momento e em determinada sociedade. Assim, é pelo recurso às normas e médias estatísticas que a medicina pode chegar a afirmar de que modo um fato biológico, uma função orgânica, um processo vital ou uma conduta deve ou deveria ser.

O saber médico e a noção de norma, em torno da qual esse saber se constrói, são indispensáveis para compreender as estratégias biopolíticas: não somente porque permitem a articulação entre o conhecimento científico e as intervenções concretas, mas também porque é em torno da *norma* que podem ser criadas estratégias de poder que correspondem aos corpos dos indivíduos (as disciplinas) e aos processos biológicos da espécie (a biopolítica). Como afirma Foucault: "o elemento que circula do disciplinário ao regulador, que se aplica do mesmo modo aos corpos e às populações, que permite controlar a ordem disciplinar dos corpos e os eventos aleatórios de uma multiplicidade biológica, esse elemento que circula de um a outro, é a norma" (FOUCAULT, 1997, p. 225).

Assim, falar de um poder que se refere à vida significa afirmar que o homem enquanto espécie se transformou em objeto de tecnologias do saber e poder normalizadoras que permitem regularizar os fatos biológicos próprios das populações, tendo como marco de referência os parâmetros estabelecidos pelas ciências da vida.

A biopolítica como governo sobre a vida

A vida à qual se refere a biopolítica remete, por um lado, ao campo dos discursos biológicos, médicos e higiênicos, porém, ela se vincula também e de um modo peculiar ao campo do político. De fato, deveríamos dizer que, quando Foucault fala de biopolítica, não é realmente a política da vida o que está em questão, mas as práticas de governo que se exercem sobre os corpos e as populações. A noção de vida situa-se no centro da cena, não só como objeto de tematização das ciências biológicas, mas também como um espaço privilegiado para garantir a governabilidade e a gestão das populações nas sociedades modernas.

O exercício da biopolítica supõe que, para poder governar as sociedades, basta reduzir a multiplicidade de circunstâncias próprias da condição humana a sua dimensão biológica ao domínio do vital, a esse domínio que limita a pluralidade humana à sua identidade enquanto espécie. No entanto, e aqui se encontra a maior contradição inerente ao conceito de biopolítica, na medida em que o governo das populações opera exclusivamente sobre fatos biológicos, ele deverá deixar nas sombras, como já o antecipara Aristóteles, justamente, a dimensão política da existência, nossa capacidade de reflexão e diálogo, argumentativo, nossos vínculos sociais, nossos afetos, sonhos e pesadelos.

Lembremos que, não por acaso, é justamente por oposição à concepção aristotélica de "homem" que Foucault pensa o exercício da biopolítica. Essa afirmação o levará a enunciar no último capítulo de *A vontade de saber* uma afirmação que foi inúmeras vezes referenciada: "Por milênios o homem permaneceu o que era para Aristóteles: um animal vivente que, além disso, é capaz de existência política; o homem moderno é um animal em cuja política está em questão sua existência como ser vivo" (FOUCAULT, 1978, p. 184).

Dois anos mais tarde, em *Segurança, território e população*, Foucault (2009) explorará o alcance dessa afirmação quando se interroga pela oposição entre o exercício do governo sobre as populações e o exercício da política; então, ele retornará à Grécia, analisará o texto *O político* de Platão, debaterá sobre o lugar que no mundo grego ocupava o poder do pastor e poder do rei. Duas dimensões que pareciam ser perfeitamente diferenciáveis para Platão e para a filosofia grega em geral, duas dimensões que começarão a se sobrepor e a confundir a partir do século XVIII, momento em que o exercício da política se subordinará ao governo sobre a vida.

Assim é por referência à Grécia clássica, particularmente a Platão e a Aristóteles, que é possível compreender a grande novidade que se produz no mundo moderno: a identificação entre o vital e o político. Uma novidade que será considerada fundamental, tanto para Foucault como para Hannah Arendt, para poder compreender o lugar peculiar e subordinado que a política ocupa, nas sociedades contemporâneas, em relação ao problema da gestão e da administração das populações.

Se Canguilhem influenciou o modo como Foucault pensa a vida, é possível recorrer aqui a Hannah Arendt (1993) para tentar compreender de que modo se articularam "vida" e "política" no mundo grego e nos Estados modernos. Para Fassin, não é possível imaginar que Foucault ignore Hannah Arendt, pois ainda que nunca tenha sido citada, ela "também colocou a vida no centro de sua obra, após a tipologia das três formas de vida da *Condição humana na modernidade*, até sua análise do processo vital realizado em *Sobre a revolução*" (FASSIN, 2006, p. 38). Essa relação entre Arendt e Foucault já tinha sido explorada no texto *Da Compaixão à Solidariedade: uma genealogia da assistência médica*, publicado pela Editora Fiocruz no ano 2000.

Para Arendt (1993), no mesmo momento em que o homem moderno conquista os direitos que se pretendem universais, é o domínio do vital o que entra em questão. A esfera da necessidade e da reprodução da vida significava para os gregos, ao mesmo tempo, a condição de possibilidade de exercício da política, e seu oposto: um espaço dominado por relações de mando e obediência, em que os argumentos que regiam a *pólis* não poderiam ingressar. No mundo grego, os fatos vinculados com o biológico faziam parte do domínio pré-político e estavam reservados ao âmbito do privado, isto é, ao *óikos*, a vida doméstica organizada em torno das necessidades da família, por oposição ao registro do público/político.

Se aceitamos a distinção entre vida e política estabelecida por Aristóteles, à qual se referem tanto Foucault quanto Arendt, deveremos afirmar que o conceito de biopolítica, que literalmente significa "política de ou sobre a vida", implica uma contradição entre dois domínios irredutíveis. Mais que uma política da vida, a biopolítica refere-se a um modo de gerir e administrar as populações. A vida que aqui está em jogo não é a de cidadãos com capacidade de diálogo e existência jurídica e política, mas sim a vida de populações reduzidas a corpo-espécie.

O paradoxo dos refugiados analisado por Arendt pode auxiliar a ilustrar com dura clareza o que implica a pura "vida" para aqueles a quem só resta seu reconhecimento como seres vivos, isto é, corpos sem existência política e sem direitos. Como afirma Arendt (1990):

> O conceito de direitos humanos, baseado na suposta existência de um ser humano em si, desmoronou-se no mesmo instante em que aqueles que diziam acreditar nele se confrontaram pela primeira vez com seres que haviam realmente perdido todas as outras qualidades e relações específicas – exceto que ainda eram humanos. O mundo não viu nada de sagrado na abstrata nudez de ser unicamente humano [...] Os sobreviventes dos campos de extermínio, os internados nos campos de concentração e de refugiados, e até os relativamente afortunados apátridas, puderam ver [...] que a nudez abstrata de serem unicamente humanos era o maior risco que corriam (ARENDT, 1990, p. 333).

Não é somente em relação a essas situações limites que as estratégias biopolíticas devem ser tematizadas e questionadas. No momento em que o domínio da ética e da política é substituído e reduzido ao campo do biológico, a corpo-espécie, nossos padecimentos individuais e cotidianos, nossos vínculos sociais passarão a estar mediatizados por intervenções terapêuticas ou preventivas, médicas ou psiquiátricas, interessadas em classificar todos os assuntos próprios da condição humana em termos de normalidade ou de patologia.

Partindo desse marco de análise, podemos afirmar, em primeiro lugar, que a vida não é considerada pela biopolítica em um sentido coloquial ou vulgar. Pelo contrário, ela leva a carga epistemológica de uma vida objetivada pelos discursos, os modos de classificar, medir, intervir e avaliar próprios das ciências biológicas e médicas, construídos em torno da oposição normal-patológico. Por essa razão, a medicina, a higiene e a saúde pública ocupam um lugar privilegiado nas sociedades modernas, possibilitando a articulação entre um saber sobre o biológico e as intervenções governamentais sobre indivíduos e populações.

Em segundo lugar, pode-se afirmar que a vida à qual se refere a biopolítica não é um complemento da política mas seu oposto, aquilo que anula e nega a política. De modo que a biopolítica não pode entender-se em sentido literal, como sendo uma "política da vida". Em sentido estrito, a biopolítica deveria traduzir-se como "governo sobre a vida". Lembremos que já em *Segurança, território e população*, Foucault começará a distanciar-se do conceito de biopolítica e a substituí-lo pelo conceito de "governamentalidade". Ele analisará assim, a partir da aula do dia 8 de fevereiro de 1978, uma variedade de estratégias de governo e gestão sobre as populações que inclui o governo sobre o corpo-espécie – mas não se reduz a ele –, que, como ocorre no caso das estratégias biopolíticas, precisa da mediação de saberes estatísticos, médicos e psiquiátricos.

Nesse contexto, entendo que a biopolítica deve ser pensada como um modo de "gestão" ou de "governo sobre a vida" que se opera sobre o corpo-espécie, a partir de uma perspectiva populacional que está sustentada na lógica médico-estatística de hierarquização e partição entre o normal e o patológico. É nessa lógica, de sobreposição do vital ao político, que é possível compreender as desigualdades entre populações, a hierarquização de populações consideradas mais ou menos saudáveis, a exclusão de grupos humanos, o estabelecimento de categorias e hierarquias entre o que se considera como sendo boas e más raças.

Será justamente a temática das raças e sua vinculação com a sexualidade o que centrará a atenção de Foucault na análise que dedica à biopolítica no último capítulo da *A vontade de saber* e no curso *Em defesa da sociedade* (1997), o primeiro publicado e o segundo ministrado no mesmo ano de 1976.

Biopolítica e racismo

No curso *Em defesa da sociedade,* Foucault explora as alianças entre a constituição dos estados modernos e a biopolítica, destacando o lugar estratégico ocupado pelas empresas colonialistas e pelas tecnologias de governo destinadas aos povos colonizados. Dirá que, para que a biopolítica possa exercer uma relação positiva com a vida, para que ela possa construir técnicas de governo destinadas a maximizar e aumentar a força e o equilíbrio das populações, as sociedades modernas aceitaram conviver, de modo explícito ou implícito, com sua negação: a exclusão ou a morte de tudo aquilo que possa aparecer como uma ameaça, ou como uma fonte de degradação da vida.

Foucault falará de um poder de morte ou de estratégias que se validam num processo de regularização por exclusão. A aceitação dessas estratégias ocorre como resultado de uma partição que foi operada no campo do biológico pelo racismo. O racismo deve entender-se em sentido amplo e não literal; não se limita à distinção de raças, mas se refere a uma verdadeira hierarquização biológica pela qual se instalam vínculos de exclusão, de negação e até de aversão, entre grupos humanos (FOUCAULT, 1999).

O racismo se configura, assim, como condição para que os Estados modernos legitimem suas intervenções biopolíticas caracterizadas como "poder de morte". Isto é, permite tanto o exercício direto desse poder, como ocorreu com as guerras colonialistas, quanto seu exercício indireto, como na ocasião em que indivíduos considerados biologicamente inferiores foram excluídos ou expostos à morte nas mais diversas circunstâncias, desde os controles de natalidade à exposição a múltiplos riscos evitáveis. Nesses casos, o problema colocado pela biopolítica não era vencer um adversário político, não se tratava de disputas entre sujeitos de direito; tratava-se da exclusão de indivíduos que representavam um perigo biológico, uma ameaça para garantir o objetivo de maximizar a vida, garantir a longevidade e aumentar a vitalidade das populações.

De acordo com Foucault (1997), o racismo constitui um marco essencial para compreender as estratégias de exclusão e morte edificadas nos séculos XVIII e XIX pelos nascentes Estados modernos. Nesse momento, os discursos racistas pareciam estar validados e legitimados por uma proliferação de novos saberes considerados científicos, particularmente aqueles provenientes do campo da medicina, da biologia e da criminologia, que, na última metade do século XIX, se transformaram em referência inquestionável para as intervenções dos médicos e higienistas. Mas também pelo discurso das ciências sociais que, no século XIX, parecia estar obcecado pela hierarquização das raças.

O racismo é o que possibilita que seja realizada uma partição entre aquilo que deve ser eliminado e aquilo que deve ser maximizado. Permite construir um modo peculiar de estabelecer uma relação positiva com a vida que adota a forma de: "quanto mais tu deixes morrer, e por causa desse mesmo fato, mais e melhor tu poderás viver, ou, para que tu vivas será preciso deixar morrer" (FOUCAULT, 1997). Foucault entende que essa partição operada no campo do biológico pelo racismo entendido como um fenômeno social amplo, não limitado à distinção de raças, mas referido a uma verdadeira hierarquização biológica de grupos humanos, foi possibilitada pelas teorias vinculadas, por um lado, ao evolucionismo spenseriano, e por outro, aos processos colonialistas.

Só nessa perspectiva tornou-se possível criar estratégias estatais ou paraestatais perpassadas por uma lógica que induzia à aceitação da morte ou da exclusão daqueles considerados como má raça ou como raça inferior. Só nesse contexto biopolítico foi possível imaginar a difusão, aplicação e aceitação desses controles eugênicos que por décadas foram destinados a impedir a reprodução de certas raças e de certos indivíduos considerados como anormais, degenerados ou doentes mentais. Se essas ações foram aceitas de modo quase generalizado no século XIX e parte do século XX, nos regimes colonialistas e em certos Estados conservadores e totalitários, é porque se acreditava que, desse modo, seria possível garantir que a vida em geral poderia passar a ser mais saudável e mais pura. A lógica da biopolítica afirma que: "Mais as espécies inferiores tendem a desaparecer, mais os indivíduos anormais são eliminados, menos degenerados existirão em relação à espécie e mais 'eu' (não enquanto indivíduo mas enquanto espécie) poderei viver, mais eu serei vigoroso e mais poderei proliferar" (FOUCAULT, 1997, p. 229).

O racismo, com as hierarquias que o evolucionismo social estabelece e que foram apropriadas pelos discursos médico, psiquiátrico e criminológico, permitiu dotar de legitimidade científica e política a esse poder de morte que, ao longo do século XIX, perpassou as relações entre a metrópole e as colônias, as guerras, a identificação de criminosos e os controles eugênicos sobre a reprodução.

Desse modo, *Em defesa da sociedade* (1997), conjuntamente com o último capítulo de *A vontade de saber* (1978), ambos de 1976, representam, a meu ver, os textos onde Foucault expõe seus argumentos sobre o conceito de biopolítica de modo mais radical e combativo. Esses textos referem-se às consequências extremas às quais pode conduzir a estratégia biopolítica de subordinação do político ao biológico, tal e como efetivamente ocorreu nos Estados totalitários e colonialistas. Evidenciam o que pode vir a acontecer quando a política se reduz ao governo e à gestão das populações, entendidas como um conjunto de seres vivos suscetíveis de ser classificados e hierarquizados de acordo com uma lógica que supõe a existência de características biológicas e médicas superiores e inferiores, normais e desviadas.

A biopolítica e a gestão dos riscos

Dois anos mais tarde, no curso do Collège de France denominado *Segurança, território e população*, que terá início no dia 11 de janeiro de 1978, Foucault revisará a tese segundo a qual a biopolítica estaria diretamente associada a estratégias racistas e eugênicas como ele afirmara no curso ministrado em 1976. A partir desse momento, é possível observar uma significativa transformação no modo como Foucault irá problematizar os alcances e as implicações do conceito de biopolítica na sociedade contemporânea. No curso de 1978, insistirá em distanciar a problemática da biopolítica do modo de governar nos Estados totalitários. Seguindo a trilha do que já tinha sido enunciado na aula do dia 17 de março de 1976, *Em defesa da sociedade* (1997), reafirmará que o racismo de Estado, o nazismo e as diferentes formas de exercício de poder totalitário sobre as populações devem ser considerados como a manifestação paroxística, extrema e menos significativa de exercício do biopoder.

É verdade que hoje já não parece legítimo falar de discursos científicos ou de estratégias de poder construídas em torno do racismo. Ainda que, em muitos casos, os discursos racistas perdurem e se multipliquem (problemas derivados dos fluxos migratórios, da xenofobia e da intolerância racial em diferentes países do mundo), o racismo está explicitamente excluído dos saberes aceitos, tanto pela comunidade acadêmica como pelas políticas de gestão das populações.

Nesse contexto, a questão que eu gostaria de explorar aqui será a seguinte: o que ocupa o lugar do racismo, enquanto eixo articulador da biopolítica nas sociedades contemporâneas?

É verdade que as sociedades liberais e neoliberais parecem estar perpassadas pela lógica da biopolítica, porém, hoje proliferam novos discursos e novos saberes construídos em torno do normal-patológico, que deslocam ou substituem o problema do racismo problematizado por Foucault no curso de 1976. Novos discursos e novas certezas se instalam no campo das ciências da vida, possibilitando intervenções sobre as populações que se edificam agora sobre as promessas de um saber médico e psiquiátrico todo poderoso, que se apresenta como sendo capaz de antecipar os riscos, de evitar a dor e de garantir uma vida sem sofrimentos.

Tudo parece indicar que, como afirma Foucault (2009) em *Segurança, território e população*, as sociedades liberais e neoliberais estarão menos interessadas no melhoramento ou a hierarquização de raças do que em antecipar e prevenir todas as formas possíveis de perigo. E será em torno da ideia de risco, entendida como quantificação probabilística de tudo aquilo que pode vir a representar um perigo ou uma ameaça para a vida das populações, que se articulará esse curso. Mais precisamente, no eixo segurança–prevenção–risco.

Foucault aponta uma série de elementos presentes na construção dos dispositivos de segurança, entre eles: realizar, pela mediação das estatísticas, cálculos diferenciais de risco por idade, sexo, profissão, etc.; estabelecer diferentes curvas de normalidade; calcular os desvios e criar estratégias de normalização; definir populações de risco e comparar padrões de morbidade e mortalidade; criar intervenções preventivas, capazes de reduzir os indicadores de morbidade, de reduzir os desvios e de antecipar os riscos (FOUCAULT, 2009).

O autor afirmará que os dispositivos de segurança permitem tratar a população como um conjunto de seres vivos que possuem rasgos biológicos e patológicos particulares, que correspondem a saberes e técnicas específicas. Para administrar essa população, serão criadas políticas de diminuição da mortalidade infantil, prevenção de epidemias e endemias, intervenção nas condições de vida com o fim de modificá-las e de impor normas de alimentação, moradia, urbanização, etc.

Porém, Foucault dará um passo a mais: ele dirá que o dispositivo risco-segurança é o modo de exercício do poder próprio do liberalismo. Trata-se de ações que não são impostas por um soberano autoritário, mas que fazem parte da lógica própria do "laissez-faire" e do *Homo economicus*, pois: "A liberdade é o correlato necessário dos mecanismos de risco-segurança" (FOUCAULT, 2009, p. 63).

Essa questão será retomada um ano mais tarde, quando no curso do Collège de France do ano 1978-1979, denominado *Nascimento da biopolítica*, Foucault se pergunta: "em um sistema que diz preocupar-se pelo respeito aos sujeitos de direito e pela liberdade de iniciativa dos indivíduos, de que modo os fenômenos referidos à população, com seus efeitos e problemas específicos (saúde, higiene, mortalidade, loucura ou delinquência) podem ser administrados?" (FOUCAULT, 2004, p. 324).

242   Coleção Estudos Foucaultianos

Em nome de que, e segundo que regras podem ser geridas as populações nos Estados liberais? A resposta de Foucault a estas perguntas será: em nome da segurança. Já não se trata de impor normas ou de exigir obediência como nos Estados totalitários.

Nas sociedades liberais, os Estados se vinculam com a população pela mediação de um "pacto de segurança". Isto supõe que, por um lado, surge o compromisso de intervir na antecipação de tudo aquilo que possa representar acidente, dano ou risco, e por outro lado, esse compromisso os autoriza a realizar intervenções extralegais no momento em que se considere necessário. Desse modo, intervenções que vão desde a simples proibição de fumar até os grampos nos celulares, passando pela detecção de patologias mentais na infância, já não serão vistas como excesso de poder, mas sim como excesso de preocupação e de proteção dos Estados.

A diferença, nos Estados totalitários, é que os dispositivos de segurança aceitam comportamentos variados e diferentes, não sendo necessariamente impositivos, mas sim reguladores. Assim, os pequenos desvios poderão ser aceitáveis sempre que se mantiverem dentro de certo marco e sempre que se eliminem comportamentos considerados perigosos.

Se os Estados liberais toleram uma margem de manobra e um pluralismo infinitamente maior que nos totalitarismos, é porque, como afirma Foucault, no dispositivo de segurança "trata-se de um poder muito mais sutil e mais hábil que no totalitarismo" (FOUCAULT, 2009, p. 52).

O Estado liberal parte de uma certeza: a de que *Homo economicus* será capaz de cálculo racional, que ele saberá evitar os perigos e antecipar os riscos se estiver devidamente informado (DORON, 2007, p. 2). De maneira sutil e pela mediação de diversas estratégias (comunicativas, médicas, estatísticas, psiquiátricas), nas sociedades liberais e ainda mais nas sociedades neoliberais onde o Estado de proteção foi desarticulado, o controle dos riscos passou a ser, pouco a pouco, uma responsabilidade de cada um de nós. Saber antecipar os riscos, estar devidamente informado e agir de acordo com as exigências impostas pelos últimos estudos epidemiológicos e médicos, impõe-se como um dever moral a todos nós e de maneira idêntica. Pois os riscos e os dispositivos de segurança reduzem a pluralidade humana a um conjunto de funções vitais interessadas exclusivamente na proteção da vida e no prolongamento da espécie.

Se o dispositivo de segurança pode articular-se com o modo liberal de governar, isso ocorre porque este tipo de gestão biopolítica das populações se baseia na confiança absoluta na difusão de informações que se apresentam como neutrais e objetivas, e que sutilmente somos levados a aceitar e a integrar a nossas vidas. A divulgação de estudos epidemiológicos contraditórios referidos, por exemplo, a supostas correlações entre a dificuldade de manter a atenção em aula e a alteração de certos neurotransmissores, ou entre consumo de certas drogas e psicoses, os dados que indicam a existência de taxas alarmantes de suicídio, criminalidade e depressão fazem parte dessa lógica securitária (CAPONI, 2012).

O certo é que a chamada "sociedade do risco" instala o medo como mecanismo de interação social, condenando-nos a ampliar, reforçar e recriar indefinidamente novos dispositivos de segurança e de antecipação de riscos. Foucault enuncia, já nos anos 1970, o que se tornou evidente para todos depois do atentado às Torres Gêmeas do dia 11 de setembro de 2001: que a segurança é um dispositivo que pode colocar-se por cima da lei. O medo aos atentados terroristas permite reforçar ainda mais a lógica securitária, pois, perante a sensação de insegurança que se espalha, se demandará ao Estado que cumpra com o pacto de segurança a qualquer preço, ainda que para isso seja necessário passar por cima das estruturas jurídicas e das liberdades elementares.

Responsabilização, culpabilização e obrigação, quase moral, de antecipar os riscos, de não adoecer, de procurar valores tais como a saúde ou a juventude eterna, apresentados sob a forma de um pseudo "cuidado de si" impositivo, representam, segundo entendo, os novos desafios biopolíticos que caracterizam a nossa modernidade.

A modo de conclusão

A biopolítica exige a construção de um campo de saber referido às populações que deve fazer uso de instrumentos quantitativos e de estudos demográficos a partir dos quais serão definidas as taxas de mortalidade e natalidade existentes e desejáveis, o número de crimes, de suicídios, de alcoolismo e de loucura.

Esse conjunto de dados permite instalar uma lógica securitária que se apresenta como capaz de antecipar todos os perigos, situando a problemática do risco como elemento articulador da biopolítica das populações na sociedade contemporânea. O dispositivo risco-segurança, na medida em que aparece como o modo privilegiado de antecipar um perigo possível (real ou imaginado) sobre a vida, garante a legitimidade e aceitabilidade do governo das populações, substituindo ou sobrepondo-se ao papel articulador que ocupava o racismo nas estratégias biopolíticas que caracterizavam os Estados colonialistas e totalitários do século XIX e inícios do século XX.

No entanto, seja pelos processos crescentes de privatização da saúde, ou como consequência de demandas sociais recorrentes, o cuidado com a saúde e a antecipação dos riscos parece ter ficado, nas sociedades liberais e neoliberais, quase que literalmente em nossas mãos. Nessa lógica securitária, sempre somos culpáveis por nossas doenças, por não ter sabido antecipar corretamente os riscos, ou como diria Canguilhem: "por excesso ou por omissão" (CANGUILHEM, 1990b).

Responsabilização, culpabilização e obrigação, quase moral, de antecipar os riscos, de não adoecer, de procurar valores tais como a beleza ou a juventude eterna, apresentados sob a forma de um contraditório "cuidado de si" impositivo, representam os novos desafios biopolíticos que aparecem em nossa modernidade. Corpos que devem ser permanentemente maximizados e melhorados apresentam-se como o objetivo último para os indivíduos e para as populações.

O certo é que esse corpo que se pretende maximizar por estratégias biopolíticas convive com formas de exclusão que não diferem demasiado daquelas identificadas por Foucault (1997) como próprias dos Estados colonialistas no curso *Em defesa da sociedade*. Vidas expostas a riscos extremos que não cabe a elas administrar, vidas excluídas, vidas descartadas. São muitos os casos em que vemos repetir-se hoje, como nos Estados colonialistas, estratégias de poder que supõem a redução de indivíduos e populações à sua dimensão puramente biológica; a estratégias de gestão que parecem responder à lógica de "deixar morrer".

Falar de biopolítica hoje exige olhar para dois processos em aparência contraditórios, mas que fazem parte de uma mesma lógica: a de fazer viver e deixar morrer. Por um lado, a obsessão pela saúde perfeita, pela maximização da vida – utopia inatingível, que, no entanto, regula o dia a dia dos sujeitos e que encontra no saber médico, particularmente no discurso do risco, uma fonte inesgotável de estratégias hiperpreventivas (CASTIEL, 2007) e securitárias. Por outro, a persistência de vidas vulneráveis, expostas permanentemente a riscos evitáveis; populações consideradas como pura existência biológica, excluídas do mundo político de direitos e deveres. Essas populações já não são objeto dos discursos médicos, nem alvo das políticas de antecipação de riscos, mas sim objeto de intervenções e ajudas humanitárias que encontram nos refugiados, ou nas populações afetadas por processos biológicos como a fome ou as epidemias, um campo inesgotável de intervenções piedosas.

Só no interior dessa lógica é possível compreender a diferença entre a vida e a morte referenciada por Thabo Mbeki, uma diferença que, após 10 anos, continua idêntica, ainda que as taxas tenham se alterado para 51 anos de expectativa de vida em Uganda e 82 anos no Japão: "Um dia de distância por avião, mas a metade de uma vida de diferença sobre o solo".

Referências

ARENDT, H. *La condición humana*. México: Siglo XXI, 1993.

CAPONI, S. *Da compaixão à solidariedade: uma genealogia da assistência médica*. Rio de Janeiro: Fiocruz, 2000.

CAPONI, S. *Loucos e degenerados: uma genealogia da psiquiatria ampliada*. Rio de Janeiro: Fiocruz, 2012.

CANGUILHEM, G. *La Santé. Concept vulgaire & question philosophique*. Paris: Sables. 1990b.

CANGUILHEM, G. *O normal e o patológico*. Rio de Janeiro: Forense Universitária, 1990a.

CASTIEL, L. *A saúde persecutória e os limites da responsabilidade*. Rio de Janeiro: Fiocruz, 2007.

DORON, C. O. Biopolitique et prevention de risques. In: _____. *Politique de Santé, prevention, normes et disciplines des corps*. Caen: Musée des Beaux-Arts, 2007.

FASSIN, D. *Le gouvernement des corps*. Paris: Éditions de L'École des Hautes Etudes en Sciences Sociales, 2006.

FOUCAULT, M. *El nacimiento de la clínica*. México: Siglo XXI, 1987.

FOUCAULT, M. *Historia de la sexualidad I: la voluntad de saber*. México: Siglo XXI, 1978.

FOUCAULT, M. *Il faut défendre la société*. Paris: Gallimard, 1997.

FOUCAULT, M. La naissance de la médecine sociale. In:_____. *Dits et écrits*. Paris: Gallimard, 1994a.

FOUCAULT, M. *Las palabras y las cosas*. México: Siglo XXI, 1983.

FOUCAULT, M. La vie: l'expérience et la science. In:_____. *Dits et écrits*. Paris: Gallimard 1994b.

FOUCAULT, M. *Les anormaux*. Paris: Gallimard, 1999.

FOUCAULT, M. *Naissance de la biopolitique*. Paris: Gallimard, 2004.

FOUCAULT, M. *Segurança, território e população*. São Paulo: Martin Fontes, 2009.

FOUCAULT, M. *Vigilar y castigar*. México: Siglo XXI, 1979.

Sobre os autores

Alain Brossat

Professor de Filosofia em Paris 8 (Vincennes–Saint Denis), atuando principalmente em Filosofia Política e Filosofia Contemporânea, sobre temas como sistemas políticos e formas de governamentalidade, biopolítica, violência, democracia e totalitarismo, memória coletiva, resistências e contracondutas. Tem participado de atividades de ensino em diversas Universidades fora da França, como Constança (1980), Santiago do Chile (1998), Shiao-Tong (Taiwan, 2005 e 2008) e Tóquio (2006). Autor de diversos livros, entre os quais vale destacar *La démocratie immunitaire* (La Dispute, 2003), *La Résistance infinie* (Lignes, 2006), *Le Grand Dégoût culturel* (Le Seuil, 2008), *Droit à la vie?* (Le Seuil, 2010) e *Le plébéien enragé. Une contre-histoire de la modernité de Rousseau à Losey* (Le Passager Clandestin, 2013).

António Fernando Cascais

Professor na Universidade Nova de Lisboa, no Departamento de Ciências da Comunicação, atuando principalmente sobre temas referentes às Ciências da Comunicação, mediação dos saberes, Teorias de gênero e teoria Queer, e ontotecnologias do corpo. Presidente do Centro de Estudos de Comunicação e Linguagens, e investigador responsável dos projetos Modelos e Práticas de Comunicação da Ciência em Portugal e História da Cultura Visual da Medicina em Portugal. É autor de inúmeros artigos publicados em Portugal e no exterior, sendo o organizador de coletâneas na *Revista de Comunicação e Linguagens,* sobre mediação dos saberes, Michel Foucault, e sobre o tema do corpo, técnica e subjetividades. Organizou também os livros *Indisciplinar a teoria* (Fenda, 2004) e *A sida por um fio* (Veja, 1997).

Cesar Candiotto

Doutor em Filosofia pela PUC-SP. Professor do Programa de Pós-Graduação da PUCPR e Bolsista de Produtividade em Pesquisa do CNPq – nível 2. Atualmente realiza pós-doutorado na Université Paris-Est Créteil, França. Autor de diversos artigos, capítulos de livros e do livro *Foucault e a crítica da verdade* (Autêntica, 2010; 2. ed. rev. 2013). Organizador dos livros *Mente, cognição, linguagem* (Champagnat, 2008), *Ética: abordagens e perspectivas* (2010; 2. ed. rev. ampl. 2011) e coorganizador de *Foucault e o cristianismo* (Autêntica 2012). Tem experiência na área de Filosofia Contemporânea, com publicações nas subáreas de Ética e Filosofia política e Filosofia Francesa Contemporânea, especialmente no pensamento de Michel Foucault. Atua principalmente nos seguintes temas: ética, política, verdade, subjetivação, biopolítica, governamentalidade, resistência.

Diogo Sardinha

Doutor em Filosofia pela Université Pais 7 (Nanterre). Membro do Centro de Filosofia da Ciência da Universidade de Lisboa. Pesquisador associado do Normes, Sociétés, Philosophie (NOSOPHI), da Université Paris I, Sorbonne. É atualmente presidente do Collège International de Philosophie e seu diretor de programa, atuando principalmente em pesquisas sobre Filosofia francesa do século XX, Filosofia Política, Antropologia Filosófica (Kant), Estudos de Gênero. É autor de diversos artigos, organizou dossiês sobre Michel Foucault para as revistas *Labyrinthe* e *Rue Descartes*. É autor de *Ordre et temps dans la philosophie de Foucault* (L'Harmattan, 2011) e *L'Émancipation de Kant à Deleuze* (Hermann, 2013).

Edgardo Castro

É doutor em Filosofia pela Université de Fribourg (Suíça), professor de História da Filosofia Contemporânea da Universidad Nacional de San Martín (Argentina) e pesquisador do Consejo Nacional de Investigaciones Científicas y Técnicas (CONICET) da Argentina. Foi professor das universidades de Buenos Aires, Rosario e La Plata, e professor convidado na Universidad de Chile e no Istituto Italiano di Scienze Umane (Napoli). É autor de diversos artigos e capítulos de livro. É autor também de *Pensar a Foucault* (Buenos Aires, 1995), *Betrachtungen zum Thema Mensch und Wissenschaft* (Presse Universitaire de Fribourg, 1996) e *El vocabulario de Michel Foucault* (Prometeo, 2004), cuja tradução foi publicada também no

Brasil (Autêntica, 2010), e *Introdução a Giorgio Agamben – uma arqueologia da potência* (Autêntica, 2012).

Hélène L'Heuillet

Psicanalista, mestre de conferências em Filosofia moral e política na Université Paris- Sorbonne. Membro da Associação Lacaniana Internacional. Autora de diversos artigos e capítulos de livros. Suas pesquisas versam principalmente sobre: segurança, poder, violência; guerra e terrorismo; crise, mal-estar social, ligação social, família, feminismo; ética e política da proximidade; psicanálise, subjetividade e identidade; ceticismo, cinismo, niilismo; e educação, laicidade e trabalho. É autora também de *Basse politique, haute politique: une approche historique et philosophie de la police* (Fayard, 2001), *La psychanalyse est un humanisme* (Grasset, 2006) e *Aux sources du terrorisme* (Fayard, 2009).

Joan Pujol Tarrés

É doutor em Psicologia pela Universidade Autônoma de Barcelona (UAB). Docente do Departamento de Psicologia Social da mesma universidade, onde atua no curso de graduação em Psicologia e orienta pesquisas de doutorado no Programa de Estudos de Doutorado em Psicologia Social. Integra e coordena o grupo de pesquisa Fractalidades em Investigação Crítica: governamentalidade, ação coletiva e conhecimentos situados. Atualmente, investiga as temáticas de gênero, política e governamentalidade. É autor de diversos capítulos de livros e artigos científicos publicados em periódicos da área de Psicologia.

Marcos Nalli

Doutor em Filosofia pela Universidade Estadual de Campinas (2003), com pós-doutorado no Centre de Recherche Historique École des Hautes Études en Sciences Sociales, Paris (França). Atualmente é pesquisador do CNPq – nível 2, e professor da Universidade Estadual de Londrina, Paraná. É autor do livro *Foucault e a fenomenologia* (Loyola, 2006), coorganizador, com Sonia Mansano, do livro *Michel Foucault em múltiplas perspectivas* (EDUEL, 2013, 2015), e autor de vários artigos em periódicos especializados e capítulos de livro. Tem experiência na área de Filosofia, com ênfase em História da Filosofia Contemporânea, atuando principalmente nos seguintes temas: Foucault (arqueologia e genealogia, biopolítica, as relações entre saber e poder, subjetivação ética; e sua interface com a fenomenologia, especialmente a de Husserl); História das Ciências, numa perspectiva foucaultiana, a partir de temas como nanotecnologia, biotecnologia, genética e eugenia.

Marisela Montenegro Martínez

Doutora em Psicologia Social pela Universidade Autônoma de Barcelona (UAB). Professora titular interina do Departamento de Psicologia Social da mesma universidade. Atualmente é docente na licenciatura e na formação em Psicologia, no Mestrado Oficial de Pesquisa e Intervenção Psicossocial da Faculdade de Psicologia da UAB e orienta teses de doutorado no Programa de Estudos de Doutorado em Psicologia Social. É membro do Grupo de Pesquisa Estudos Sociais e de Gênero, do Poder e da Subjetividade (SGR), e coordena o grupo de pesquisa Fractalidades em Investigação Crítica: governamentalidade, ação coletiva e conhecimentos situados. Coordenou o livro *Intervenção Social: controvérsias teóricas e metodológicas* publicado pela Editora UOC, e escreveu diversos capítulos de livros publicados pelas Editoras Grau, UOC e El Viejo Topo.

Miguel Vatter

Professor de Ciência Política na Escola de Ciências Sociais da Universidade de New South Wales, Sydney (Austrália). Foi professor de Filosofia e Ciência Política em diversas universidades nos Estados Unidos, Chile e Alemanha. Entre seus livros mais recentes se encontram *Machiavelli's The Prince. A Reader's Guide* (Bloomsbury, 2013), *The Republic of the Living. Biopolitics and the Critique of Civil Society* (Fordham University Press, 2014) e *Constitución y resistencia. Ensayos de teoría democrática radical* (Diego Portales, 2012). Suas áreas de investigação são a teoria política republicana, a biopolítica e a teologia política.

Pedro Angelo Pagni

Doutor em Educação (1999) e livre-docente em Filosofia da Educação (2011) pela Universidade Estadual Paulista Júlio de Mesquita Filho. Pesquisador do CNPq – nível 2. Atualmente é professor da Universidade Estadual Paulista Júlio de Mesquita Filho. Foi coordenador do GT-Filosofia da Educação da ANPEd (2012-2013). Tem experiência na área de Educação, com ênfase em Filosofia da Educação, atuando principalmente nos seguintes temas: filosofia da educação, filosofia da educação no Brasil, filosofia contemporânea e educação e ensino de filosofia. Autor de diversos artigos, capítulos de livros e de vários livros, entre os quais vale destacar: *Anísio Teixeira: experiência reflexiva e projeto democrática; a atualidade de uma filosofia da educação* (Vozes, 2008, 2011), e *Experiência estética, formação humana e arte de viver: desafios filosóficos à educação escolar* (Loyola, 2014).

Sandra Caponi

Doutora em Filosofia (Unicamp), com pós-doutorados em Paris VII e na EHESS (França). Professora do Departamento de Sociologia e Ciências Políticas da Universidade Federal de Santa Catarina. Pesquisadora de CNPq – nível 1D. Atuou como professora visitante na EHESS (Paris- França), no Collège de France (Paris), na Universidad Nacional de Colombia (Medellín), e na Universidad Nacional de Rosario (Argentina). Desenvolve seu trabalho na área de epistemologia, história das ciências biomédicas e na área de bioética. É professora permanente do Doutorado Interdisciplinar em Ciências Humanas da UFSC e do Programa de Pós-Graduação em Sociologia Política da mesma instituição. É colaboradora do Programa de Mestrado Profissional em Saúde Mental. Coordena o grupo de pesquisa cadastrado no CNPq, Sociologia, Filosofia e História das Ciências da Saúde. É autora de inúmeros artigos e capítulos de livros. É autora e coautora de uma dezena de livros, cabendo destacar os livros *Da compaixão à solidariedade: uma genealogia da assistência médica* (Fiocruz, 2001, 2004), *Estudos de Filosofia e História das Ciências Biomédicas* (Discurso Editorial, 2006), *Loucos e degenerados: uma genealogia da psiquiatria ampliada* (Fiocruz, 2012), e *A medicalização da vida como estratégia biopolítica* (LiberArs, 2013).

Sonia Regina Vargas Mansano

Psicóloga. Doutora em Psicologia pela Pontifícia Universidade Católica de São Paulo (2007), com pós-doutorado pela Pontifícia Universidade Católica de São Paulo (2011). Atualmente é Professora da Universidade Estadual de Londrina, atuando na graduação do curso de Psicologia e no Programa de Pós-Graduação em Administração. Tem experiência na área de Psicologia com ênfase em Psicologia Social. Autora dos livros *Vida e profissão: cartografando trajetórias* (2003) e *Sorria, você está sendo controlado: resistência e poder na sociedade de controle* (2009), ambos publicados pela Editora Summus. Coorganizadora, com Marcos Nalli, do livro *Michel Foucault em múltiplas perspectivas* (2013, 2015), publicado pela EDUEL.

Tiaraju Dal Pozzo Pez

Possui graduação em Ciências Sociais pela Universidade Estadual Paulista, especialização e mestrado em filosofia pela Universidade Estadual de Londrina. Atualmente é doutorando pelo Pontifícia Universidade Católica do Paraná e Professor do Estado do Paraná. Desenvolve pesquisas relacionadas aos temas subjetividade e liberdade, principalmente em torno do pensamento de Michel Foucault e suas interfaces com os pensamentos de Nietzsche, Deleuze, Wittgenstein e Kant.

Vanessa Lemm

Nasceu na Alemanha, obteve títulos em Filosofia pela Université Paris-Sorbonne, Paris I e King's College, University of London. Também é doutora em Filosofia pela New School for Social Research, Estados Unidos. Foi diretora e acadêmica da Universidad Diego Portales, Chile, e atualmente é diretora da Escola de Humanidades e Idiomas da Universidade de New South Wales, em Sydney (Austrália). É autora de *La Filosofía animal de Nietzsche: cultura, política y la animalidad del ser humano*, publicado originalmente pela Fordham University Press (2009), traduzido para o espanhol pela Ediciones Universidad Diego Portales (2010) e para o alemão por Diaphanes Verlag (2012). É editora de livros sobre Hegel, Foucault e Nietzsche, e autora de vários artigos sobre a filosofia de Friedrich Nietzsche, o pensamento político contemporâneo, a biopolítica e a pergunta pelo animal, a teoria crítica, teorias da justiça e do dom.

Este livro foi composto com tipografia Bembo e impresso
em papel Off-Set 75 g/m² na Paulinelli Serviços Gráficos